回音壁 每一声回音都有共鸣

宗承灏 著

# 靖难之役

## 明朝初年的改革、削藩、政争与叛乱

天地出版社
TIANDI PRESS

图书在版编目（CIP）数据

靖难之役：明朝初年的改革、削藩、政争与叛乱 / 宗承灏著. -- 成都：天地出版社，2025.5. -- ISBN 978-7-5455-8851-4

Ⅰ.K248.105

中国国家版本馆CIP数据核字第202532CU67号

JINGNAN ZHI YI：MINGCHAO CHUNIAN DE GAIGE XUEFAN ZHENGZHENG YU PANLUAN

## 靖难之役：明朝初年的改革、削藩、政争与叛乱

| 出 品 人 | 陈小雨　杨　政 |
|---|---|
| 作　　者 | 宗承灏 |
| 责任编辑 | 武　波 |
| 责任校对 | 卢　霞 |
| 封面设计 | 北极光书装 |
| 责任印制 | 王学锋 |

| 出版发行 | 天地出版社<br>（成都市锦江区三色路238号　邮政编码：610023）<br>（北京市方庄芳群园3区3号　邮政编码：100078） |
|---|---|
| 网　　址 | http://www.tiandiph.com |
| 电子邮箱 | tianditg@163.com |
| 经　　销 | 新华文轩出版传媒股份有限公司 |

| 印　　刷 | 北京文昌阁彩色印刷有限责任公司 |
|---|---|
| 版　　次 | 2025年5月第1版 |
| 印　　次 | 2025年5月第1次印刷 |
| 开　　本 | 710mm×1000mm　1/32 |
| 印　　张 | 12 |
| 字　　数 | 280千字 |
| 定　　价 | 78.00元 |
| 书　　号 | ISBN 978-7-5455-8851-4 |

版权所有◆违者必究

咨询电话：（028）86361282（总编室）
购书热线：（010）67693207（营销中心）

如有印装错误，请与本社联系调换

# 目 录

楔子　太子之死 //001

## 第一部分　皇帝的遗产

第一章　分封的警觉与自救 //027

　　　　封王建藩埋隐患 //027

　　　　朱棣出身之谜 //036

　　　　朱元璋的担忧 //040

　　　　定祖制 //046

　　　　一封密谕两份敕文 //052

　　　　最后的嘱托 //062

第二章　改制的理想与现实 //067

　　　　惠帝的高参 //067

　　　　"建文新政"的色彩 //073

　　　　变更祖制 //079

　　　　削藩的三种可能 //088

　　　　面对燕王朱棣 //102

　　　　卜筮的灵验和决断 //110

## 第二部分　坚守与破局

第三章　北平的风声 //119

　　　　刺探以及试探 //119

政变日的若干细节 //127

第四章 战争的烈度指数 //137
  北方战事的破局 //137
  坚城之下，荒野之上 //147
  白沟河之战 //157
  济南的攻守推演 //164

## 第三部分　坠落与重生

第五章 战争语境的蜕变 //177
  野战、议和以及反间 //177
  南方战事的进退 //187
  最后防线的瓦解 //198

第六章 血色的衣冠 //209
  忠诚与背叛的别解 //209
  建文生死的若干猜想 //219
  "壬午殉难"的深度叙事 //231

## 第四部分　治世与布局

第七章 皇帝的原罪 //251
  非法即位与合法布局 //251
  内阁以及失控的舌头 //257
  削藩，坐食岁禄即可 //273

第八章 盛世绽放的孽花 //283
  酷吏，时诱之为酷 //283
  宦官，真身与影子 //293
  立储之争的旋涡 //302

第九章　四夷与八方 //317

郑和的远航和账单 //317

朱棣与天下秩序 //333

迁都与天子守边 //342

榆木川的暮光 //360

大事年表 //365

主要参考书目 //371

后　记 //373

# 楔子　太子之死

洪武二十五年（1392年）春天，皇太子朱标病逝，年仅三十八岁（虚岁）。朱标的死亡，追溯起来还是上一年巡视关陕军务落下的病根所致。对此，朱元璋一直心存懊恼。

洪武二十四年（1391年），朱元璋命朱标巡抚陕西。名为巡视军务，实则是为了考察都城迁移的可能性。朱标出色地完成任务，并进献了陕西堪舆图。

西安是秦王朱樉的封地。

秦王朱樉是朱元璋的第二个儿子，元至正十六年（1356年）出生，幼年聪慧，朱元璋对他寄予厚望。他十四岁时受封，二十二岁时"之国"西安。此人英武严毅，颇具军事才能。朱元璋"委以关西兵事"，将陕西潼关以西的整个西北的防务交给他负责，予以赏罚、用人之权，寄以军事重任。

但朱樉就藩西安后并不让人省心，他违反朱元璋禁止修筑宫殿的敕令，大兴土木，劳民伤财。为了增加王府用度，朱樉让护卫征收关内军民金银财宝，还大量征收实物折钞；他命护卫殴打前来求饶的百姓；他掳掠幼女至军中折磨，阉割男童以取乐；他将正妃王氏软禁虐待，而允许次妃邓氏在宫中以折磨宫人取乐——常常使用割舌、活埋、火烧、软禁等方式。

诸王的权力与地位极高，作为诸王之长的秦王朱樉尤其如此，没有任何皇子和官吏敢纠劾朱樉的不法之事，仅有朱元璋常下诏斥责训诫朱樉，并赐死了他的次妃邓氏，后来还召朱樉回京。

因此，朱标巡抚陕西，还有一个重要任务，就是安抚关中一带民众，平息被秦王朱樉激发的民愤。

谁也想不到，朱标返京不到一年，朱元璋与朱标父子二人就阴阳两隔了。

朱元璋是以南京为基地发展起来的，也是在南京登上了皇帝位，但是对于建都南京，朱元璋始终犹豫不决。早在元至正十六年（1356年）三月，朱元璋攻下南京后，下令将集庆路（即南京）改名为应天府。当时，"路"和"府"在建置上，级别其实一样。元朝在行省之下设"路"或"府"，明代元后即实行改革，废"路"而统一称"府"。"应天"二字意味深长，隐含了"应天之命"的意思。

朱元璋以南京为根据地，进可攻，退可守。不过有好事者发现，南京城形状奇特，不像北方城市那样方正。有人说它像个葫芦，像个壶，所谓"壶中有天地"，还有人说南京城是"南斗星和北斗星的聚合"，各说各话，最后还是落于"天命"和"皇权"之上。

作为乱世枭雄，朱元璋从一名普通士卒，晋升为大元帅，他又借助南京这个平台，借助金陵王气，西边平汉，东边灭吴，称霸江南，然后挥师北伐，从一个真正的吴王，进而成为大明王朝的明太祖。

论地理条件，南京背靠钟山，面临长江，虎踞龙盘，形势险要；论经济条件，江南是全国的经济、文化重心，农业和手工业发达，正所谓"财赋出于东南，而金陵为其会"。但是从军事角度考虑，明朝的主要威胁还是北边的元廷残余势力，南京距北方前线太远，不易调度。另外，历史上在南京建都的六朝，即东吴、东晋和南朝的宋、齐、梁、陈，个个都是昙花王朝，国祚比一张纸还要薄，而这无疑会在朱元璋的心底投下阴影。

从建国时起，朱元璋就将迁都之事提上了日程。洪武元年（1368年），朱元璋亲赴汴梁（今河南开封）考察。虽然汴梁地处中原腹地，适合建都，但朱元璋觉得那里无险可守。对于新朝而言，一座都城就是王朝创建者的纪念碑，直接关系到后世子孙的福祉，关系到王朝的命数。再三权衡之下，朱元璋还是觉得南京最合心意。南京虽有不足，尚可弥补。为此，他决定实行古已有之的两京制。

所谓两京制，即设一首都一陪都，是古代中国前期都城制度的主体，一般认为其始于周朝。周朝前期以镐京（今陕西西安西南）为首都，另建陪都洛邑（今河南洛阳）。汉代刘邦设首都于长安（今陕西西安），又将洛阳立为陪都。隋唐以长安为都城，有助于关陇贵族支持，也有利于京城安全和御外，凸显长治久安的政治考量；而以洛阳为陪都则有利于制内，可以缓解长安粮食短缺，其功能就是保障首都长安的吃饭安全。到了明代，朱元璋倾向于定都应天，图的是"宅中图大，控制四方"。他以汴梁为北京，以应天为南京，天子春秋往来巡狩。

徐达北伐，攻下大都（今北京）后，全国的政治、军事形势再度发生变化。有的大臣提出不必在汴梁建都，也有人提出长安、洛阳、北平等几种选择，各有各的说法，各有各的道理。但朱元璋最心仪之地还是他的老家临濠（今安徽凤阳）。虽然那里曾经给他留下了挥之不去的痛苦记忆，但毕竟是先人埋骨处，自己命运的起点。朱元璋欲将临濠作为中都，以弥补建都南京的种种不足。开国功臣多江淮子弟，自然皆大欢喜。唯有谋臣刘基发出反对的声音："凤阳虽帝乡，非建都地。"

自洪武二年（1369年），朱元璋便在临濠大兴土木，营建中都。

这项营建工程持续六年之久，劳费太甚，民不堪命，不得不中途停建。人声喧腾的凤阳皇宫，转眼间人去楼空，留下一座皇宫的巨大骨架。时至今日，它的奉天门、三大殿台基以及文华殿、武英殿、东西六宫、内金水河的遗址，仍矗立于时间的秋风冷雨中。

洪武八年（1375年），朱元璋下旨，"改建大内宫殿"（南京）。两年后，大明王朝的皇宫，在钟山脚下建成并投入使用。洪武十一年（1378年），朱元璋正式颁诏，改南京为京师，长期未决的定都问题尘埃落定。

南京偏安江左，对北部边防有鞭长莫及之虞，这让朱元璋始终断不了迁都的念头。内阁学士胡广的父亲胡子祺曾建议建都关中，于是朱元璋于洪武二十四年（1391年）命太子朱标前往巡视。朱标不辱使命，悉心绘制了关中一带的形势图。朱元璋正要有所行动，朱标却在这时突然死亡，这给了朱元璋沉重打击。朱元璋在《祭光禄寺灶神文》中，以一种忧伤的语调，表明他安排皇太子朱标前往关中的真实目的：

> 朕经营天下数十年，事事按古有绪。惟宫城前仰后洼，形势不称。本欲迁都，今朕年老，精力已倦，又天下新定，不欲劳民。且废兴有数，只得听天。惟愿鉴朕此心，福其子孙。[①]

一直以来，这个新王朝的一切，都在按照朱元璋的心愿运行，不容许有半分偏离。但在迁都这个问题上，朱元璋最终却只能不了了之。造化弄人，帝王也难奈天意。

---

① 顾炎武：《天下郡国利病书》卷一三《江南一》。

朱标与朱元璋在个性方面的差异很大，治政多有分歧，但朱标始终是朱元璋心目中皇位继承的不二人选。

太子朱标赶回南京时，身子骨本就单薄的他偶感风寒，一病不起。他身上长了个疖子，痛得夜不能眠。太孙朱允炆侍候在旁，含泪抚摩，昼夜不离。朱元璋看在眼里，感动在心底："有孙如此，朕复何忧？"①洪武二十五年（1392年）四月，皇太子朱标就带着朱元璋及其臣民的无限期望，撇下尚未成年的儿女，以及即将接手的皇权，遗憾地撒手人寰。朱标正值壮年，他的死必然会留下诸多猜测的声音。《明书》记载，朱标早逝是因为和朱元璋发生争吵，精神压力过大，郁闷而致。据《革除遗事》记载，太子朱标的些许小事都有人向朱元璋密报，稍有不慎就会引来一番敲打和教诲，因此平日里畏首畏尾，不敢放任自我。据明代学者王鏊《震泽纪闻》记载，有个叫詹徽的酷吏和朱标一起录重囚，朱标倾向从轻处置，遂与詹徽产生矛盾。朱标去找朱元璋理论此事，朱元璋却认为詹徽的做法是正确的。朱标说应以仁厚治天下，惹得朱元璋勃然大怒道："俟汝有天下为之！"朱标惊惧不安，竟自投金水河中，被左右救起，自此一病不起。朱标临终前曾对他的儿子朱允炆说："我之死，徽为之也，毋忘我仇！"后来朱允炆当了皇太孙，果然寻了个机会斩杀詹徽。这些说法，流传虽广，但真实性待考。

朱标的突然亡故，让朱元璋陷入巨大的悲痛之中，也打乱了他此前所有的政治构想和权力部署，一切变得让人难以预料，也给洪武末年的那段历史涂上了一层诡异的色彩。最让朱元璋感到不安的，则是他苦心经营二十五年的大明"国本"面临的困境。

---

① 《国榷》卷十一。

天意待人薄，人奈天意何？为此，朱元璋专门下诏，寻求通晓天象的世外高人。古人观测天象运行，以此推算年时节候，获知帝王命数或国祚久长。有个叫周敬心的太学生上疏："大戮官民，不分臧否。其中岂无忠臣、烈士、善人、君子？于兹见陛下之，薄德而任刑矣。水旱连年，夫岂无故哉！"①以此劝导皇帝，不要再滥杀官民，逆天而行，否则会遭天谴。不畏死的周敬心还列举了历年来几次大规模的政治清洗：洪武四年（1371年），录天下官吏；十三年（1380年），爆发胡惟庸党案；十九年（1386年），纵容百姓逮捕所谓害民之官，株连无数；二十三年（1390年），又将敢于批评朝廷之人诛杀。不论好坏，无人不杀，无人不可杀。他说，国祚长久，不在于天象历数。作为开国之君，既然轻视德治而滥用刑法，也就不要管什么水旱连年，那都是有原因的。这个周敬心，言辞激烈，大有逆鳞之势。出人意料的是，朱元璋不但没有愤怒，反而还夸赞周敬心：作为一个国子监的学生，谈论天下大计，虽然不符合官家秩序，但究其本心，还是因为忠君爱国。

洪武二十五年（1392年），是朱元璋即位后受到人生打击最为沉重的一年。幼年丧母、中年丧妻、老年丧子，一个男人人生路上的三大不幸全都让他摊上了。对于一个年近七旬的老者来说，时间不仅带走了他健壮的身体，也带走了他那股子不认输的劲头。朱元璋几乎在一夜之间老去，头发、胡须如霜花染白。日升日落，在时间面前，帝王和平民从来都是平等的。朱元璋的悲痛不仅来自老年丧子，还有他对大明王朝未来命运的深深忧虑。他越来越不相信那些口是心非的大臣，一个个脸上写着恭顺，心里

---

① 《明史》卷一三九。

却布满了诅咒。每念及此，他的内心总是会涌起杀人的念头。

身为最初的皇位继承人，太子朱标被他的父皇寄予厚望。早在元至正二十年（1360年），朱标当时才刚满五岁，朱元璋就委派浙东大儒宋濂为他讲授经学。四年后，朱元璋在应天府称吴王，九岁的朱标随即被立为世子。又过了三年，朱元璋立国号"吴"，这一年，朱标跟着朱元璋回到凤阳祭拜祖墓。出发前，朱元璋曾对朱标提出殷切的期望。他说，古代像商高宗、周成王等贤王，都知道小民的疾苦。他们在位时极为勤俭，堪称君王的典范。你长于富贵，习于安乐，现在外出，沿途见闻，可以让你体会到鞍马辛劳。你要好好观察百姓的生业以知衣食艰难，体察民情的好恶以知风俗美恶。回到故乡后，你要认真访求父老，他们对你说的那些话要永远记在心上，这样才能了解我创业的不易。

朱标外表风流俊雅，性情仁慈温软，却缺少刚硬和铁血，虽有成为仁君的潜质，却不具备统御天下的霸气。朱元璋为了训练他的胆量，曾经命人把装满死尸的大车推到他的面前。可以想象，刚读完圣贤书的朱标，突然撞见那一车尸体，内心受到的刺激是多么强烈。朱元璋后来虐杀开国功臣，也与其确定的接班人性格偏于温软有着很大关系。遗憾的是，朱元璋的良苦用心并没起到多大的作用。一切就像朱标二十岁那年，他在文华堂观赏北宋画家梁师闵的《芦汀密雪图》时所表露的心境：

楚之旷浦，遇冬摇落之时，平沙尺雪，汀芦弥漫，若跨骑登峰，使神驰潇湘之极，莫不浩浩然、荡荡然心地无凝，故云八景者，宜其然，孰能图此？独梁师闵胸钟楚景之秀，特画图以像生，岂不快哉！

二十岁的太子朱标虽身在宫城，却在那一时刻神游潇湘，但见瑞雪平沙，汀芦摇曳，江天寥廓，面对梁师闵笔下的万千气象，朱标的儒雅性情在这里暴露无遗。要知道那一时期，他的父皇，太祖皇帝朱元璋正以雷霆万钧之势扫荡漠北、征战辽东、收服安南。而身为太子的他却在那个火热滚烫的日子里，心思如云在野，就像是这个王朝的局外人，对即将到来的王朝风暴毫无察觉。不管他愿意还是不愿意，若不出大的意外，统领这个王朝的荣耀早晚会落到他的肩头，而眼前，他只管睡个安稳觉就可以了。

二十三岁那年，朱标被父皇委以"日临群臣，听断诸司启事，以练习国政"的重任，为将来接班作准备。朱元璋下令：朝中大小政事，先告知皇太子处分，然后再奏闻。他为此语重心长地对太子说："吾自有天下以来，未尝暇逸，于诸事务唯恐毫发失当，以负上天托付之意。戴星而朝，夜分而寝，尔所亲见。尔能体而行之，天下之福也。"

作为当朝太子，朱标的宫廷生活谈不上幸福。除了皇家的天然富足，能够提供给他的快乐极为有限，甚至可以说是枯燥乏味的。没完没了地参加各种朝见和祭仪，每天板着面孔，肃然以待。除此之外，就是跟随几个朝中大儒诵读儒家经典。太子妃常氏（常遇春之女）去世之后，朱标失去正妻的约束，也有过几次生活作风问题。传到朱元璋的耳朵里，他对太子及诸王说："我持身与行为都很谨慎，这是你们亲眼所见，我身边没有优伶亵近，也没有酣歌夜饮，皇后没有放纵的权力，妃嫔也没有恃宠溺爱。我每天忙于政务，虑患防危，如履薄冰。这是为什么呢？还不是怕自己懈怠而殃及子孙！"朱标一直生活在朱元璋的阴影之中，即便生活上的小事，也保持谨小慎微。

虽然朱元璋放手让朱标办理朝中事务，但对他并不放心。没过多久，朱元璋专门新设一个名为"通政使司"的部门，主管"出纳诸司文书，敷奏封驳之事"[1]。这个机构设置以后，即便是让太子先行办理的政务，在尚未办理时，朱元璋就已获知内容。名为放权，实则变相揽权。设立通政使司，就是为了预防皇权被人为地分割。说到底，通政使司还是一个夺权部门，夺的不仅有丞相的权力，还有太子的。随着胡惟庸的伏诛，朱元璋在明朝官僚体制上动了一场大手术。他彻底取消了承袭自元朝的中书省、行中书省制度，又假借复归周制的名义，"仿古六卿之制"，将行政权力分给六部，其目的是"俾之各司所事……如此权不专于一司，事不留于壅蔽"[2]。在中央，随着中书省和丞相一职的废除，吏、户、礼、兵、刑、工六部的地位相应得到了提高，这些部门分任朝政，直接向皇帝负责。通政使司最初并没承担很多的职责，它作为中书省的秘书处存在于官僚体系中，扮演了一个权力偏房的角色。从《明太祖实录》来看，在让太子朱标先行办理政务的几个月间，朱元璋很少作出决断，他的身影大多出现在调整官制、修建社稷坛、参与祭祀、接见外国使臣等重大活动中。不过三个月后，他却突然当着六部官员的面表态：皇帝深居宫中，能够知晓万里之外的事，这主要是因为兼听广览，了解民情。元朝，政令出自中书省，大小事务都要先关报中书，然后才奏闻给皇帝。元朝多昏君，才导致民情不通，以至于天下大乱，要引以为鉴。

朱元璋需要掌握天下实情，以及百官的思想动态，就要撇开

---

[1] 《皇明通纪・启运录・洪武十年》。
[2] 《皇明名臣经济录》卷一《开国・革中书省对》。

中书省。他既然已经找到破解的密码，就不会再做无谓的等待。他随即下诏，诸司今后奏事不要再报经中书省，直接向他这个皇帝奏报。他无法做到无条件地信任，也无法做到无条件地怀疑。他每天转个不停，就像一只被命运之手狠狠抽打的陀螺。尽管如此，他还是无法排解内心的苦闷。虽然做了皇帝，但他的小农思想根深蒂固。他就是个勤劳的农民，精力旺盛，心思缜密，枯燥烦琐的行政事务如同一地的庄稼，让他舍不得假手于人。

《明太祖实录》中记载：朱元璋时常沉浸于王朝事务中，不论吃饭还是睡觉。但凡想起一事，便会立即拿起纸笔记录下来。若逢吃饭时，他通常会将那些纸条别在衣服上，故而，他的衣服上常常会别着许多纸条。他自己不以为意，还戏称"鹑衣"，即破烂衣之意。他说，自己没日没夜地忙碌，并不是不想安逸，但畏惧天命不得不如此。他告诫官员，不要因为太子理政，你们就忙着投奔于太子门下，成为太子党人。群臣顿首受命的同时，不得不有所警惕。

太子理政之后，大小事务仍由朱元璋说了算。几个月后，朱元璋召见李善长等朝中重臣。那一天，朱元璋的话说得绵里藏针。他说，此前让太子理政是想让太子熟悉国政，"恐听览之际，处置或有未当"，他让李善长等人协助太子"更为参决可否，然后奏闻"。也就是说，太子在办理政务前，先要经过众大臣参决可否，然后再向他这个皇帝奏闻请旨。名为太子理政，实则是大臣替他拿主意，最后还要交由朱元璋来拍板定夺。如此放权，放而不放，太子朱标处理政务只能更加谨慎。他既不敢懈怠，又不能锋芒毕露，否则会引起朱元璋的猜疑。

朱标去世前两年，即洪武二十三年（1390年）春夏之交，李善长被逼自杀，这个开国老臣还是没能逃脱洪武帝的杀戮，其妻子等亲属七十余人均遭处死。《明太祖实录》"洪武二十三年五月"条下称"善长遂自缢,上命以礼葬之,厚恤其家",但据晚明史学家谈迁在《国榷》中考证,这条记载乃是"史笔曲为之饰"。[①]

一时多少功臣,多少宿将,多少人间富贵,临到末了却难逃凋零的命运。胡惟庸、李善长只是大明皇权开张的最早献祭。有一次,朱标进言劝谏,让朱元璋停止诛杀功臣。朱元璋面露不悦,故意把一根棘杖丢在地上,让朱标用手将它拾起来。朱标看到上面布满刺,不禁犹豫起来。朱元璋见状道:"你怕有刺不敢去拿,我把刺都给它拔掉,再交到你的手上,岂不更好。我将那些奸恶之人都杀了,为的是让朝局稳定下来,将来你就可以做个太平无忧的皇帝。"朱标真的无法理解父亲的这套理论,他说:"上有尧舜之君,下有尧舜之民。"也就是说,有什么样的皇帝,就有什么样的臣民。暴君得暴民,仁君掌慈民。朱元璋听后勃然大怒,顺手抓过一把椅子砸向朱标,吓得朱标赶紧逃离。这个记载的真实性有待考证,但有此种传闻也反映了父子之间有矛盾。

老天似乎跟朱元璋开了个天大的玩笑,这位被朱元璋寄予厚望的太子,还没等到接班就突然病死。朱标只要再坚持活上六年,他就可以登基成为大明王朝的第二任皇帝。对于一个有着健康体魄的男人来说,这似乎并不困难。

然而,天意弄人,白发人送黑发人。朱标的猝然而逝,让焦虑不安的朱元璋陷入空前的精神危机。整个朝廷都在关注着他的表现。他的决定关系着每个皇子的命运,而每个皇子身边又围绕着一大批或隐或显的追随者。朱元璋什么都想到了,就是没想到

---

① 《国榷》卷九。

自己亲手选定的接班人会死在他的前面。他苦心设计的剧情，还未上演就已落幕。朱元璋深知，在众皇子中，朱棣是最像自己的，也是最为出色的。他在战场上拼杀过，见过血。不要小看了战场经历，上过战场见过血的经历会让一个少年人的筋骨和内心强壮起来，让他变得风雨不侵。

那些时日，年老的朱元璋总是神色凝重地从案牍中抬起头来，长久地凝视着窗外。而在他面前一字排列着诸皇子的名：标、樉、棡、棣、橚、桢、榑、梓、杞、檀、椿、柏、桂、楧、植、栴、权、楩、橞、松、模、楹、桱、栋、㰘、楠。这些名字都是朱元璋取的，他不但为儿子取名，而且还制定了后世子孙取名的规则。每个儿子作为一支，朱元璋为每一支拟定了二十字辈分，作为一世，名字中的另一字则临时确定。对此，《明朝小史》中有记载：

> 帝以子孙蕃众，命名虑有重复，乃于东宫诸王世系，各拟二十字为一世。以某字为命名之首，其下一字，则临时定议，以为二名，编入玉牒。至二十世后，复拟续增。如燕王位下二十字则曰：高、瞻、祁、见、祐、厚、载、翊、常、由、慈、和、怡、伯、仲、简、静、迪、先、敦。

名字的下一个字不可随意定夺，而是要"按五行相传"。比如朱棣这个辈分属木德，他的儿子朱高炽，属火德；孙子朱瞻基，属土德；曾孙朱祁镇，属金德；玄孙朱见深，属水德……如此循环往复，生生不息，传之千秋万代。朱元璋为子孙后代考虑得不可谓不深远。但是他万万没想到，二十个字的辈分刚用去一半，朱明王朝就突显变数。

儿孙众多，意味着所有人都有资格加入这场皇权的角逐。在这一刻，朱元璋考虑最多的是他的接班人问题。他的目光在"棣"上停留的时间最为长久，直到那个看上去略显笨重的汉字渐渐幻化成一张脸谱，那是燕王朱棣的脸谱，忠厚之相底下散发着狡黠与刚霸气息。但是，让朱棣接班的念头，在朱元璋的心里也只是打了个转，就再也找不见了。几天后，几乎所有皇子都得到这样一份情报：皇孙朱允炆被宣入父皇宫中，彻夜未归。

在这非常时刻，来自皇帝身边的任何一条消息，都有可能成为改变时局的那只胜负手。朱元璋似乎感受到了皇子们内心那份躁动不安，在这个节骨眼上，他不能给他们太多的幻想。洪武二十五年（1392年）九月，经过半年的反复斟酌，朱元璋终于拿定主意，立皇太孙朱允炆为明朝的皇位继承人，而这一年朱允炆尚不满十五岁。朱标留下的位置，就这样让他的儿子朱允炆填了缺。册立大典定在九月十二日，这一天与往常并无二致。因为这一天是皇太孙册立大典，诸子藩王早早来到皇宫，立于大殿两侧。仪式当天，只有燕王朱棣姗姗来迟。他还故意走到朱允炆的身旁，用手重重地拍打朱允炆的后背，傲慢不羁地说："小子，没想到你也会有今天（不意儿乃有今日）！"在久经沙场、冷酷而冷血的皇叔朱棣面前，这个文质彬彬、年轻望浅的皇太孙，并没有为自己赢得足够的尊重。而朱棣拍打朱允炆的这一幕刚好被坐于金銮殿的朱元璋尽收眼底，让他大为震怒，叱问："你怎么敢当着我的面打皇太孙（何为挞皇太孙）？"朱元璋的一声断喝，吓得朱棣呆立当场。朱允炆赶紧打破僵局，站出来为四皇叔朱棣解围。朱允炆说："皇上息怒，这是叔父喜欢我的缘故（臣叔父爱臣故耳）！"

朱元璋看出朱允炆在帮着他的皇叔朱棣打圆场，他必须要为朱允炆立威。皇太孙朱允炆是皇储，即下一任皇帝。皇帝代表着皇权，皇权神圣不可侵犯。谁羞辱朱允炆，就等于羞辱他这个皇帝。朱元璋当殿斥责朱棣："你难道不懂礼法与忌讳吗？来人啊，将此子给我关起来！"朱棣就这样被关了几天禁闭。朱元璋这么做，不仅是惩戒燕王朱棣，更是向皇室子孙们传递一个信号：朱允炆是自己的皇太孙，是将来大明王朝的掌舵人，你们在他面前必须执礼数。

在朱标去世后的一段时间里，朱允炆哀恸不已，数日内滴水不进。这一切被同样沉浸于悲痛之中的朱元璋看在眼里，既欣喜又心疼。欣喜的是，自己能够有如此重情重孝的孙子，实乃家国之幸。可他又实在不忍心看到朱允炆过于悲伤，便劝慰道："你对父亲去世的悲痛之心，符合先儒规定的礼仪，你的确是个纯孝之人，但你就一点也没有考虑到我吗？"朱元璋的这番话，让朱允炆从哀痛之中猛然惊醒过来。他提出要为父亲服丧三年。虽然这个想法遭到朱元璋的否决，但是在太子朱标去世后的三年时间里，朱允炆还是坚持做到"三不"：不饮酒吃肉，不闻乐观舞，不亲近女色。按照儒家的礼法行事，以彰显孝子之道。有人看不下去，劝朱允炆适可而止，做到心中有孝即可。朱允炆的回答却是：丧服可以按照礼俗到时候就脱下，父子亲情却让我难以自拔。朱标死后不久，朱允炆主动将他的三个弟弟接到东宫亲自抚养，白天同食，夜间同眠，无微不至地照顾着他们的生活起居。一日，朱元璋没打招呼到东宫去看朱允炆，发现四兄弟全都在朱允炆的寝宫里。

朱元璋随口说了一句："兄弟相怀本一身。"朱允炆回答："祖孙继世宜同德。"

朱元璋见到此情此景，老怀宽慰，于是大大地夸奖了朱允炆一番。虽然有人质疑朱允炆有作秀之嫌，但其行为也发乎于情。

十六岁的孩子死了父亲，留下自己和几个少不更事的弟弟。从个人情感上来说，朱允炆比谁都要悲痛。有道是"无情最是帝王家"，朱标的突然离世，使得朱明王朝可能出现的变数与劫难突然之间放大了许多倍。如果朱标还活在世上，也就轮不着朱允炆这么早接班；可是现在朱标死了，作为递补长子（皇长子朱雄英早夭）的朱允炆需要承担的责任更重。

太子朱标的去世，好像一下子抽干了朱元璋心中的底气，也让他对于将来之事，有了更为深刻和复杂的考量。

早在洪武二十三年（1390年），朱元璋颁布了那道著名的《昭示奸党录》，他要求将胡惟庸案的口供和叛案详细记录公布于世，他要让全天下人都知道这些奸党的罪状。朱元璋要将胡惟庸党案编织成一个超级大箩筐，这个箩筐有形也无形，越编越细，越织越密。从通倭、通虏，直至谋反，每编织一条罪名，就有人遭到清洗。那些功臣宿将的关系本来就是网状结构，从甲株连到乙，从乙株连到丙，每个人都是网中人，每个家族都是网络之家；杀人屠家，国家机器犹如一部飞速旋转的绞肉机。因胡惟庸案牵扯进来的有一公、二十侯，连坐、死罪、黥面、流放的有数万人之多，朝中文臣几乎为之一空。朱元璋不能容忍一个有可能凌驾于皇权之上的官僚体制存在，数以万计的人命不是为胡惟庸陪葬，而是为朱元璋定下的这项制度陪葬。

朱标死后，朱元璋开始谋划对王朝武将的清洗。相对于皇太子朱标，皇太孙朱允炆的性格过于柔弱，朱元璋不得不为将来考虑。为了保证皇权的顺利交接并实现平稳过渡，他决定痛下杀手，他要留给自己的皇太孙一个平安的天下。

朱元璋曾在他的老伙计李善长面前说过："朕起兵后，年二十七八，血气方刚，军士日众，若不自省察，任情行事，谁能禁我？因思心为身之主帅，若一事不合礼，则百事俱废，所以常自检点。"①有人说朱元璋此处所说的身、心、礼，即本我、自我和超我。他力图以自我抵制、导引本我，使之合乎作为社会道德原则内在化的超我。由于儒士的介入，这一时期是朱元璋治国性格养成的关键阶段。他从小失学，游荡于民间，但中国民间社会里接触的儒家世俗伦理并不比学堂里教授的少。明朝建立后，儒士们阐述的治国天平上的大经大法，却是他前所未闻的。

朱元璋曾无奈地说过这样一句话："此心与身如两敌，然时时自相争战。"②随着地位的稳固，他的忧患之心愈加深重，暴虐的一面急剧膨胀。从朱允炆被立为皇太孙到他即位，一切平静如旧，没有任何人提出异议。彼时，也没人敢当着朱元璋的面发出质疑之声。不过平静的暗夜里，谁又知道会有多少双眼睛在盯着皇位？人心隔肚皮，又有多少暗流在每个人的心头翻涌？诚如韦庆远所说："在争夺皇位问题上，这些皇家子孙并不把什么宗法规定认为不可侵犯，也并不讲究什么夫妇父子兄弟叔侄等亲亲之谊。礼教纲常等恍似一层易破的轻纱，并未掩盖住因此问题而激发的绵延不断的严重冲突。"③

洪武二十六年（1393年），朱元璋再次撒开他那张捕杀功臣的罗网，这一次他将清洗的目标锁定在淮西武将及其子弟、军事新贵

---

① 《明太祖实录》卷五十九。
② 宋濂：《洪武圣政记》。
③ 韦庆远：《论封建皇权和皇位继承问题》，《明清史辨析》，中国社会科学出版社1989年版，第348页。

们的身上。虽然此前经过胡惟庸案，大批元勋宿将已被诛杀，但幸存的淮西武将和后起的军事新贵仍是一股威胁皇权的巨大势力。二月初十，凉国公蓝玉被诛杀。作为一代名将、开国功臣的蓝玉受封凉国公，善于引兵打仗，史传称他"长身赪面，饶勇略，有大将才"。蓝玉是常遇春的内弟，常遇春之女则是太子朱标的妃子，所以蓝玉和太子朱标就有了一层亲戚关系。同时，蓝玉还获得与皇室联姻的殊荣，将自己的一个女儿嫁给了十一皇子蜀王朱椿。蓝玉早年在姐夫常遇春麾下效力，升至大都督佥事，后又随傅友德征讨四川、随徐达北征蒙古扩廓帖木儿部等。蓝玉是不可多得的将帅之才，出征西番，擒得逃寇，且捉住了建昌卫的叛帅，因功勋卓著封永昌侯，后又擢升大将军。当年他在北伐的归途中，曾经干过一件令人不齿的事：他用暴力霸占了元君的妃子，使得这个妃子羞愧自杀。朱元璋虽然愤怒，但是考虑到蓝玉的功劳很大，并没有去追究，而这也在无形中助长了蓝玉的嚣张气焰。在这之后，蓝玉的此类表现越来越多。北征回来，经过喜峰关，由于天黑不辨人影，守关的士兵不敢开门。蓝玉命令士兵攻击关卡，强行破关而入。

有的人生来适合林泉之下，有的人生来适合朝堂之上，而有的人一旦离开战场，就迷失了人生的方向。蓝玉蓄养奴仆、义子数千人，作为他的随从亲信。这批人仗着蓝玉在背后给他们撑腰，横行乡里，大肆侵占民田，根本不把国法放在眼里。当御史要依法惩办他们时，蓝玉横加干涉，堂而皇之地驱逐御史。朱元璋原本打算封蓝玉为梁国公，为了警告他，一气之下将"梁"字换作"凉"。朱元璋此时已对公侯们心生疑虑，而恃功骄纵的蓝玉更刺激了他。此前在洪武二十五年（1392年）初，平定四川西部建昌地区叛乱时，朱元璋曾派蓝玉为领兵主将。出发前，朱元璋特地交代，有要事要单独与其商量。当时，蓝玉还带了几名侍卫将领一同觐见。朱元璋要单独向蓝玉面授机宜，便令其他人在殿外等候。谁知，那几个侍卫亦步亦趋，不愿离开蓝玉。直到蓝玉示意，他们才不情愿地退出。这不是将领不守规矩，而是他们的主帅蓝玉向来无人臣之分。即使在皇帝面前，蓝玉也毫不收敛，表现得傲慢且无礼。他领兵在外，经常干出超越权限之事。比如，擅自决定将校的升降，不向朝廷请示报告；任意对犯错军士施加黥刑，在他们脸上刺字，以此挟制部下，使军队成为私人武装。

蓝玉征西归来，朱元璋赏赐其"太子太傅"头衔。册立皇太孙时，他满以为自己会坐上"太子太师"的位置，却没想到自己还是太子太傅，反倒是冯胜、傅有德两人做了太子太师。这让蓝玉大为不满，他在人前大发牢骚："凭我的功劳，难道还不配做太子太师吗？"听了这话，朱元璋对蓝玉的厌恶之情愈发强烈。朱元璋曾经在颁给蓝玉的铁券中，将他的不法之事写了进去，警告他要保持清醒，安守人臣本分，可是蓝玉不以为意。

蓝玉被诛，或是因为他触及皇子之间的斗争。洪武二十年（1387年），蓝玉以征虏左副将军随同冯胜征纳哈出。出征归来，他又开始关心起东宫之事。蓝玉曾想讨好朱棣，他将一匹俘获的名马献给燕王。他知道燕王喜欢纵马驰骋，于是投其所好。据《明实录》记载，蓝玉献马，朱棣根本不领他的这份情，还借故训斥对方："马未进朝廷，而我受之，岂所以尊君父？"蓝玉曾私下向皇太子朱标进言："臣观燕王在国，抚众安静不扰，得军民心，众咸谓其有君人之度……臣又闻望气者言，燕地有天子气，殿下宜审之。"他说燕王这个人素有野心，还说自己曾听望气者说，燕王封地北平有天子气象，须得小心提防。朱标不以为然道，不管别人说燕王什么坏话，"燕王事我甚恭谨"。①朱棣知道后，对蓝玉怀有忌恨。等到太子朱标病亡，燕王来京参加吊唁，他在入朝奏事时对朱元璋说："在朝诸公，有人纵恣不法，如不处置，将来恐成尾大不掉之势。"这句话虽然没有明指蓝玉，但朱元璋心里已有判断，再加上"纵恣不法"四字，更是让他确认是蓝玉无误。

其后几个月，蓝玉上朝奏事，没有一件能够通过。这是一个非常明显的信号，但他却毫不收敛，愈加放肆。有一次，他见朱元璋乘舆远远地经过，用手一指道："那个乘舆之人开始怀疑我！"如此大不敬的言论传至朱元璋的耳朵里，又怎能不触动他本就敏感的神经。洪武二十六年（1393年）二月八日早朝时，锦衣卫指挥使蒋瓛突然控告蓝玉谋反，说他勾结鹤庆侯张翼、普定侯陈桓、景川侯曹震、舳舻侯朱寿、东莞伯河荣、户部侍郎傅友文等人企图趁皇帝到郊外举行"藉田"仪式时，劫持皇上车驾。蓝玉被当场拘押。据称，蓝玉在受审时对他的叛逆罪供认不讳，同时他在供词中，又把许多侯爵以及吏部尚书詹徽等都牵扯进来。最让人意外的是詹徽，他曾经主持审理过李善长案，现在又随同皇太孙朱允炆一起审讯蓝玉。审讯中，詹徽斥责道：速吐实话，不得株连他人。结果惹得蓝玉大喊起来：詹徽就是臣的同党！一句话，詹徽也就成了"蓝党"。

二月初十，蓝玉连同家属一并被处死。蓝玉受到的是肢解之刑。这个习惯了刀刃与鲜血的战将，体验到了穿透灵魂的痛。他彻底交出自己的身体，任由疼痛漫延至全身每一寸骨头与肌肉。蓝玉部属众多，受株连的人数众多，并且都是族诛。在蓝玉案中，

---

① 参见《明太宗实录·奉天靖难记》。

许多功臣宿将都成了刀下冤魂。到当年五月初一,朱元璋已将京城各军府、卫所的一些中高级将领牵连进来,杀得所剩无几。这使得人们有理由猜测,朱元璋展开大清洗,就是要消除可能威胁皇位继承人的权贵。

为了证明自己行为的正确性,朱元璋想出各种办法。胡惟庸党案以后,他随即颁布了《昭示奸党录》告示天下;蓝玉案以后,他又颁布了《逆臣录》,以手诏布告天下。列名《逆臣录》的,有一公、十三侯、二伯,连坐被处死的功臣及其家属达一万五千人。这份《逆臣录》漏洞百出,它堂而皇之地收录了近千人的口供,并记载着蓝玉在一个月时间里,在他的公爵府秘密约见了上千人,并与他们达成造反意向。比如,一个叫蒋富的证人供称,蓝玉出征回来,在酒席上对他说:"老蒋,你是我的旧人,我有句话和你说知,势必休要走了消息。如今,我要谋大事,已与众头目每都商量定了,你回去到家打听着,若下手时,你便来讨分晓,久后也抬举你一步。"这个老蒋是蓝玉家的"打鱼网户"。还有一个叫张仁孙的"染匠"供称,蓝玉对他说,要成大事,吩咐他置备军器,听候接应,日后事成要让他做大官。这样的证言若然采信,蓝玉就是个天大的蠢货。身为三军统帅的大将军,竟然要和"打鱼网户""染匠"商量谋反之事?有了十年前胡惟庸案的办案经验,罗织罪名轻而易举。白纸黑字,板上钉钉的事,没人敢质疑。朱元璋这样做的目的,显然是想给蓝玉和胡惟庸两件清洗案做个了结,同时向王朝的官僚集团和民间社会传递出一个信息:这两件大案是钦定的,谁也不准翻案。

胡、蓝两案之外,开国功臣被诛杀的还有:德庆侯廖永忠,于1375年以僭用龙凤不法等事赐死;永嘉侯朱亮祖父子,于1380

年被赐死；临川侯胡美，于1384年犯禁处死；江夏侯周德兴，于1392年以帷薄不修、私生活暧昧的罪状处死。

洪武二十六年（1393年），在山西、河南地区练兵的冯胜和傅友德、王弼三人被同时召回，他们的功劳和声望不在蓝玉之下。徐达病死后，代替徐达主持北边军务的是大将军冯胜。此人也是颇有韬略的开国名将。冯胜曾率左副将军傅友德、右副将军蓝玉，征讨北元丞相纳哈出率领的二十万元朝残余势力，大获全胜。朱元璋突然召三人回京，这让他们产生不祥的预感。一拨拨的人倒下去，犹如荒草倒伏于疾风暴雨之中，每个人都心怀绝望地离去，不再渴望会有奇迹发生。在冯胜等人南返之日，定远侯王弼曾悲叹："圣上年事已高，喜怒无常，我们恐怕很难再活下去了，该为自己考虑了。"

他们能够为自己考虑什么呢？在这条血肉串联起来的权力链上，环环相扣，又都是死结。除了朱元璋，谁也无法自解。虽然他们曾经是兄弟，是战友，是乡亲，但现在只剩下一种关系，那就是"君君臣臣"。他们不再属于他们自己，而是一个统一的国家系统中，一个有效或无效的编码，有效则保留，无效则清除。他们的罪与罚，不在其罪有无，而在操纵系统的那个人如何看待。

对冯胜、傅友德、王弼的结局，史料记载并不详细。据《明实录》《明史》记载，仅知傅友德于洪武二十七年（1394年）十一月被赐死，王弼于十二月被赐死，冯胜于洪武二十八年（1395年）二月被赐死，但民间却有一些传说。

有人控告冯胜私藏兵器，朱元璋将他召入京城，赐以酒食。临行前，冯胜大摆宴席，逼着家中女眷吃下有毒的酒食。一个杀敌无数的将军，面对倒在自己面前的至亲，内心的无奈与悲愤可想而知。他转过身去，轻轻地掩上房门，去赶赴一场不得不赴的鸿门宴。君臣二人在酒宴上回忆过往，畅叙友情，谈笑间灰飞烟灭。待到返回家中，冯胜和他的妻妾女佣一样，沉睡般死去。

洪武二十七年（1394年），朱元璋大宴文武百官。在这次宴会上，他当着百官的面声色俱厉地指责傅友德教子无方，说他两个儿子都是殿前亲军，平日里喜欢滋事生非。朱元璋借题发挥，向傅友德发出警示。傅友德默然无语，突然中途离席而去。他刚走到门口，宫中侍卫便赶来传旨："带二人首级来见！"随即，递给傅友德一把宝剑。没过多长时间，傅友德便提着两个儿子的人头回来。这种血淋淋的场面让朱元璋大为震骇。他斥问傅友德：你如此残忍，莫非怨恨我！傅友德摆出一副豁出去的架势，将两颗人头扔到皇帝的面前，然后仰天大笑，声震殿宇，他言道："你不就是想要我们父子的人头吗？"还没等朱元璋作出反应，他突然横剑自刎，鲜血染红了大殿。在大西南纵横驰骋所向无敌的一代名将，就这样以一种惨烈的方式结束了自己的生命，也让朱元璋颜面尽失。朱元璋遂下令将傅家老小全部发配到辽东、云南，只将他的大儿子傅忠（朱元璋的女婿）及其子留在京城。傅友德是一员猛将，他在开国武将排名中位居前列，此人曾经三易其主（刘福通、明玉珍、陈友谅），最后被迫降于朱元璋。他跟随征西将军汤和出征四川，中流矢轻伤不下火线，率将士血战到最后。他的小儿子战死时，他悲痛欲绝。傅友德是个爱子胜过爱自己生命的父亲，朝野尽人皆知。

傅友德曾率领蓝玉、沐英平定云南，进封颍国公，岁禄三千石，赐予免死铁券。儿子娶了皇帝的女儿，成为当朝驸马；女儿做了皇帝的儿媳，成了皇子妃。作为臣子，可以说是享尽世间尊荣。朱元璋曾经在《平西蜀文》中盛称"友德功为诸将第一"。功勋是武将的荣耀，也是局限，就像那只掠过天空的苍鹰，没有翅膀，无法飞天；没有利爪，难以据地。而什么都具备了，又防不住茂林深处那支吹着哨音的羽箭。

开国初年朱元璋分封的六位公爵——徐达、常茂（常遇春的儿子）、邓愈、冯胜、李文忠、李善长——除了邓愈早死，其他人都没逃过清洗。到朱元璋去世时，他先后分封的九位公爵，除病死者外，只有汤和得以善终。而徐达的死亡给那个无解的时代又增添了一道谜。徐达是武将之首，朱元璋非常尊重徐达，就是称帝之后，私下仍称呼其为兄长。他在朱元璋心目中的位置无人可以取代。

朱元璋对徐达始终抱有极高的信任度，给他的赏赐也最为优厚。徐达的长女徐妙云嫁给燕王朱棣，另有两个女儿分别嫁给代王朱桂、安王朱楹为妃。而长子徐辉祖被封魏国公、袭爵，四子徐增寿死后被朱棣追封定国公。一门二公，也就徐达一门。徐达死于洪武十八年（1385年），有人猜测，徐达之死与朱元璋有关。说他在患病不能吃蒸物的情况下，朱元璋故意赐蒸鹅于他，导致疽发身死。作此推测之人都是不了解朱元璋的人，他虽然几乎杀尽有功之臣，但从来都是公开治罪，昭告天下。食鹅致死毫无医学根据，纯属无稽之谈。而胡惟庸、李善长、蓝玉这些人，都是被抄了满门，株连九族。徐达则不同，除次子徐添福早卒，其他儿子都被封了官职。

朱元璋掀起的这场捕杀功臣的清洗运动前后持续十余年，被狂飙卷进去而遭到屠戮的文武功臣各色人等，有数万人之巨。史家感叹："于是元功宿将相继尽矣！"[①]其中有些人的确属于罪大恶极，自取灭亡。譬如永嘉侯朱亮祖仗着手中的威权，无恶不作。但更多的人死得实在是稀里糊涂，冤枉至极。朱元璋巧妙地借助

---

① 《明史·蓝玉传》卷一三二。

了朝臣之间的矛盾，将诬陷栽赃运用到了极致。他先后以谋逆、谋反、通倭等理由把胡惟庸、蓝玉、李善长等几大官僚集团全部收拾干净，刀锋所向，杀无可杀。大多数被网罗的官员都落得身首异处，族灭家破的下场。

朱元璋的分权制衡在淋漓的血泊中建立起来，功臣们被一个个剔除。虽然相权此时已被剥离出官僚系统，但由于朱元璋的杀戮毫无节制，官僚结构中的辅政系统损毁严重，甚至到了形同虚设的地步。这就形成一种局面，在那个庞大的复式立体化的官僚系统中，行政机构成了花瓶式的摆设，看上去很美，中看不中用。废除丞相制度之后，朱元璋先是设立了春、夏、秋、冬四辅官，不到两年就被废除了。后来又设置了华盖殿、武英殿、文渊阁和东阁等大学士，但这些人的工作能力与先前被杀的那几位丞相比起来，相去甚远。另外由朱元璋一手打造出来的恐怖专政的氛围，也让这些人无心恋位。随着时间的流逝，我们看到：朱元璋废除丞相制度，将皇帝的威权推向极致，最终演化出司礼监制度。有明一代，宦官假借皇权，以司礼监的名义，代表皇帝批核奏章，文官系统无法反抗。而朱元璋建立的"锦衣卫"更让皇权的触角无处不在，权力之大，影响之深，前朝从未有过。除了"锦衣卫"，后来又添设东厂和西厂，也都是代替皇帝监督臣僚和百姓的机构。这些特务机构，独立处理刑案的权力不受执法单位三法司（刑部、大理寺、都察院）的约束。如果皇帝因为身体和年龄，不能亲自执政，这种特务机构就由宦官直接指挥，更加增强了宦官的权力和气焰。

朱元璋虽然能够轻易地消灭那些功臣宿将，但要管理好皇子们却是一件棘手的事。他从登上皇位的那一刻就已经开始考虑这个问题。

第一部分

# 皇帝的遗产

# 第一章　分封的警觉与自救

## 封王建藩埋隐患

朱元璋向来重视皇子的养成教育,并鼓励诸王相互往来,以使其懂得亲亲之义。除了进学修德,朱元璋尤其重视军事素质的培养。他曾"命皇太子(朱标)、秦王、晋王、楚王、靖江王出游中都以讲武事"。他还曾下诏,命秦王樉、晋王㭎、燕王棣、吴王橚、楚王桢、齐王榑往凤阳练兵。对此,他说得很清楚:"朕封诸子,兼设武臣于相府者,盖欲藩屏国家,御侮防患,无事则助王之治。"①也就是说,他要让皇子们成为大明王朝的屏障,让他们的经国心态转为现实表现。打江山或者守江山,刀锋只需要指向他们的敌人;而夺皇位,他们的刀锋则要指向自己的骨肉兄弟。

如何教育这些皇子,朱元璋有他自己的一套主张:"譬如一块精金,要找高明工匠打造,有一块美玉,也要有好玉匠才能成器。有好子弟,不求名师,岂不是爱子弟还不如爱金玉吗?我的孩子们将来是要治理国家的,各功臣子弟也要做官办事。教育他们的办法,最要紧的是正心。心一正,万事都能办好,心不正,各种邪欲都来了,这是最要不得的。要教他们切实的学问,用不着像一般文士那样,只会记诵辞章,没一点好处。"早在朱元璋

---

① 《明太祖实录》"洪武十一年七月戊子"。

登基前，他就已经开始谋划并实施皇子变形记，"宜习劳，令内侍制麻履行藤，凡诸子出城稍远，马行十七，步行十三"。也就是让几个长大成人的皇子穿着麻鞋，裹上缠腿，像士兵那样到城外远足，十分之七的路骑马，十分之三的路步行。这对长期生在深宫大院的皇子们来说，虽说劳累点，但还是颇有兴致的。待到年龄再大些，朱元璋索性将他们撵到演武场上，让他们真刀真枪地杀上几个回合。朱元璋称帝的第一年，他就在宫中修建了大本堂，作为太子和诸弟的学习场所。他还找了一些才华出众的青年，让他们当皇子们的伴读。朱元璋还为诸位皇子安排最好的老师，个个都是学贯古今、满腹经纶的当世大儒。而在其中，尤以宋濂最为世人所知。他前后十几年，向皇子们灌输历代兴亡之事，详细说明某事应该怎么做，不应该怎么做。朱元璋曾命谋臣孔克仁等"授诸子经，功臣子弟亦令入学"。有一次，朱元璋对殿中侍御史郭渊友等人说："这些孩子的文章作得差不多，只是对太子来说，重在端正他的心术，不要流于浮躁。"在朱元璋看来，学问固然重要，但德性更重要。

皇子们除了接受老师的教育，还要随时接受朱元璋的训诫。一次，朱元璋退朝回宫，看见皇太子和各位皇子都在眼前晃悠，他觉得这是一个对他们进行教育的好机会。于是，朱元璋用手指着大本堂前的一片空地，煞有介事地说道："这里本来可以修建亭台楼榭，作为休闲场所，只是朕不忍心耗费民财。想当年，商纣王大造琼宫瑶室，招来天下人的怨恨。汉文帝曾想建一座露台，因为心疼一百斤黄金而作罢，所以换来国泰民安的气象。你们生在皇家，就要心存警戒。"

在皇子们读书学习的大本堂中，悬挂着许多图画，那是朱元璋命画工特意为诸皇子绘制的。画中所画大多为古代孝行故事，还有朱元璋亲身经历的艰难和南征北战的事迹。

不过，皇子们宁愿接受老师的批评教育，也不想接受朱元璋的训斥。他们是大明朝开国皇帝的儿子，这一点自生命之始便已注定。年长如朱标、朱棣等人尚能明白其中含义，可是对于那些孩童来说，他们还很难揣测其中深意。对此，朱元璋心里是清楚的：

> 朕于诸子常切谕之：一举动戒其轻，一言笑斥其妄，一饮食教之节，一服用教之俭。恐其不知民之饥寒也，尝使之少忍饥寒；恐其不知民之勤劳也，尝使之少服劳事。[1]

皇子们不仅要学习书本知识，平时一言一行还要合乎封建规范。对于正处于成长期的少年来说，那些老和尚念经似的规范条例，就像是一道道捆绑人的绳索。皇子们留京的日子并不轻松，他们不仅要读懂儒家经典，还要阅读朱元璋为他们编写的书。朱棣曾经从他的父皇手中接过《昭鉴录》《皇明祖训》两部大书，这都是朱元璋让儒臣为皇子们量身定制的。书中搜集了古代藩王的一些善恶事迹，以对皇子们进行宗法教育。朱元璋六十八岁生日那天，诸王为庆贺万寿，绞尽脑汁，搜罗天下宝物孝敬皇帝，唯独朱棣别出心裁，送来几株嘉禾。所谓嘉禾，乃庄稼结穗异常大者，古人视之为祥瑞。朱棣吃透了朱元璋的心思，这份礼物备得极为走心。以此为礼，既符合朱元璋不喜铺张奢靡的个性，又符合他重农悯农的一贯主张。这份礼物呈上去，"太祖大喜，为

---

[1] 《明太祖实录》卷八十"洪武六年三月"。

诗一章，赐之"①。可见，朱棣能够得到朱元璋的赏识是有原因的。

为了确立诸子与功臣之间的君臣名分，朱元璋分封诸子。他将九位皇子从疆土的东北到西北一字排开，分别是辽王、宁王、燕王、谷王、代王、晋王、秦王、庆王和肃王。朱元璋在全国各地先后封了二十三个儿子、一个侄子和一个从孙为王，这些藩王有自己的王府和军队，每个王都有三个护卫（郡王只有一个护卫）。护卫是一个总称，护卫的人数从三千人到一万九千人不等。

按照这个规定，藩王所能拥有的军力是九千人到五万七千人，而在具体实践中，藩王们都倾向于选择后一个数字。按说这个数字其实也不多，区区五万多人，要与中央叫板显然是以卵击石。九个藩王将明朝的边界割成了九大段，分别负担着不同的任务。他们瞪着血红的眼睛盯着朱元璋身后的皇帝宝座，如此一来，即将接过皇位传递棒的朱允炆成了众矢之的。原本就对皇帝宝座抱有各种想法的诸子藩王，由于朱元璋钦定朱允炆为皇位继承人，让他们的野心无处安放而心怀不满。嫡长子继承制，真的可以使江山社稷稳固吗？对朱元璋来说，他已经来不及作出更为周全的部署。对于分封诸子为藩王，朱元璋打着"遵古先哲王之制"。殊不知，他遵循的那个古制，也是各有各的分封法则。夏代史料缺乏，无法详考。商代已实行了分封制度，"子孙分封，以国为姓"。周朝开始大举分封，"封建亲戚，以藩屏周"，并形成了完备的封建宗法制度。汉代建立后，刘邦也实行分封，起初是同姓王和异姓王并存，后将异姓王渐次削夺，只保留同姓王。这些同姓王在封国内有政治、经济、军事大权，后来终于酿

---

① 《鸿猷录》卷七《封国燕京》。

成"七国之乱",他们旗号是"清君侧",实际上是要夺皇位。晋初大封同姓子弟为王,且这些王握有军政实权,后酿成"八王之乱"。唐代虽也封皇室子弟为王,但"有名号而无国邑",这些王都要住在京城的宅院里,由宦官进行管理。宋代大体沿用唐代的做法,但宋代封王只及自身,不得世袭,他们可以像庶民子弟一样,参加科举考试为官。

朱元璋在分封制度的设定上,虽然有附会周、汉之嫌,但内核还是沿袭了元朝宗王出镇制度。诸王在地方上,主要负责军事,如果地方发生战争,或者朝廷出现奸臣,诸王便可以节制都司卫所军队,统兵征战。

蒙古汗国建立后,成吉思汗将广阔的疆域分封给诸子、诸弟和功臣,其中最著名的便是四大汗国。忽必烈进入中原之后,由于汉地长期实行郡县制度,他便实行宗王出镇制度,不再分封,而是命诸子驻扎地方,享用各府、州、县交纳上来的赋税,掌握地方军权,这样不仅可以加强对汉地的统治,而且能够抵制黄金家族其他支系对忽必烈系皇位的威胁,对元朝统治形成强有力的支持。

元朝宗王出镇制度的成功,给朱元璋实行分封制度提供了样板和信心。不过,对于历史上由于分封而导致的内乱,朱元璋也十分警惕,仅命诸王"节制"而非统帅都司卫所军队,都司卫所军队统属于中央,而非诸王。不仅如此,诸王只有在军情发生,接到皇帝的诏书后,才能够指挥都司卫所。朱元璋分封诸王的宗藩制度,是和大兴党狱、剪除功臣同步进行的。朱元璋的子女众多,共有二十六个儿子和十六个女儿。这些金枝玉叶,只有极个别人经历过风霜,他们中的绝大多数都是在安全的监护下度过的童年和少年。壁垒森严的宫墙挡住了外面的凶险,但来自身边的危险却已经在悄悄酝酿。按照明朝的宗藩制度，朱元璋的儿子，除长子被立为太子外，第九子和第二十六子早夭，其余二十三个儿子全部封王建藩。为了不让天下臣民感到他私心太重，朱元璋在封藩前还特意说明：

> 天下之大，必建藩屏，上卫国家，下安生民。今诸子既长，宜各有爵封，分镇诸国。朕非私其亲，乃遵古先哲王之制，为久安长治之计。①

这段话的意思是说，封藩不是为了"私其亲"，而是为国为民。朱元璋相信儿孙比将帅可靠，朱姓比异姓可靠。他肯定地认为分封亲王恪守祖训会使朱明王朝长治久安。虽然朱元璋口口声声说，封藩不是为了"私其亲"，可那些手无寸功，少不更事的皇子，若非"私其亲"，又怎能封王立藩？

为了让朱明江山稳如磐石，传之弥远，朱元璋的神经始终处于紧绷满弦的状态。二十三个皇子陆续在不同的地区受封。他们暂时离开了朝廷风暴的核心区域，成为各自封地上的主人。那些离开京城的皇子，犹如一只只脱笼的鸟儿，开始飞向自己的天空。朱元璋分封诸王的目的很明确，一为夹辅皇室，"上卫国家，下安生民"，"为久安长治之计"；二为抵御外患，特别是北元的蒙古势力。这是朱元璋为皇权永固留下的得意之笔，却让皇太孙朱允炆吃尽苦头。

朱元璋对历史上由分封所带来的沉痛教训还是心知肚明的，

---

① 《明太祖实录》卷五一。

所以他推行的分封制，有别于前朝。封王建藩定下的原则，就是"列爵而不临民，分土而不任事"，但诸王地位尊崇，冕服、车旗、仪仗，仅下天子一等，尤其是驻扎边地的藩王，手握重兵，遇有紧急事还有调遣封国内守镇兵官的权力，相当于皇帝在地方上的军政全权代表。朱元璋既要安顿皇家子孙的生活，又要解除他们对皇权的威胁。从诸王的就藩地点来看，基本上是以北方边境为重心，长江以南很少。而在此之前的分封藩地多是围绕着交通要冲、军事要地或者经济中心大做文章。朱元璋这么做，等于是在权力的躯体里做了一次心脏搭桥手术，手术所搭建的桥梁一旦崩塌，就有可能危及明朝的政治生命。如此分封带来了诸多弊端，许多地区的经济中心被各路藩王占有，直接削弱了中央的经济实力。同时许多军事要地被藩王们占有，一旦藩王与中央政府闹翻脸，就很容易出现藩王割据的乱世。

朱元璋最中意的是汉代的分封，使封国与郡县相间，便于监视和掣肘。在他的身边——南京及其周边省份不实行分封，要封就把皇子们封得远一点。朱元璋以北方边境军事防务为中心，沿着长城一线布防分封。分封到长江以南地区的藩王很少，这也是朱元璋的创新所在。在《皇明祖训》中有这样一条规定：若朝中权臣擅政，诸王可移文中央，索拿奸臣，并有举兵清君侧的权力。百密一疏，仅此一项，就埋下了祸患。分封带来的隐患，一些有远见的大臣早就看出来了，只是很少有人敢直言。著名的文人解缙率直，他说："数上封事，所言分封势重，万一不幸，必有厉长、吴濞之虞。"①

---

① 《解文毅公集》卷十五《寄具川董伦书》。

对分封批评最厉害的是山西平遥那个名叫叶伯巨的七品小吏,他上了一道奏章,说:"臣观当今之事,太过者三:分封太侈也,用刑太繁也,求治太速也。……今裂土分封,使诸王各有分地,盖惩宋、元孤立,宗室不竞之弊。而秦、晋、燕、齐、梁、楚、吴、蜀诸国,无不连邑数十,城郭宫室亚于天子之都,优之以甲兵卫士之盛。臣恐数世之后,尾大不掉,然后削其地而夺之权,则必生觖望,甚者缘间而起,防之无及矣。"①

叶伯巨的这份奏章,引得朱元璋大为震怒,叶伯巨被投入刑部监狱,最终没能活着走出来。对叶伯巨所言,朱元璋并非茫然无知。他在第一次大封诸子藩王时,五皇子朱橚曾被封为吴王,因为年纪尚小并没有及时就藩。待年纪稍长,有官员建议将他安置于杭州一带。朱元璋没有同意,理由很简单——"钱塘财赋地,不可"。从血缘关系来看,朱元璋分封的诸位藩王绝大多数是自己的儿子,属于直系血亲。这和前朝的分封有所区别,有的王朝分封时,会将皇族里隔了好几代的皇亲国戚也列为分封的重点对象。当然朱元璋大封亲生骨肉,是为了让他们保卫边疆,辅助皇室,看好朱元璋的"家天下"。想法虽好,终究只是朱元璋的一厢情愿。事实证明,他还是给皇太孙朱允炆出了一道政治难题。朱元璋口口声声要把权杖上的刺削掉再交到太子朱标手中,不知不觉中,他却亲手打造了一根满是荆棘的权杖。从政治地位上来讲,朱允炆与他的皇叔们是君臣关系;而从血缘关系上来说,诸王又都是他的亲叔叔,论起辈分,他们又是朱允炆的长辈。这种辈分上的差距,放在讲究伦理道德的传统社会中就是一种优势。这种优势

---

① 《明史》卷一三九《叶伯巨传》。

带来的是一种心理上的变化，导致叔侄君臣关系陷入僵局之中。

朱元璋将诸子藩王的地位定得很高，只有皇帝与皇太子才能制约他们。这样做既能体现朱家血统的高贵，又能维护皇帝的最高权威。但如果皇帝或皇太子无法驾驭藩王，这些藩王就会成为王朝旷野上的脱缰野马，一骑绝尘。他们本应是朱明"家天下"最为忠心的拥趸，结果却成为明火执仗的家贼，甚至成为威胁皇位的国贼。朱元璋不是没想过藩王做大后，会发展到与中央抗衡的地步。为了规诫诸王，朱元璋专门命儒臣搜集、编纂了前代藩王事迹，撰成《昭鉴录》一书，命诸王时刻浏览，以期达到警诫的效果。朱元璋对他制定的这套制度有着不切实际的幻想，也有着深切的忧虑。因此，朱元璋给诸子藩王定的政治地位极高，却不给他们封地（藩王府邸除外），也不让他们插手地方的民政，所有地方事务都由朝廷任命的各级官吏治理，即《明史·诸王列传》上所说："有明诸藩，分封而不锡土，列爵而不临民，食禄而不治事。"可见，他不想让自家子弟重演历史的悲剧。

朱元璋通过分封制，想将自己的亲生骨肉培养成大明江山的拱卫者与定海柱石，完成中国传统社会所津津乐道的"家国一体化"，甚至出现"打架亲兄弟，上阵父子兵"的理想格局。朱元璋的想法很简单，那就是利用崇高的政治地位和优厚的物质待遇把他们和国家利益捆绑在一起，兴衰荣辱与共。朱元璋希望看到的和谐画面，无非是朱家的子孙都能够拱卫皇室，看家护院，将自家天下传之久远。殊不知，分封诸王虽然提升了诸王的地位，但同时也削弱了嫡长子继承制中所蕴涵的追求权力传承稳定和政治合法性明晰的制度意图。对于朱元璋这个制度的设计者来说，他左右手互搏，最后破坏的只能是政治理性和政治合法性之间的平衡关系。他自以为无懈可击的分封制，最终酿成了一场时代之祸。从事后来看，朱元璋若真的立燕王朱棣为太子，确实可以"贻一世之安"。他没有选择这条路，他也意识到自己死后可能会出乱子。但是，他考虑最多的只是功臣对皇位的威胁，而没有更多地关注到，真正觊觎皇位的是他的儿子。

## 朱棣出身之谜

明代官方史书说朱棣是朱元璋的第四个儿子，但他的身份之谜始终困扰着世人。朱棣后来做了皇帝，其身世自然也就有了天命神授的意味。据《明太宗实录》记载，朱棣出生时，屋中充满五色霞光，映照于宫门之上，一整天不曾消失。若真有此奇观，他也就不必费力谋夺皇位了，朱元璋自会主动将其推向宝座，让他承接皇统。朱棣生于应天府（南京），时为元至正二十年（1360年）四月十七日，彼时正是朱元璋起兵反元的第八个年头。当时的朱元璋并不安稳，西面陈友谅，东临张士诚，处于两股势力的夹缝之中。一直以来，周旋于元军和几股势力之间的朱元璋，虽然韬光养晦多年，但随着自身势力的发展，必然与周边群雄发生冲突。当时，陈友谅占据长江上游，图谋攻占南京，朱元璋则一度采取守势。随着形势的变化，朱元璋开始转守为攻，恰在此时，朱棣来到了这个世界。

忙于战事的朱元璋，一直无暇给他的儿子取名字。朱棣和他的三位兄长——朱标、朱樉、朱棡一样，都只有小名。直到朱元璋的第七个儿子朱榑出生，朱元璋才给他们正式取名。这时候已是吴元年（1367年）十二月二十四日，朱元璋在刚刚竣工的太庙举行祭祀大典。面对祖宗牌位，朱元璋必须要确定皇子的名号，也要向天下宣布众多皇子的存在。此时，朱棣八岁，皇长子朱标也刚刚十三岁。

长子朱标和四子朱棣，这两个将成为对手的兄弟，据说都是朱元璋正室、孝慈皇后马氏的儿子。但是，经过众多学者的考证，朱棣为孝慈皇后嫡子一事存有争议。当然这一切源于他获得帝位的非法性。朱棣自称是高皇后马氏所生，他争的是嫡子身份。按照封建宗法制度，皇帝死了，皇位要由嫡长子继承。即使嫡长子死得早，如果嫡长子有儿子，也要由嫡长子的嫡长子来继承，其他庶子不得觊觎皇位。如果是嫡子，即使不是长子，距离皇位也要比那些庶子更近。更何况，按照"兄终弟及"的典制，朱棣的竞争力最大。那是因为朱标死后，排在朱棣前面的两个哥哥——秦王朱樉和晋王朱棡也先后死去，朱棣已经成了事实上的长子。朱棣从侄儿建文皇帝手中夺取皇位后，马上指使臣子编写了《奉天靖难记》。此书开头就写道：

今上皇帝（明成祖），太祖高皇帝第四子也。母孝慈高皇后生五子：长懿文皇太子，次秦王，次晋王，次今上皇帝，次周王也。

我们应该相信，还是怀疑？在那个嫡长子继承制的朝代，正统嫡传的身份几乎是一条不容触碰的政治红线。《明太宗实录》修于仁宗时期，明仁宗朱高炽也称自己的父皇朱棣为高皇后马氏所生。此后，各种正史沿用了这种说法。不过，明清以来的各种史籍说法不一，大抵有五种：（一）如上所说，朱棣是马皇后所生五子中的第四子;(二)懿文太子朱标和秦、晋二王都不是马皇后所生,只有朱棣和周王是马皇后所生;(三)马皇后生太子朱标和秦、晋、周王,朱棣是达妃所生;(四)朱棣乃元顺帝的妃子所生,这种说法影响较大;(五)朱棣乃硕妃所生。

而这些说法,都建立在朱棣夺位成功,成为皇帝的前提下。朱棣若是一般平民,或者普通皇子,母亲的身份也就不那么重要了。在血统论大行其道的皇族,尤其是他后来成为皇帝,并且是篡位而得,笼罩在他身上的迷雾也就愈发浓重。经过史家的多方考证,可以肯定的是,明成祖朱棣的生母不是高皇后马氏,而是硕妃。持这一说法的人,大多依据《南京太常寺志》对明孝陵神位的记载:"孝陵神位,左一位淑妃李氏,生懿文太子、秦愍王、晋恭王;右一位硕妃,生成祖文皇帝。"① 按道理说,太常寺是明朝掌管祭祀礼乐的皇家机构,涉及皇家血统的话题不应该胡乱记载。明孝陵是明太祖朱元璋的陵墓,太常寺对孝陵配享神位的记载是不敢胡来的。这本《太常寺志》现已失传,今人无法验证。明代文人对此将信将疑,但还是觉得有合理的地方。万历时期的文人何乔远在其所著史书中记载:

> 臣于南京见《太常寺志》云,帝(明成祖)为硕妃所生,而玉牒则为高后第四子。玉牒出当日史臣所纂,既无可疑。南(京)太常职掌相沿,又未知其据。臣谨备载之,以俟后人博考。②

---

① 潘柽章:《国史考异》卷四。
② 何乔远:《名山藏》卷六《典谟记·成祖皇帝》。

何乔远是万历年间的进士，曾任职于南京工部，博览多闻。谈迁在《国榷》中也采用这种说法：

> 文皇帝，御讳棣，太祖高皇帝第四子也，母硕妃。玉牒云高皇后第四子，盖史臣因帝自称嫡，沿之耳。今南京《太常寺志》载孝陵祔享，硕妃穆位第一，可据也。①

明末清初文人钱谦益和李清还对此事进行了考证。李清在明末曾任大理寺左丞，而钱谦益则在南明弘光朝担任过礼部尚书。在弘光元年（1645年）元旦谒祭孝陵时，二人利用各自身份的便利条件，趁机打开孝陵寝殿，"入视，果然，乃知李、硕之言有以也"②。朱棣夺位成功后，在南京天禧寺的旧址上翻盖新寺，取名大报恩寺，名为报答马皇后母恩。然而令人不解的是，寺中正殿的大门经常封闭，外人无法看见里面的情况，有传闻里面供奉的其实是朱棣的生母硕妃。傅斯年、吴晗等史家对此都有过精细考证，都认为燕王并非孝慈高皇后马氏所生，他与周王同母，其生母系硕妃。

翻阅《明实录》会发现，明成祖朱棣经常于人前称自己乃高皇后所生。一个人反复强调自己的母亲，似乎于理不通，甚至可以说有些神经质。对此，潘柽章在他的《国史考异》中说得很明白："吾知成祖于此有大不得已者存焉。方靖难师起，即已自名嫡子传檄中外矣，及入继大统，何敢复顾私恩以忘高皇后均养之德，与孝康一体之情，故于奉先殿则阙之，于陵殿则祀之，此亦

---

① 《国榷》卷十二"壬午建文四年六月"。
② 《三垣笔记》附志。

恩义之不相掩者也。"高皇后马氏不是朱棣的生母，朱棣生母是硕妃。而国史、《玉牒》等之所以讳莫如深，是因为朱棣也有不得已的苦衷。靖难起兵时，朱棣自称嫡子而传檄中外，待到入继帝位，他又怎能因私恩而负高皇后养育之恩？更何况，若公开承认生母事实，以朱棣的庶出身份，在皇位继承的合法性上又要大打折扣，他有何理由占据帝位？嫡子继承皇位才是深孚人心的，否则会危及皇权的稳定。朱棣通过靖难之役，取建文帝而代之，他担心难以服众，所以才千方百计强调自己嫡出的身份。对此，吴晗先生一语中的："盖成祖起兵时自诉为嫡出，以后无法再换一个生母，只好讳莫如深，完全抹杀。"[①] 为了坐稳江山，他只好在常人不能随便启视的孝陵享殿中，将生母供奉在较诸妃略为尊崇的位置上，以示有别。这种无法公开的情感，恐怕也只能深埋于朱棣的内心。

## 朱元璋的担忧

在生命的最后三年里，朱元璋愈发暴躁，甚至到了难以自控的程度。皇宫里服侍他的下人们百般用心，还是难逃获罪遭戮的厄运。见到此种情形，皇太孙朱允炆于心不忍，主动承担起照料朱元璋的重任。爷爷要吃药，孙子先尝一尝；爷爷要如厕，孙子亲手搀扶；爷爷要吐痰，孙子马上就提盂奉迎……即使半夜说句梦话，朱允炆也是闻声即起，并和颜悦色地进前侍候。皇太孙所

---

[①] 吴晗：《明成祖生母考》。

做的这一切，朱元璋看在眼里，内心既喜且忧。喜的是皇太孙朱允炆的身上具备一个仁德之君的许多品质，他没有看错人；忧的是一个将来要做君主的人过于温和驯良，有可能会被大臣们欺瞒和主宰，让朱明皇权陷入难以掌控的危险境地。这让处于生死临界线上的朱元璋焦虑难安。透过皇子们那一双双狼一样的眼神，朱元璋能够读出他们心底蓬勃而出的忌恨。尤其是燕王朱棣，让朱元璋如芒在背，不得安泰。他是大明的开国皇帝，自然晓得皇位的不可靠性。不要说朱棣，就是看着不起眼的皇子，只要他们足够残忍，他们中的每个人都可能成为皇帝。

朱元璋明白，不光是朱棣，那些藩王将来又有几人能够真正臣服于皇孙朱允炆？他们拥有强大的军事力量，若是遇上对敌作战，就连驻扎在地方上的朝廷军队也要受他们的节制和调度。这帮藩王手握重兵，谁又真的会拿朱允炆当回事。每念及此，朱元璋的内心就会惶惑不安。这位年近七旬的老人，时常在混沌的梦境里看见天上的宫阙，看见死去的大臣和将领们来向他索命。他曾经做过一个梦：有一条白龙和一条黄龙邂逅，双方缠斗一处，他们天上地下，鏖战许久，最终白龙抵挡不住，蜿蜒于地，而黄龙却得胜腾空而去。

朱元璋被梦中的情景惊醒，这个梦到底隐含什么？他琢磨半天，也无法理出一个头绪。他带着满腹疑惑，来到奉天殿临朝。刚坐定就觉得眼前有什么地方不对劲，定睛往朝堂下观望，只见燕王朱棣竟然站在皇太孙朱允炆的左前方。按照明朝规制，左为尊。按照家族辈分，朱允炆是朱棣的侄儿，但是在朝堂上则应以官方规制为准，朱允炆为皇太孙，是朱元璋的接班人，其地位是一人之下、万人之上。虽然朱棣是朱允炆的叔叔，但是从政治角度来说，他是朱允炆的臣下。一个臣下，怎么能够站到皇太孙朱允炆的左前方呢？很显然他压根儿就没把朱允炆放在眼里。

朱元璋顿悟其中玄机，再结合昨夜那场奇怪的梦境，让他觉得隐隐不安。经过一番权衡，朱元璋还是将朱棣逐出皇宫。朱元璋不是没有考虑过让燕王继承皇位，但碍于他只是四皇子。太子朱标死的时候，朱棣的两位皇兄朱樉和朱棡活得好好的，朱元璋没有理由撇开他们。朱元璋和几个亲近大臣曾密议立储之事。朱元璋有意立燕王为皇太子。翰林学士刘三吾反对道："立燕王，置秦、晋二王于何地？且皇孙年长，可继承矣。"①秦、晋二王都比燕王年长，避开秦、晋二王而立燕王，有违宗法伦理。因为朱标的长子早已夭折，以伦序，刘三吾建议立朱标的次子即皇太孙朱允炆为皇储，如此"四海归心，皇上无忧"。虽然不情愿，朱元璋也只能无奈地接受现实，放弃立燕王的念头，而决心立朱允炆为皇太孙。朱元璋回宫后还焚香向上天祈祷，谓国祚长短"惟听命于天"。建文一朝的历史档案日后被篡改得面目全非，诸如此类说法难以判定真伪。嘉靖时人高岱曾分析："创业之主，其所为即后世之所程法，况继体垂统，大事也，祖训著有定制，岂容所行之不符也？盖欲易储者，所以贻一世之安；而终不易者，所以定万代之法。是故有权衡轻重其间，而又况有秦晋二王在，尤难处也。"②更何况，假使朱元璋执意要立朱棣为皇太子，百年以后，同样有资格入继大统的两位兄长秦王朱樉、晋王朱棡又岂能安于藩地。一旦出现兵戈相向的局面，就有可能演变为西晋末

---

① 《明太宗实录》卷一。
② 《鸿猷录》卷七《封国燕京》。

年"八王之乱"似的大劫难,这是朱元璋最不愿意看到的。

朱允炆生于洪武十年(1377年)十月,母亲吕氏是朱标的次妃。依照宫廷规则,母凭子贵,子同样可以凭母贵。朱允炆是庶出,在他出生后的很长一段时间,并没有得到朱元璋的特殊关照,甚至连个名字也没赐予他。太子妃常氏薨后,朱允炆的母亲吕氏依序升为太子继妃,朱元璋这才给这个皇孙赐名允炆。朱允炆的外形看上去缺陷明显,想要遮掩都不容易。他刚生下来的时候,头顶骨歪得厉害,整个头型看上去犹如一轮弯月。朱元璋看到孙子长成这副模样也颇为不满,他经常摸着朱允炆的脑门,悻悻然道,这真是个"半边儿月"。

朱允炆六岁时,同父异母的哥哥朱雄英夭亡;十五岁时,父亲朱标又离开人世。《明史》中,朱允炆呈现给世人这样一番面目:"(建文)帝生颖慧好学,性至孝。""炆"这个字,有小火慢炖的意思。人如其名,历史学家常用"少见的仁柔皇帝"来形容他。太子朱标赴陕西途中染病,一病不起。朱允炆尽到了长子的本分,守候在父亲病榻前精心护理。他不会想到,命运就这样挑中了他。准确地说,是朱元璋选中了他。而让朱元璋感到忧虑的是,有一天,这个可怜且幸运的孩子会再次被命运抛弃。朱允炆的起点并不高,除了生母的地位低以外,还有一个原因,那就是他的外在形象离帝王的要求有着较大的出入。何为"帝王相",诚如黄博所言:"事实上,御容崇拜的诞生,和传统政治中的帝王异相观念,只是表面上看起来相似,而在本质上完全不同。两者似乎都在利用皇帝的相貌来做文章,但后者不再是神秘主义基础上不可捉摸的命定论,而是政治上精心设计的礼仪制度和围绕这些礼仪制度打造的政治文化氛围,前者是为了打天下,后者是为了更好地坐天下。"①

按照建立在真实人像基础上的帝王相标准,朱允炆更接近于"虚拟现实"的网红帝王,它带来的视觉冲击力,对受众而言具有更加戏谑和让人同情的体验感。当然这里也有遗传因素,与历朝历代的帝王相比,朱元璋的颜值不值一提。不过,朱元璋的精神气度还是可圈可点的,不输给帝王群像中的任何一个人。朱允炆的命运就这样发生了转变,朱元璋口中的"半边儿月"将会慢慢升上明王朝的天空。至于能不能发光发热,只能留给时间去证明。

随着年华渐老,不可一世的君王朱元璋的内心深处也会渐渐产生幻灭感。或许在某个醒来的清晨,或者在天色将暗的傍晚,他会突然意识到"帝力之微"。他的悲观来自时间,时间曾经属于他,而那一刻时间却背叛了他,离他而去。人的老去,最重要的感受来自对时间的把握。太子的早逝和马皇后的去世,对朱元璋都是沉重的打击。在艰难困苦中蛰伏,于群雄中脱颖而出后,他从没碰到过什么强有力的阻碍,即使有,也很快被他征服。长久以来,他就有了一种"人莫予毒"的幻觉。在朱元璋看来,这个世界上没有什么能够对自己造成真正的威胁,也没有什么办不成的事。但随着身体的一天天衰老,目睹身边最亲近之人从自己眼皮底下消失,他却毫无办法。一个拥有再大世俗权力的人,也不能对抗疾病、衰老和死亡,在这个世界上,很多东西是人无法掌控的。

太子死后,纠缠于衰病之中的朱元璋曾经做过一件让人无法理解的事。洪武二十五年(1392年)九月,也就是立朱允炆为皇

---

① 黄博:《肖像何以政治?——宋代的御容崇拜》,《读书》2023年第3期,第44页。

太孙的那个月，朱元璋下诏征求天下能掐会算的阴阳家，"试无不验者，爵封侯"。一个如此迷信权力的人，突然变得迷信天命，足以说明支撑朱元璋强悍内在的根基已经发生了动摇。而一个处于迷茫之中、突然失去方向感的人，最容易被焦虑感所困扰而变得喜怒无常。让朱元璋产生幻灭感的还有一个重要的原因，那就是他越来越认定，自己的治国理想在有生之年不可能得到实现。这庞大的国家，到底是属于老朱家，还是属于天下人？如果说属于老朱家，为什么他始终患得患失；如果说属于天下人，那么他和他的子孙又是为谁辛苦为谁忙？虽然朱元璋的文化素养并不高，但依靠对传统儒家文化一知半解的认识，他心中是有一整套理想的国家和社会图式的。简而言之，就是在强大国家机器的威慑和深厚儒家伦理的教化之下，创造一个男耕女织、民风朴厚、官员守法、富人谦抑的小农社会。

从登基之日起，朱元璋就一直在为这个理想不知疲倦地努力着。当一个时代荒凉得像一片原野，他只能在街头游荡；当一个王国缩小如一片蛛网，他只能在其中疲于奔忙。他的王国是一个透明的国，每个人都有两只眼睛和一双耳朵，替别人看着自己，也替自己看着别人。就像是田野里竖着的稻草人，看着冒犯者，在他的眼前栽进土里摔断了身体和翅膀。

面对政治理想无法实现的重大挫折，朱元璋无法忍耐克制，必须有所发作。攻击不过是他在遭遇挫折时的情绪反应，对于他这样一个内驱力极强的皇帝而言，他习惯于下意识地采取直接攻击的方式，将愤怒的情绪发泄在那些阻碍他实现帝王理想的人身上。朱元璋最为痛恨之人莫过于贪赃害民的官吏和不务正业的游民，在他的严酷打击之下，无数的人，包括许多无辜的人，死于非命,也有许多人被罚作苦役或发配充军。他的滥杀心理,以及建立在这种心理基础之上的一系列杀戮行为,给大明王朝的政治、经济和社会造成的影响是多方面的。他所表现出的所谓"极端行为"虽然矫枉过正,但也给平民百姓带来一些切实的好处。一个被幻灭感折磨,却又掌握着巨大权力的老人是可怕的。朱元璋天性中本来就有嗜杀的成分,尤其是进入晚年,其行事不以常情常理揣度成为一种必然。他无疑是世俗人眼中的成功者,但他是一个成功的帝王吗?估计连他自己对此也持怀疑态度。

## 定祖制

人老了,会对时间产生一种无力感。朱元璋要把自己在动乱时代中的经验留下来,让后人知道。如果不借助制度的威严,他所做的一切都将烟消云散。

洪武二十五年(1392年)九月,朱元璋正式确立已故太子朱标的儿子朱允炆为未来的皇位继承人。对于选择嫡长子储君法,他给出的解释是:"自我创天下而以天下传之庶孽,万世而下有庶夺孳抗宗者,我开其乱也。乱传而万世之传,足虑焉。"也就是说,大明王朝及其一切章法都是要传之后世的,如果他这个开国皇帝都不遵守自定的祖制,将来子孙后代就会仿效,这与确保大明长治久安的根本精神背道而驰,子孙后代的乱与治不仅与他今日所立的祖制有关,而且与他是否率先按照祖制执行有着很大的关系。

朱元璋需要的是一部王朝的机器,而不是一个有着情感因素的人治之国。开动王朝机器,运转的是百世之国,而不是某个人的一私之念。朱元璋需要考虑的是如何立规矩，为今日立，也为明日立，更为明日的明日立。

从朱允炆被立为皇太孙的那一天起，朱元璋就没睡过一个安稳觉。他看着眼前这个比太子朱标还略显文弱的皇太孙，心里总觉得沉甸甸的。朱允炆尚年幼，缺乏历练，到时能不能控制局面还真是个问题。如果真有那么一天，经他手打造起来的这艘"朱明"号航船将驶向何处？这是事关生存和死亡的问题。于是，朱元璋在继续诛杀功臣勋旧的同时，也在抓紧时间修订《皇明祖训》，敕撰《永鉴录》，以约束藩王和大臣。

他先是把《皇明祖训》的修改本分发给官员们。一个月后，他又把最后的定本分发给诸皇子。祖训的话说得直白且犀利。这些话并不只是说给皇太孙朱允炆、四皇子朱棣以及当时的子孙听的，也是一种面对未来的叮嘱。它是说给十年、二十年、一百年、两百年后的朱家子孙听的。细细体味，我们能够感觉到这个"执政者"的焦躁不安，其中暗含着他对未来的深深忧虑。

我们可以把《皇明祖训》看作朱元璋的遗嘱——具有制度名义的遗嘱。他奋斗一生的结果，他所有想说的话，都镌刻其中。他在《皇明祖训》序中说："凡我子孙，钦承朕命，无作聪明，乱我已成之法，一字不可改易。非但不负朕垂法之意，而天地祖宗亦将孚佑于无穷矣。呜呼，其敬戒之哉。"

在《皇明祖训》中，朱元璋特别强调，它包含的法律乃国家万世不变之大法，子子孙孙世代相守，勿疑勿失。这是"国法"，同时也是"家法"，子子孙孙必须遵守，不得"轻佻，乱我家法"，不得擅改。他还宣称，凡遵守开国者训示的，天、地和祖宗神明都将降福于他。

朱元璋不仅对他的子孙有所训导，对天下子民更是变本加厉地警诫。除了《皇明祖训》，他还制定了《大明律》《大诰》。《大诰》包括《大诰初编》《大诰续编》《大诰三编》《大诰武臣》等。一时之间，全国上下，每家每户都要有一本，人人都要学习书中内容。《大诰》规定，官府对违反法纪的人进行处罚，凡是家里藏有《大诰》的，可以罪减一等，没有《大诰》的罪加一等。教书先生要将这些书作为教材使用。

朱元璋这么做，无非是要告诉天下人，天下哪有绝对的自由，连他这个皇帝都是不自由的。他要把明朝打造成一个风雨不透的铁桶，就连什么人什么职业，穿什么衣服什么鞋，住多大的房子，都要逐条逐项分列清楚。种种规定烦琐细密，已经到了让人无法分清辨明的地步。

比如，为了摸清大明的家底，控制老百姓的行踪，朱元璋革新了户籍制度和土地登记制度。老百姓要守着自己的田地，日出而作，日落而息，不能闲来无事惹祸端，更不能四处走动。一个人离开乡土超过百里，就要到地方县衙申请备案，让官府开具"路引"，说清楚自己去往何处，几时回乡。私自出门者要打八十棍，偷越域境者要处以绞刑。

朱元璋还用心编制了里甲这张大网。具体操作就是将全国人民，每十户编为一甲，每一百一十户编为一里（丁粮最多的十户轮流为里长）。如此一来，生活在大明土地上的每一个人，各有各的位置，不可逾越。只要将他们牢牢钉死在土地、职业与有限的活动半径内，皇帝就能睡个安稳觉，大明的黎明就能静悄悄，呈现出宁静祥和的太平气象。朱元璋让整个国家变成一个牢笼，民众不仅失去空间流动的自由，同时也失去身份改变的自由，每个人只能尽其本业，为朝廷提供赋税、徭役。

出于宗法和国家秩序上的考虑，朱元璋要还姓于养子，开始推行以父系血缘为核心的分封制。朱元璋称帝之前，因为子嗣尚幼，收养了诸多养子，并赐以"朱"姓结成亲缘关系。他将养子培养成自己的左膀右臂，并以"养子监军"的模式控制将领，掌握军事大权。通过养子构成亲缘关系，组成宗法意义上的大家庭以更好地控制军队，这对朱元璋来说算是特殊时期的对策。待到江山坐定，权力稳固，原本开放的结构开始走向封闭，分封制变成朱元璋及其子弟的家国游戏。

其实，早在元至正二十六年（1366年）年底，朱元璋就命令外甥李文忠复姓，"文忠上甥也，自幼育之，赐以国姓，至是命复姓李氏"。此时建国在即，朱元璋已经在考虑其养子在之后国家制度中的定位。随后他让其他养子一个个都恢复本来姓氏，"上即皇帝位，命（沐）英复姓。曰：不可使其本宗乏嗣也"。

朱元璋还姓于养子既出于宗法考虑，也有政治因素。一个王朝建立之初，当先正纪纲，正所谓"礼法立则人志定，上下安"，推行礼法制度，重塑君臣秩序是当务之急。养子关系既不是原生的血缘关系，也不是君臣关系，不管从国家层面还是君主个人家庭来看，养子的存在都是不符合礼数的。诸养子只有恢复自己的本姓，身份发生转变，才能构成合乎礼法的君臣关系。养子们追随朱元璋建功立业，如果再以"朱"姓分封为王，就意味着在宗法层面承认养子和亲子享有一样的权力，养子们还有军功在身，一旦有异心就很容易威胁王朝统治。朱元璋生性多疑，他对部下、养子不全然信任。

为防藩王做大，朱元璋钦定《皇明祖训》为祖宗家法，并强调"一字不可改易",其中详细记载了分封诸王的相关规则,规定了藩王的权力和义务。他最初设计分封制的意图很明显,借此保证朱氏天下不被外姓侵夺,皇室成员代代安稳。

根据《皇明祖训》,朱元璋安排给每一个藩王封地提供两支军队,即守镇兵和护卫兵。藩王统率护卫兵,而守镇兵有自己正式的指挥官,这些指挥官通常是由皇帝从京师派下来的。藩王对守镇兵没有直接统率权。守镇兵的指挥官要及时向朝廷上报该藩王给他发出的所有指令。如此设计,是为了防止朝廷的军官或其他人篡夺权力。

诚如朱元璋在《皇明祖训》中所叙述的那样:一旦朝廷内有不轨之大臣,宫内有奸佞……天子即可秘密命令亲王率领守镇兵给以严惩。在朱元璋的分封体系中,藩王们享受着极大的权力,同时对境内文武官员起到节制的作用。按照《皇明祖训》的说法,如果朝廷要调动某王的守镇兵,必须以盖有御玺的一封信送达藩王,同时另送完全相同的信函给守镇兵的指挥官。只有指挥官同时收到皇帝的信件和藩王的命令之时,他才能发兵。没有藩王的命令,仅有皇帝的信函,守镇兵指挥官也没有出兵的权力。

在《明太祖实录》洪武二十五年(1392年)九月戊申日条目记的一道谕令中,我们可以体会到朱元璋的良苦用心。这道谕令是发给右军都督府的,其中说道:

> 盖王府置护卫,又设都司,正为彼此防闲。都司乃朝廷方面,凡奉敕调兵,不启王知,不得辄行;有王令旨,而无朝命,亦不擅发;如有密旨,不令王知,亦须详审覆而行,此国家体统如此。

许多藩王利用自己的护卫兵作为攻击部队，而扩充攻击部队并没有得到皇帝的授权。比如，秦王朱樉活着的时候，名义上只有亲兵五百人，甚至未被授予真正的护卫兵组织。他只好从都指挥司扩充亲兵队伍，而都指挥司的设立正是为了抑制藩王护卫兵部队的力量。秦王朱樉、晋王朱棡和燕王朱棣多次使用他们的护卫兵在边境前线练兵，而让守镇兵护卫他们的封地。朱棣多次兴兵塞外，每一次兴兵都是一次扩张军事力量的机会。随着不断扩充，他逐渐成长为北方最重要的实力派。正如《剑桥中国明代史》所说："在往后的数十年中，燕王守卫他的藩封时，他经常指挥对蒙古人的战斗，在老将们的辅弼之下很会打仗。他的功绩赢得了他父亲的好评，但也引起了后者的烦恼，因为他越来越变得心志不凡、目中无人和闹独立性。"[1]

洪武二十九年（1396年），朱元璋再次修订《皇明祖训》。这次修订对皇家礼仪进行了规范。他要求"诸王来朝冕服见天子，次见东宫，先坐受拜，次叙家礼。坐则正中，诸王侍"。朱元璋这是在教育以朱棣为首的诸子藩王，告诉他们做臣子应该遵守的本分。

朱元璋在《皇明祖训》中制定了管束诸藩王行为的章程："诸王临国，毋得至京。王国所在文武吏士，听朝廷节制。"新皇登极三年内，各地藩王不许来朝，只能留守藩封。若是遇上"奸臣"当道，诸王要整顿他们的兵力，听候新皇调遣，拨乱反正。驱逐奸佞后，他们仍要返回各自的封地。他告诉诸子藩王，应尽臣子本分，不得僭越礼制。

朱元璋以为自己所做的一切几近完美，他曾不无得意地对朱

---

[1] 《剑桥中国明代史》，中国社会科学出版社1992年版，第214—215页。

允炆说:"朕已将边疆防御的重任交给你的那些藩王叔叔们,从此以后,你可以做个太平无忧的皇帝。"

朱元璋说完,朱允炆禁不住问道:"边疆上不太平的事情由我的藩王叔叔们去解决;要是诸位藩王叔叔不安分,有了非分之心和非分举动,又能派谁去平定呢?"

朱元璋没料到朱允炆会提出如此尖锐的问题,被问得一时语塞。朱允炆说出了自己的想法:"以德怀之,以礼制之。如不可,则削其封地,又不可,则废置其人,又甚则举兵伐之。"他的意思是,要用德义感化藩王们的非分之心,用礼法约束藩王们的行为;若是德义和礼法都无法起到作用,只好削夺他们的封地;上述方法都行不通,那就废了他们的封爵;若是还不管用,那就只能兴兵讨伐。在祖孙二人的这段对话中,朱允炆平日表现出来的文弱之相荡然无存。从朱允炆的角度来看,他的性格即使再软弱,也会对皇叔们咄咄逼人的气势作出一种本能的反应。文弱,并不代表真的软弱。朱元璋将皇位传于他的同时,也把一个棘手的难题交到了他的手中。

## 一封密谕两份敕文

洪武十三年(1380年),二十一岁的朱棣带着徐达的爱女、四年前被册封的燕王妃,纵马出了灯火阑珊的南京城,一路向北,跨过当年壮士一去不复返的易水,抵达遥远的北平就任燕王。此时,他已是一名银盔银甲、久经战阵的青年英雄。

朱棣就藩北平的头几年,北边的军务一直是徐达主持的。徐达是明王朝的开国功臣，德高望重。他又是朱棣的岳父，翁婿之间的配合，自然和谐无间。洪武十八年（1385年），徐达病亡。这也就意味着，从此以后对于北边的军务之事，朱棣要承担起更大的责任。

北平地处明朝、蒙古、朝鲜等多种势力的交接地带，也就是今天地缘政治里的"东北亚"。这里虎踞龙盘，犹如一团复杂敏感的经络，稍不留意就会引起连锁反应。代替徐达主持北边军务的是大将军冯胜，接替冯胜的是蓝玉。从某种意义上看，朱元璋诛杀功臣宿将，不光是替朱允炆"拔刺"，也是在替朱棣扫清前进路上的障碍。

燕王朱棣的二哥秦王朱樉就藩之后，飞扬跋扈，恣意妄为，经常触犯法律，甚至闹到要举兵谋反。朱元璋把他召回南京，准备将其废黜。亏得皇太子朱标从中化解，他才逃过一劫。诚如《明史》所言："太子为人友爱。秦、周诸王数有过，辄调护之，得返国。有告晋王异谋者，太子为涕泣请，帝乃感悟。"

朱棣比谁都了解他的父皇，有人说他最像他的父皇，就连朱元璋也承认诸皇子中，四皇子朱棣最像自己。若然如此，朱棣只需要按照自己的想法来，就能契合朱元璋的心意。朱元璋的骨子里有着超乎常人的敏感和偏执，对人始终抱有警惕之心，凡事持怀疑态度。他的这种恐惧感和不安心理，只要受到外部世界的小小刺激，就会引发巨大的振荡。朱棣需要谨慎行事，既要做一个胜任的藩王，也要讨朱元璋的欢心。朱棣就藩北平后，除了精心料理藩府诸事外，还四处巡视，了解山川形势，体察民生疾苦。他有时路过农家，就到农民家中叙谈，了解他们的生产和生活情况。他当了皇帝后还不时向臣子说到这些事："朕在藩邸时，数因田猎过田家。见所食甚粗粝，知其所苦，每亲劳问之，无不敢悦。"①他这么做，除了要尽到一个藩王的职责，也有讨好朱元璋的意思。

朱棣心里清楚，他必须极力赢得父皇的赏识和信任。生在君王之家，父子也好，兄弟也罢，都难以抵挡政治风暴的侵袭。朱元璋的一句话可以将他废掉，也可以让他高升。而他的其他兄弟好像并没有认识到这一点，有的沉溺于酒色，有的舞枪弄棒，有的吟诗作赋，有的炼丹嗑药。燕王朱棣的十弟鲁王吃丹药毒瞎了眼睛。他死后，朱元璋给他的谥号为"荒"。秦王朱樉于洪武二十八年（1395年）去世，朱元璋在颁赐的谥册中说："哀痛者，父子之情；追谥者，天下之公。朕封建诸子，以尔年长，首封于秦，期永绥禄位，以藩屏帝室。夫何不良于德，竟殒厥身，其谥曰愍。"②这样的话听来，显然不是赞美之词。朱元璋颁赐给秦王朱樉的谥号是"愍"，"愍"字有忧患、痛心之意。秦王朱樉去世后，他的世子朱尚炳继承秦王位，但父子二人的经验和才能相差甚远。

蓝玉案之前，诸王于边务更多的责任是监督管理，行军打仗主要是公侯们的事。蓝玉案之后，朱元璋才真正落实了以秦王、晋王、燕王为首的诸王守边制度。

洪武三十一年（1398年）三月，晋王朱㭎去世，朱济熺以世子身份继承王位。据说，刚刚袭封晋王爵位的朱济熺就收到来自祖父朱元璋的一份密谕。令人不解的是这封密谕只讲了一段历史故事，并无其他。

---

① 《明太宗实录》卷三七"永乐二年十二月丙戌"。
② 《明史》卷一一六《秦王樉传》。

当日又赏到圣谕："五代初，梁遣将康怀贞侵晋，围潞州。及晋王李克用卒，子存勖立，与诸将谋曰：'上党，河东之藩蔽。无上党，是无河东也。且朱温所惮者，先王耳。闻吾新立，以为童子未闲军旅，必有骄怠之心。若简精兵倍道趣之，出其不意，破之必矣。取威定霸，在此一举，不可失也。'……梁王闻夹寨不守，大惊。既而叹曰：'生子当如李亚子，克用为不亡矣。至如吾儿，豚犬耳。'"①

这封密谕收录于《太祖皇帝钦录》，讲的是后唐庄宗李存勖的故事。李存勖乃唐末名将李克用之子，李克用曾被封为晋王。李存勖继承晋王爵位，大败后梁军队，重创朱温。面对强大的对手，朱温不无感慨："生子当如李亚子（李存勖）。"朱元璋在这里说出这个典故，应该意有所指。李存勖继承的也是晋王爵位，而李存勖的叔父李克宁曾试图夺位，结果被李存勖诛杀。

朱元璋在这里是把朱济熺比作李存勖，还是把朱棣比作朱温或李克宁，我们不得而知。可以肯定的是，朱元璋还是希望朱济熺在北方边境，能够像他的父亲晋王朱棡那样，既能拒敌于千里，又能制衡燕王朱棣。

从后来的情势观察，朱棣似乎知晓有这样一封密谕。朱棣登上皇位，以莫须有的罪名废掉了朱济熺的爵位。朱济熺不仅失去藩王的权位，还不幸沦为弟弟朱济烺的阶下囚。如果没有朱棣的支持，朱济烺恐怕很难扳倒朱济熺。朱棣打压晋王一系，或出于忌惮，或出于报复。而朱济烺抓住四叔朱棣与晋王一系的恩怨，

---

① 《太祖皇帝钦录》"洪武三十一年五月十二日"。

甘愿成为朱棣打压晋王一系的马前卒。朱棣想要削弱晋王的势力，也需要一个晋王府的内应。

秦王朱樉、晋王朱棡相继离世后，其他藩王根本无法和在北方称雄的朱棣分庭抗礼。

朱棣就藩之地在北平，这是一块形胜之地。金和元两朝都曾在这里建都，一座在汉文化的礼制精神塑造下产生的大城，在北方的天际线下铺展开它的翼翅，只待一朝腾飞。燕王府邸就在元朝旧宫，虽然略显破旧，但依然保持着帝都的规制。这是其他藩王无法比拟的。金中都和元大都曾经矗立于华北平原上，在天与地的怀抱中，成为草原民族全面接受汉文化的物化象征。

虽然，金中都在蒙古军队的一把大火中化为灰烬，但后来朱棣修建的明北京城，还是复制了这段历史对城市的记忆。当然最重要的不是宫殿，而是得天独厚的地理位置。朱元璋在洪武三十一年（1398年）四月初九给朱棣下诏，告诫朱棣不要被蒙古人的战争烽火所迷惑，要他与辽、代、谷诸王一起，协同守备，形成首尾相救的环形防御。

朱元璋曾经专门颁给燕王朱棣一道敕谕："朕诸子独汝才智克堪其任，秦、晋已薨，汝实为长，攘外安内，非汝其谁？……尔其总率诸王，相机度势，用防边患，又安黎民，以答上天之心，以副吾付托意。"①毫无疑问，朱元璋在这里将守卫边疆的重任，托付给了四皇子朱棣。此时，朱元璋已身染重病，苦心经营的大明王朝经历了三十一个年头，他在这里有交代后事的意思。不过也有史家认为，朱元璋重病期间发出的两封敕文都有朱棣修

---

① 《明太祖实录》卷二五七"洪武三十一年五月乙亥"。

改的嫌疑。推断的依据是《明太祖实录》中朱元璋在五月戊午日发出去的两份敕文，一份给武定侯郭英，另一份给都督杨文。这两个人都是朱元璋最为信任的人。

朱元璋给郭英的敕文中写道：

> 朕有天下，胡虏远遁久矣。然萌孽未殄，不可不防。今命尔为总兵，都督刘真、宋晟为之副，启辽王知之。以辽东都司并护卫各卫所步军，除守城马军及原留一百存守斥候，余皆选拣精锐统领，随辽王至开平迤北，择险要屯驻提备。一切号令悉听燕王节制。①

明史专家黄彰健将郭英后人编的《毓庆勋懿集》中的敕文原文与《明太祖实录》中的敕文进行比对，发现实录敕文中的"燕王"应为"辽王"。这就意味着，朱元璋临终前压根就没将北方军务托付给燕王。所谓一切号令"悉听燕王节制"不过是张冠李戴，燕王抢了辽王的那顶帽子而已。朱元璋在敕文中写的是，一切听从辽王的指挥和节制。这并不是一个误会，而是有人故意篡改了朱元璋的圣意。

同样是在这一天，朱元璋还给都督杨文发了一份敕文，《明太祖实录》记载如下：

> 兵法有言，贰心不可以事上，疑志不可以应敌，为将者不可不知是也。朕子燕王在北平，北平中国之门户，今以尔为总

---

① 《明太祖实录》卷二五七"洪武三十一年五月戊午"。

兵，往北平参赞，燕王以北平都司、行都司并燕、谷、宁三府护卫选练精锐马步军士，随燕王往开平提备，一切号令皆出自王，尔奉而行之，大小官军悉听节制，慎毋贰心而有疑者也。[①]

对此，有史家研究，认为朱元璋给杨文的这份敕文也被篡改过。朱元璋在敕文中或仍指示，一切号令皆出自辽王。可是经史家的曲笔摇舌，一切号令又成了出自燕王。

朱元璋临终前的安排成了竹篮打水，他既丧失了对朱棣的有效制约，也无法正确认知郭英、朱植和杨文等人的能力。而这时候留给朱元璋的时间所剩无几，他已经来不及做出精准的部署。或许大病期间，朱元璋已经预感到将来可能发生的事，不然不会一日发两份敕文。

朱元璋虽然年老，但他并不糊涂。如果这时立燕王为皇太子的话，于伦序上不会受到什么指责，但皇太孙朱允炆已立了五六年，再废再立，他已经没有这个精力了。从朱元璋临终前两个月的公文来往与所做的事来看，他对明朝的未来怀有深深的忧虑。在所有的忧虑中，最让他熬心伤神的还是藩王问题。从巩固边疆安全的角度来看，少不了诸子藩王；而从君位的稳固来看，他又担心藩王势力尾大不掉，威胁到皇位。这不是朱元璋一个人的烦恼，这是藩王制度带来的问题。

藩王的实力强弱在于护卫兵的多寡，护卫是藩王最大的依仗，如果削掉其护卫、兵权，那么藩王就成了没有牙齿的老虎。但恐怖的是，洪武时晋王、燕王不仅有调动本王府三护卫的能

---

[①] 《明太祖实录》卷二五七"洪武三十一年五月戊午"。

力,"蓝玉案"过后,朱元璋还给了晋王和燕王节制本省军事的特权。《明太祖实录》中记载:

> 命宋国公冯胜、颍国公傅友德等,往北平等处备边。其山西属卫将校悉听晋王节制,北平属卫将校悉听今上(燕王)节制,凡军中应有机务,一奏朝廷,一启王知,永著为令。①

晋王、燕王分别节制山西、北平都司军事之余,连宋国公冯胜、颍国公傅友德都要接受二王的指挥。

按照明制,皇子封为亲王都授予金册金宝,年食禄米万石,府置官属。其护卫"少者三千人,多者至万九千人"。这只是一般情况下,而北边防御蒙古的几个藩王,所统兵士都超过了这个数字。例如大宁的宁王"带甲八万,革车六千"。这些藩王的府邸、服饰和车旗等,"下天子一等",公侯大臣见了他们都要"伏而拜谒"。藩王的嫡长子立为世子,即藩王未来的接班人,十岁时授予金册金宝。其他诸子则授予涂金的银册银宝,封为郡王。以后各世子孙都有封爵,自六世孙以下都封为奉国中尉。他们出生时要向宗人府请名,年龄大了要请婚。但他们不能从事士农工商之类的行当,只是坐食俸禄,靠国家养活。

此时的朱元璋又怎能想到,一百多年后,皇室成员的俸禄成了朱明王朝沉重的包袱。藩王没有行政权,只有军事权。洪武二十年(1387年)以后,诸皇子接替明初功臣,成为明王朝防患御侮的主要将帅。朝廷调地方军队,地方守镇官还要得到当地藩

---

① 《明太祖实录》卷二二六"洪武二十六年三月丙辰"。

王令旨后才能调动。若是遇上战事，即使元勋宿将也要听从藩王的节制。当燕王朱棣率军征讨乃儿不花时，像傅友德那样的大将也要听从调遣。对于这种分封的弊端，不光那些有远见的官员看出来了，就连皇太孙朱允炆也感到忧虑不安。

让朱元璋想不到的是，在其后几年时间里，二皇子秦王朱樉和三皇子晋王朱棡会相继离世。燕王朱棣由诸兄弟口中的四哥，摇身变为大哥。朱元璋此时已年过花甲，随着马皇后和几个儿子先后离世，他感觉来日无多。皇太孙已立五六年，不宜再提废立之事。朱元璋此时已感到皇太孙朱允炆过于文弱，并不放心将皇位托付于他。但他只注意到功臣对皇位的威胁，哪里晓得，真正觊觎皇位之人是自家子弟。朱允炆就这样被命运裹挟进历史的洪流，是时，亦是命。

做开国皇帝的儿子，并不是一件容易的事，太过懦弱不行，太过强悍也不行。朱元璋儿子虽然众多，但具备皇家气象的寥寥无几。朱棣称得上"众藩之首"。据《明实录》记载，太子朱标在世时，蓝玉曾私下问他："殿下试观陛下，平日于诸子中最爱者为谁？"太子回答："无如燕王。"从有关史料中可以看出，朱元璋之所以最看中燕王朱棣，是因为他觉得这个儿子最像自己。越觉得像自己，越不可能将他留在京师重地。看着朱棣就像看着镜子里的自己。朱元璋性格中最危险的特质，便是攻击性，朱棣亦然。

朱元璋对朱棣的这份特殊关注，带给朱棣的不是满足，而是不安，是风险。朱棣知道，一着不慎，就有可能失去父亲对他的信任，弄得满盘皆输。

在强藩林立的皇族里，皇太孙朱允炆仍像是一只落入狼群的羊。朱元璋刚开始对朱允炆并不满意，这个"性至孝"的孙儿看上去倒有几分书生的痴相，武勇不够，文弱有余。中国人说，痴人有傻福。如果说继承皇位是上天赐福于痴人，那么凭朱允炆这份执拗劲能否坐稳江山则又另当别论。可是随着时间的推移，朱元璋越来越喜欢这个孙子。他慢慢发现，朱允炆虽然喜欢读书，但并不是一个书呆子，人还算聪慧。他在后期有意让皇太孙朱允炆在政务实践中历练。在傅维鳞所编《明书》卷四中有记载："时太祖春秋高，中外万机，尝付帝（建文帝）裁决。时尚严核，帝济以宽大，于刑狱犹多减省，远近忻忻爱戴。"朱允炆能够体会到皇祖父的良苦用心。论治国理政的能力，朱允炆甚至比不上他的父亲朱标，但他身上有一股不服输的劲。年轻人面对这个世界所表现出来的对抗和不妥协，都在这股狠劲里。他比照历代刑法，发现《大明律》中不合理的律条共计七十三处，并得到朱元璋的肯定，将它们一一修改。他还参与到大明司法案件的审理过程中，运用所学的知识，纠正了很多冤假错案。

当时常州发生一起儿子弑父的案件，地方官审理后，要将儿子处死。但这个被指弑父的儿子不停喊冤。朱允炆受命过问刑狱，经过一番推审，他认定这是一桩冤案。朱元璋听说后不信，下令将犯人和家中奴婢及其乡邻全部拘拿到南京。皇帝亲自审理的结果，与朱允炆的推审完全一致。儿子不是杀人凶手，而是庸医误投药将人毒死了。案情真相大白，朱元璋不禁大喜并赞其聪明、宽仁。在明末清初孙承泽的作品《春明梦余录》中也有类似记载。有一次，巡逻士兵抓到一群强盗，朱允炆审理后，断定其中一人是被冤枉的。后来按照司法程序进行审问，七人中果然有一个不是强盗，而是地主家的少爷。原来，其他六人是地主家的佃客，他们合谋劫持了地主家的少爷。朱元璋闻听后，感到不可思议,便问朱允炆怎么知道地主家的少爷也在其中。朱允炆笑着回答:"先贤经典《周礼》中谈到了'色听',《尚书》中讲了'惟貌有稽',都说从人的外貌神色可判断人犯罪了没有。我看到那七个人时,其中一人目光炯炯有神,视听认真,仪态端正,所以我断定他不是强盗。"

一直以来,朱允炆给人的印象都是一个偏于仁弱的书生。但是从他后来削藩的诸般表现,以及刚愎自用、一意孤行的做派,再加上那些机敏断案的野闻逸事来看,朱允炆的真实面目其实比我们想象的更为复杂。从外表看,除了脑袋生得畸形如同半轮明月,朱允炆的面目并不可憎;从天赋看,他不输于任何一个皇室子弟;从学识看,朱允炆勤奋好学,熟读儒家经典;再论品德,朱允炆更是皇室子弟中的佼佼者。朱元璋在遗诏中称朱允炆"仁明孝友",此言不虚。至于他的能力,也算有中等偏上的资质。朱允炆被立为皇太孙后,朱元璋就将他带在身边,练习政务,日常奏章由他处理,朱允炆少年老成,处理结果一般都比较周到,颇合朱元璋的心意。朱元璋处事严苛,而朱允炆常济以宽大,群臣无不欢悦。

## 最后的嘱托

洪武三十一年(1398年)闰五月初十,操劳了一生的朱元璋病逝于南京明故宫西宫。《明太祖实录》对于朱元璋之死的记录为:"上崩于西宫,上素少疾,及疾作日,临朝决事,不倦如平时。"这段记载除了歌颂太祖鞠躬尽瘁,为国事操劳到生命的最后一刻,还暗中透露了朱元璋病况不明,突然暴死。不过这样的话,都是在朱棣篡位成功后，经过反复修订后呈现出的面目。朱元璋临终前是否真的如《实录》中所言"不倦如平时"，谁也无法证实。但这样的话给人造成一种印象，即朱元璋不该在那个时间死，却突然暴死，死因不明。这也为日后朱棣起兵夺位提供了最为堂皇的理由。不过有史料记载，朱元璋生病期间，朱允炆一直侍奉在他身边。身体本就单薄的年轻人，守在祖父的床前不眠不休，瘦得只剩下一副骨头架子，看上去"形至骨立"。朱元璋看在眼里不免心疼，他自知来日无多，无法再为皇太孙做得更多。

晚明学者谈迁在其所著《国榷》一书中，记载了朱元璋临终前的一番嘱托。在朱元璋弥留之际，他曾嘱咐朱允炆："燕王不可不虑。"而在学者李贽所著《续藏书》中，朱元璋将自己的女婿宁国公主的夫婿梅殷召至御床前，嘱咐道："汝老成忠信，可托幼主。"在朱元璋看来，梅殷是一个值得信任的忠诚之士，他要将皇太孙朱允炆托付于他。朱元璋将早已备好的遗诏交到梅殷的手上，再三叮嘱："敢有违天者，汝其为朕伐之。"当时一起受顾命的朝中大臣还有兵部侍郎齐泰和翰林院修撰黄子澄等人。

在一场没有醒来的梦境中，朱元璋走完了自己跌宕起伏的一生，也结束了自己一生未了的恩怨。皇位继承人皇太孙朱允炆随即将朱元璋的遗诏颁示天下，大明朝廷内外一片举哀。

朱元璋离开了这个世界。虽然是明王朝的大丧，表面上一片悲痛，但满朝文武都长舒了一口气。虎狼般残暴的日子总算熬到头了，新皇帝仁孝圣明，群臣无不欢欣鼓舞。然而，并不是人人都能笑出来。有那么几个人，在满朝太平气象中却嗅到了危机的气息。在专制体制中，新皇登基，要干的头等大事便是巩固自己的权威，消灭一切现实和潜在的挑战。

闰五月十六日，朱允炆下令安葬了他的皇祖父朱元璋。同一天，朱允炆宣布正式登基，并发布登基诏书，是为建文帝。出生于洪武十年（1377年）的朱允炆，此时已是朝气勃发的青年，长年的读书生涯，再加上继承自父亲朱标的仁厚秉性，造就了他温良的个性及一腔道德理想主义情怀。新即位的朱允炆在他的即位诏书中明确提出了"永惟宽猛之宜，诞布维新之政"和"德惟善政，政在养民"的施政纲领，大明也由此步入属于朱允炆的"建文时代"。客观地说，朱允炆这样的性格并不适合政治角斗场，命运却鬼使神差地让他当上了明王朝的第二代君主，让他接替帝位的这位老皇帝是中国历史上为数不多的强势皇帝、刚性皇帝，而朱允炆则刚性不足，柔弱有余。

或许是担心自己死后，诸王来朝会给皇太孙朱允炆造成威胁，朱元璋事先留下遗诏，这是他留给这个世界的最后一段话：

> 朕受皇天之命，膺大任于世，三十有一年。忧危积心，日勤不怠，专志有益于民，奈何起自寒微，无古人之博智，好善恶恶，不及远矣。今年七十有一，筋力衰微，朝夕危惧，虑恐不终。今得万物自然之理，其奚哀念之有！皇太孙允炆，仁明孝友，天下归心，宜登大位。中外文武臣僚同心辅佐，以福吾民。葬祭之仪，一如汉文帝勿异。布告天下，使知朕意。孝陵山俱因其故，勿改。诸王临国中，无得至京。王国所在，文武吏士听朝廷节制，惟护卫官军听王。诸不在令中者，推此令从事。[1]

---

[1] 《明史纪事本末》卷十五《削夺诸藩》。

这让那些准备进京奔丧的藩王不得不奉诏行事。朱元璋如此安排，自然有他的道理，所虑者三：一是诸藩皆朱允炆叔辈，若以哭丧为名，别有所图，必将祸乱朝廷；二是诸藩皆拥重兵，一旦诸王离藩，恐各藩国叛乱；三是诸王多坐镇北方边境，一旦他们离藩，恐北虏趁虚而入。

按照那本经过朱棣两次修改流传下来的《明太祖实录》所记，朱元璋临终前，曾经派宦官召燕王朱棣进京。朱棣赴京到淮安时，朱允炆矫诏命他立即返回北平。"上（明太祖）不之知也。疾亟，问左右曰：'第四子来未？'言不及他。"这样的记录传递出一个重要信息，即朱元璋临终之际，本来想秘密召见燕王。朱元璋召见燕王的目的，或是要将皇位传给燕王。不料，建文帝"矫诏"将燕王硬生生给挡了回去，皇位这才落到建文帝朱允炆的手里。如此叙事，合法即位的朱允炆成了篡逆者，而暴起的篡逆者反倒成了受害者。这样的记载可信度并不高，不过是为朱棣起兵夺位的正当性提供法理依据。

洪武时代落下帷幕，明朝宗室群体心态便急遽改变。他们中许多人不安于本分，内心存有觊觎"大位"的强烈愿望和冲动。朱元璋死后，其讣告必定和遗诏一起报知藩王们。他们的父皇驾崩了，还不让他们奔丧，这必然引起藩王们的怀疑和不满。燕王朱棣的三个哥哥这时候已亡故，按伦序应该由朱棣来继位，京城里到底发生了什么，他并不满足于远隔千里在外观望。关于燕王奔丧之事，史家说法不一，有的说有，有的说无。说没有燕王奔丧之事的依据是，当朱棣发动靖难之役后，三年苦战，兵抵南京，望着近在眼前的钟山，燕王朱棣百感交集道："比为奸恶所祸，不渡此江数年。"既然从来没有渡过此江，又何来赴京奔丧之说。不过，朱棣奔丧，或确有其事。

据朝鲜《李朝实录》记载：

> 军一人自辽东逃来，本国人也，属东宁卫，以辽东役繁逃还。言燕王欲祭太祖高皇帝，率师如京。新皇帝许令单骑入城，燕王乃还。①

此话出自一名朝鲜逃卒之口。按理说，一个外邦之人不应抱有任何偏见，也不会占有任何立场，所说的话相对客观。有人注意到，这里还有一句"（燕王）率师如京"，难道说朱棣真有起兵夺位之心？其实不然，在朱元璋颁发的《皇明祖训》中有着明确规定，藩王进京可以带一部分兵马："凡王入朝，其侍卫文武官员，马步旗军，不拘数目。若王恐供给繁重，斟酌从行者听。"燕王即使真的带上一部分士兵赴京，也算不上冒犯朝廷。既然"祖训"白纸黑字，又处于新旧交替的非常时刻，为了应付可能出现的不测，燕王"率师如京"也合乎情理和法理。燕王看到建文帝已在江口重兵设防，不敢贸然前进。而这时候，他身边的道衍和尚进言："大王以至孝渡江，奈何有违诏命，反为不孝也。愿殿下养成龙虎之威也，他日风云感会，羽翼高举，则大江只投鞭可断也。"朱允炆让燕王单骑进京，道衍和尚劝阻了他。

---

① 吴晗：《朝鲜李朝实录中的中国史料》第1册，中华书局1980年版，第150页。

# 第二章　改制的理想与现实

## 惠帝的高参

洪武时代结束，政权平稳过渡，一心躁进的朱允炆开始推行自己的施政方略。

新朝新气象，他罢斥了一批洪武旧臣，开始起用新人。在这批新人中，有从兵部侍郎进为兵部尚书的齐泰，有从翰林院修撰进为太常卿的黄子澄，还有从汉中府教授升为翰林院侍讲的方孝孺。

所谓新朝气象，不过是新君对前朝"以猛治国"的纠偏，大多切中时弊。无论从哪个方面看，朱允炆都像是一位理想的君王。登基伊始，他就开始提高文臣地位、减免江浙重赋、平反冤狱等，这些政策的推行很快为他赢得了好名声。新皇帝圣明仁孝，这让那些从洪武朝的血腥杀戮中活下来的官员都长长地舒了一口气。

朱允炆原本在当皇太孙时曾辅助太祖皇帝朱元璋处理过一些政事，其总体精神是"改严为宽"。现在形势令人感到欣喜的是，不仅大明由宽仁文弱的书生朱允炆当政，而且在他的身边多了一个"第一高参"方孝孺。此人不可等闲视之，他是儒家理想的忠实信徒，这对君臣在以仁义礼乐治国的理念上的一致和默契，促使建文帝在制定"宽猛之宜"政治理想目标以后，在方孝孺的"君职论"和"民本仁政论"等思想指导下，营造起"建文新政"的良好政治生态——创造了比较宽松的政治氛围，初步确立了新型的君臣关系。

朱允炆不用再担心位高权重的功臣向自己发起挑战，因为他们已被朱元璋杀得差不多了，能够对帝位构成威胁的是那些手握重兵的叔父亲王。他们从未将他这个年轻的侄儿皇帝放在眼里，甚至在他们眼里，这个侄儿只是一个文弱的书生皇帝。

建文朝的削藩事宜主要交由齐泰、黄子澄等人处理，官制改革交由方孝孺操持，而人事选拔则交由吏部张紞等人管理。建文帝的做法改变了朱元璋时代那种独揽大权的专制局面，这也无形之中扩大了臣属的权力范围。

平心而论，朱允炆用的这几个官员，都是当时官僚系统内的佼佼者。彼时，明朝官场在朱元璋大肆杀戮下，已经到了无人可用的地步。

齐泰，最初并不叫齐泰，而是叫"齐德"，此人乃应天府溧水人。洪武十七年（1384年）举应天乡试第一，第二年会试中进士。先后在礼部、兵部任职。因为连续九年任职无过失，被朱元璋选中参加祭祀郊庙的仪式。为此，朱元璋赐他一个新名"齐泰"。齐泰的仕途从此一帆风顺，从兵部郎中擢升为左侍郎。齐泰确有过人之处。有一次，朱元璋偶然向他问起守边将领的情况，他竟然准确无误地从东说到西，从南说到北。朱元璋很是吃惊。再问图籍之事，齐泰从袖子里取出一本手册献上。朱元璋翻开来看，上面详细描绘了边防要地的情况，十分清晰。朱允炆登极之后，就将齐泰升为兵部尚书，让他参与朝廷的机要之事。

黄子澄早年在江西老家苦读，洪武十八年（1385年）与齐泰同榜进士，会试第一名，由编修进修撰，一直伴读东宫，实际上他就是皇太孙朱允炆的老师。

朱元璋留给朱允炆的另外一个重要人物是方孝孺，他是研究《周礼》的专家。方孝孺，字希直，浙江宁海人，出身于书香门第。他自小天资聪慧，刻苦好学，几乎到了好学成癖的地步，乡人称其"小韩子"，说他的学问可以与唐代的学问家韩愈相比。

方孝孺的父亲方克勤是明初有名的清官。明朝初年，每年布政使司都要派计吏到户部报告地方的财政收支情况，如果地方上报表册所列的财政收支数额与户部掌握的不符，表册就要被驳回重做。很多布政使司离京师路途遥远，来回倒腾数月，因此，有的计吏就预先持空印文书前来，遇到被驳回的就重新填写。这种做法本是沿袭了元朝的做法。朱元璋听说此事后，勃然大怒，他认为这是在拿他这个皇帝当冤大头忽悠。借着这件事，朱元璋大肆整顿吏治，从上到下杀了一批官员，而方孝孺的父亲方克勤就是其中一位。这个事件就是洪武初年的"空印案"。

这场血腥杀戮过后，方孝孺遵从父命，以自己的文章为贽拜见宋濂。宋濂见他举手投足间尽显君子之风，大为赏识，认定方孝孺将来必成大器。

宋濂在《送希直归宁海序》中称许："理学渊源之统，人文绝续之寄，盛衰几微之载，名物度数之变，无不肆言之，离析于一丝，而会归于大通。生精敏绝伦，每粗发其端，即能逆推而底于极，本末兼举，细大弗遗。"宋濂既是方孝孺的老师，也是太子朱标的老师。照此推算，方孝孺算是朱允炆的师叔。这也是后来朱允炆一登基就马上召见方孝孺入朝，并委以重任的主要原因。方孝孺师承宋濂，深受南宋以降浙东学派的渲染，扎根于传统儒家思想，"以明王道、致太平为己任"。

宋濂早年师从元末古文大家吴莱、柳贯等，算是朱子之学的传人。宋濂曾经替朱元璋草拟《谕中原檄》,但他将拟好的檄文送呈朱元璋过目时,引得朱元璋大为不满。朱元璋认为宋濂以华夷之辨的观点贬斥元朝统绪,不过是文人的夸张,不利于团结北人,所以他要求宋濂修改檄文。我们今日所见《谕中原檄》,当是朱元璋和宋濂君臣合作的结果。按朱元璋的说法,元朝皇帝算是旧主,能据有天下近百年,也不是一无是处。两人合作的檄文写道:"自宋祚倾移,元以北狄入住中国,四海以内,罔不臣服,此岂人力,实乃天授。"就是说,元朝也是因为获得"天命"才能入主中原。古代中国是最讲究命运感的,万事服从权威,而权威的产生,则来自"天命"。对于一个国家而言,皇帝是天然的权威,是天选之子。

方孝孺作为宋濂的学生,最先接触到宋濂的华夷思想。师生间思想的共鸣,使方孝孺至死也忘不掉,以至于他在《后正统论》中写道:"自予为此文,未尝出以示人。人之闻此言者,咸訾笑予,以为狂,或阴诋诉之。"

方孝孺青少年时期就在他的《释统》三篇中,系统地阐释了他对正统问题的看法。

方孝孺论正统,看重的是"正"而不是"统",尤其值得注意的是,这是明人最早强调华夷之防的正统论。"让方孝孺没有想到的是,当时过境迁之后,他提出的'变统'说却对后来明人的正统观念产生深远的影响……土木之变以后,明人民族情绪持续高涨,华夷之辨开始兴起,方孝孺的正统论在新的时代氛围下理所当然地成为明朝士人最倚重的思想资源。"[①]

---

① 刘浦江:《元明革命的民族主义想象》,《正统与华夷:中国传统政治文化研究》,中华书局2017年版,第161页。

在朝中官员的举荐之下，朱元璋在奉天门召见了方孝孺。此次见面，方孝孺不凡的谈吐和举止吸引了朱元璋。朱元璋让方孝孺当场以《灵芝甘露论》为题写一篇文章。方孝孺下笔千言，一挥而就。朱元璋颇为赏识，赞叹其为世间少有之异才。

朱元璋问身边大臣揭枢："方孝孺和你相比，怎么样？"揭枢摇头道："方孝孺的才学是臣的十倍。"朱元璋默然不语，可见其内心也颇为认同。朱元璋还让方孝孺去见当时的太子朱标，他对朱标说："这是一个有才华的君子，加以历练，他日可以辅助你（此庄士也，当老其才，以辅汝）。"

方孝孺本以为可以借此步入仕途，成就父亲未竟之志，但朱元璋只是给了一些精神鼓励和物质奖励，就让他返乡待业。方孝孺虽然没有捞到一官半职，他的名字却深深地留在朱元璋的心里。后来，方孝孺为仇家牵连，卷进了一场官司当中，被逮捕至京。朱元璋看见名单中有方孝孺的名字，将他直接划去。

宋濂后来致仕，回到金华老家。方孝孺追随老师来到浙东乡下继续求学。从此，方孝孺就一直留在宁海老家读书，做他的学问。

在这期间"孝孺顾末视文艺，恒以明王道、致太平为己任。尝卧病，绝粮。家人以告，笑曰：'古人三旬九食，贫岂独我哉。'"① 方孝孺学业"日有所进，而月有所获"，不仅宋濂门下的其他弟子自叹不如，甚至连当时的一些学界前辈都甘拜下风。宋濂曾于人前夸赞："我这个学生若是再苦学不辍，总有一天，我们这些老家伙都会被他甩在身后。当然我现在说这些话，别人会认为感情用事。等再过二十年，你们就会觉得我今日所言非虚。"

---

① 《明史·方孝孺传》。

时隔不久,"胡惟庸谋反案"爆发,宋濂的长孙宋慎和宋濂的小儿子宋璲卷入其中而被杀。由于太子朱标和马皇后的竭力维护,宋濂才免于一死,发往四川茂州。方孝孺悲痛不已,欲与同门师兄弟及学友赶赴四川探望老师。最终因事未能成行,方孝孺只好将满腹忧思诉诸笔端,写成《吁天文》,宁折己寿,以延师命,祈求上天护佑自己的恩师。

洪武二十五年(1392年),方孝孺因朝中大臣的推荐,再次受到朱元璋的召见。此时,朝中人才凋零,按理说朱元璋应将其留在身边,但朱元璋还是将他挡在京城权门之外,只是说:"现在还不是起用方孝孺的时候。"碍于朝中大臣一再举荐,朱元璋只好授他一个陕西汉中府学教授的职位,这是一个刚入流的从九品学官。以方孝孺的才学、人品和知名度,九品学官显然太低了。朱元璋不希望这个锋芒毕露的年轻人过早卷入权力旋涡,稀里糊涂掉了脑袋。现在不用,不代表将来不用,朱明江山传之久远,需要有才之人,他要将方孝孺留给自己的接班人。

洪武三十一年(1398年),朱允炆即位不久,还没等到屁股底下的那张龙椅热乎起来,甚至连建文年号还没正式使用,削藩一事就开始动议。朱允炆即位没几天就找来黄子澄密议此事:"先生记得往日在东角门说过的话吗?"黄子澄顿首道:"不敢忘。"黄子澄自然明白朱允炆说的是削藩之事。《明史·黄子澄》中记下二人当日密谈的内容:

惠帝为皇太孙时,尝坐东角门谓子澄曰:"诸王尊属拥重兵,多不法,奈何?"对曰:"诸王护卫兵,才足自守。倘有变,临以六师,其谁能支?汉七国非不强,卒底亡灭。大小强弱势不同，而顺逆之理异也。"太孙是其言。

黄子澄本是朱允炆的父亲朱标的东宫伴读，他和朱允炆的关系亦师亦友。黄子澄原任太常寺卿，朱允炆即位后又让他兼任翰林学士。正因为二人有着非比寻常的关系，朱允炆遇到困难才会找黄子澄。

黄子澄的一席话，让朱允炆愁眉舒展，也解开了他多年的心结。同样的问题，他当年和皇祖父朱元璋也探讨过。朱允炆不是为了寻求安慰，而是为了寻找答案。黄子澄是个聪明人，他太了解这个年轻人了，所以很容易就看穿了对方的心思。他知道，朱允炆心中早就有了答案。而他抛出的这个问题，不过是他下一步行动的借口。黄子澄的顺逆之理，让朱允炆吃下一颗定心丸。

在朱允炆的提醒下，黄子澄转身去找兵部尚书齐泰商议此事。

黄子澄、齐泰二人同年进士，相处甚洽。建文帝即位后让他们共同参与国政，两人在削藩问题上的见解一致。朱允炆虽然贵为皇帝，皇叔们在他面前俯首称臣，但他羽翼尚未丰满，以他和亲信大臣们的力量，还无法与那些环伺宇内、兵威赫赫的藩王们抗衡。诚如孟森在《明史讲义》中所言："主张削藩，轻为祸始。"削藩就此开启了建文一朝悲剧性落幕的祸端。

## "建文新政"的色彩

"建文新政"中的复古色彩过于浓厚，而最明显的莫过于厘正田制。为了改变贫富不均的社会现实，建文帝采纳了方孝孺不合时宜的建议，要恢复两千年前的井田制。

井田制出现于商朝，成熟于周朝。西周时，井田所有权归周王，分配给领主使用，不得买卖和转让井田，按田亩交赋。领主令庶民集体耕种，周围为私田，中间为公田。领主开辟和耕种许多私田，需要大量劳动力，领主制很难调动劳动者的积极性。《公羊传》有注解说，当时"民不肯尽力于公田"。商鞅在秦国实行新政，有"废井田"的举措，承认土地真正私有化。从春秋晚期到战国初，井田制日渐告退。方孝孺喜好复古，想追慕周朝体制，但在明朝实行井田制，很不合时宜，因而遭到一些务实之人的反对，他的朋友王叔英便是反对者之一。

王叔英，浙江黄岩人，与方孝孺同属于浙江老乡。洪武年间，王叔英与杨大中、叶见泰、方孝孺等人被举荐到了南京，接受朱元璋的召见。不知为何，王叔英没有留下来，而是返回乡里。洪武二十年（1387年），王叔英再次被人举荐，出任仙居训导，后来调为德安教授，因为政绩突出，后被提升为汉阳知县。王叔英是个好官，在汉阳任职期间，体察民情，实行惠民之政。有一年汉阳大旱，他以绝食的方式向上苍祈雨。巧合的是，不久天降甘霖，旱灾得到了缓解。

朱允炆早就听说过王叔英的好名声，登基不久就将王叔英召到南京，任命他为翰林编撰。王叔英明白朱允炆实施新政的一片苦心，就给建文帝上了《资治八策》，分别从八个方面谈了他对"建文新政"的看法，即务问学、谨好恶、辨邪正、纳谏诤、审才否、慎刑罚、明利害、定法制，所有这些都是他考察古今而得出的具有可行性的措施。

王叔英曾对建文帝说，太祖皇帝铲除奸佞，剔除污秽，抑制富强豪民，就如同医生给病人治病，农民给庄稼除草，治病治得太急会伤及病人的身体，除草除得太猛会影响庄稼的生长。病去了就应该调理血气，草除了就应该在庄稼上培壅厚土。

王叔英这是在告诉建文帝，应实行宽政，不可行事急猛。他是"建文新政"的支持者，也是"建文新政"的建议者。他和方孝孺私人关系相当不错，他们是同道的君子，秉持着儒家所信奉的道义。

但二人既是同路人，也是陌路人。尤其个人阅历不同，方孝孺是从书本回到书本，从学校到明皇宫担任皇帝的智囊。而王叔英虽然也是一介书生，但他当过七品知县，社会阅历要超过方孝孺，对社会与时代的理解也比方孝孺来得透彻。在方孝孺看来，《周礼》才是衡量世道好与坏的标准。他想通过对《周礼》的挖掘和重新运用，阐发周文王、周武王和周公的遗法及微言大义，以此指导建文朝改革。因此，他才说："君以身任之，而不夺于流言。臣以道揆之，而不扼以近利。三年而成，十年而安。继乎其后者，能推而守之，武王周公之治，可几也。"

正是出于这样的认知，方孝孺竭力敦促建文帝依照《周礼》来更定大明官职。

此时，大明政治中的务实之风正在被书生之气取代。方孝孺力图推行井田制，遭到了许多人的反对，但方孝孺丝毫未曾动摇自己的意志。他自认为通阴阳之道，怀管葛之术，有定国安邦之才略。

方孝孺还是研究《周易》的专家，经常建议朱允炆根据这部古代经典所提出的理想来实行仁政。据明人姜清的《姜氏秘史》记："初，孝孺被召入京，王叔英预以书告之曰：'天下事有可行于今者，有行于古而难行于今者。可行者行之，则人之从之亦易，而乐其利。难行者行之，则人之从之也难，而受其患。此用世所以贵时措之宜也！'孝孺好古，故叔英及之。"显然，有识之士早就看出了他性格中保守、愚直、迂腐、偏执的成分。

方孝孺是朱允炆智囊团的一名政务高参，但朱允炆对他的这种依赖性并不仅仅局限于政务方面，就连平日读书学习时，遇到疑难问题，朱允炆也会去请教方孝孺。皇帝上朝处理政务时，面对官员的奏疏，有时需要方孝孺当场批答。同时方孝孺还是修撰《太祖实录》的负责人。燕王朱棣起兵后，朝廷讨伐他的诏书和檄文都是出自方孝孺之手。在年轻皇帝的心目中，比他大二十岁的方孝孺是精神导师。朱允炆对学识渊博、人品出众的方孝孺寄予了无限的信任与期望。

读书人都希望自己能够成为魏征那样的贤臣，方孝孺也不例外。

方孝孺早年就有"仁君贤臣"的理想，他一直渴望自己能够做伊尹和周公那样的贤臣去辅佐唐虞那样的君主，但他始终求而不得，如今老皇帝去了，新皇帝朱允炆更像个书生。相比那些故作姿态的名士，方孝孺有着最为朴素也最为坚定的价值观，那就是"明王道""法先王"。

早在困顿宁海乡下的十年间，方孝孺就已迸发出许多闪亮的政治理念火花。在这其中，尤以"民本仁政论"和"民主君客论（君职论）"为最。他主张以仁义礼治天下，主张宽政于民，坚决反对暴政，反对严刑峻法。在方孝孺看来，人世间君主的主要职责在于代天养民。上天之所以要人世间的这个君主，主要是从天下子民的角度而设立这个位置，绝不是让天下子民去侍奉君主。

可是后世君王不仅不养民，还无休止地向民索取赋税，肆意征发徭役，如果不从，他们就诛罚相加，以致于礼仪不修、政教不行，这与人君之职相去十万八千里。

在谈到君职时，方孝孺还谈到臣职。他认为，身为朝廷官员都有自己的职责，要是他们没有尽职，轻者受罚，重者被杀。从表面看，这似乎没有什么错，但要知道，人君之职要远远大于人臣之职。要是人君玩忽职守，臣子是不能也无法诛罚他的，但上天将会"怒而殛绝之"。因此，他认为人君在代天尽职之前要好好向古代先王学习。

从朱允炆登基那一刻开始，大明王朝就从血腥弥漫的角斗场转变为"王道政治"的试验田。明王朝的政治风格从洪武时期的铜墙铁壁，来了个一百八十度的转弯。一个天性文弱的皇帝，外加三个没有政治经验的饱学之士和道德楷模，他们怀抱共同的王道理想，看上去无比和谐，意趣相投。建文帝一反太祖朱元璋的专制做派，委政于三位书生大臣。对于齐泰、黄子澄和方孝孺来说，无底线的信任，换来的是他们敢于任事，敢于进取，也敢于出错，敢于出乱。半生沉寂的方孝孺一步步迈向他的人生巅峰，同时也在不知不觉中滑向命运的深渊。

在朱允炆打造的权力结构中，齐泰、黄子澄和方孝孺犹如并驾齐驱的"三驾马车"。他们是明朝的饱学之士，更是书生中的道德标杆，天下读书人唯马首是瞻。

历史总是惊人地相似，削藩之事，汉初已有前车之鉴。刘邦分封诸王作为天下屏障，但藩王们野心勃勃，反而与朝廷分庭抗礼。到了汉景帝时期，接受晁错的主张，削夺藩王的兵权，终于招致"七国之乱"。历史学家孟森为方孝孺日后罹祸慨叹道："削藩一事，古有明鉴，正学先生以学问名世，何竟不能以古为鉴，避其覆辙！"①

朱允炆本是性情温和之人，他所倚重的"三驾马车"更是文人中的典范。他生于皇宫，自幼与诗书为伴，身边围绕的大都是文墨之士，接受的文化熏陶也是儒家仁义治国那一套。朱允炆继承了父亲朱标温文尔雅和好学善思的脾性，即位后对朱元璋的强权之道多有变更。生在帝王家是他的幸运，也是他的不幸。朱允炆是个书生，内心的敏感要比普通人来得强烈，正因为来得强烈，他的痛苦也更甚于其他人。

作为帝王，一个错误的决定会赔上无数人的身家性命，一个正确的主张则会改变无数人的命运。朱允炆曾目睹了洪武年间那场大案套要案、要案连大案的连环杀戮。皇权犹如一把双刃剑，刺向敌人的同时，也可能伤了自己。放眼整个明王朝，谁人是敌，谁人又是友，长期居于深宫的朱允炆陷入深深的迷茫。

自古以来，书生治国并不缺乏飞扬的激情，也不缺乏理想化的施政纲领，往往缺乏的是对政治全局的一种掌控。建文时期的"三驾马车"，定下了朱允炆以儒治国、以礼治国的调性。

新皇登基，都要改元，要立新的年号。确切地说，朱允炆对"建文"两个字中的"文"字，似乎特别有感觉。皇考朱标加谥，用的是"懿文"，而他的名讳则是"允炆"，竟然在"火"字旁加个"文"字，以火炙文。总之，文不可丢，火也不可去，失去火的文少了温度。廷臣议上"建文"的年号，也颇合朱允炆的心意。而这也预示着，年轻的皇帝要在这个"文"字上狠狠地下一番功夫。

---

① 孟森：《明史讲义》，四川人民出版社2018年版，第106页。

自登基之日起，朱允炆就在不断强化自己的统治。出台的所有新政都打上了"建文"烙印，即朱允炆的个人风格。所谓建文烙印，无非是"法先王"和"托古改制"的儒家之风。照此发展下去，朱允炆不仅算不上坏皇帝，还有成为明君的可能。据《明史》记载，朱允炆在位期间，刑部上报的在押囚犯比洪武时期减少了三分之二。

建文元年（1399年）二月，寿州训导刘亨给建文帝上书说："文武并用，久长之术，六卿秩卑于五府，非所以视均隆，宜并为一品。"①刘亨的意思很明白，盛世之君都是文武同等对待和使用的，这才是治国长久之策，但现在大明的官僚体制是六部文官品秩低于五军都督府武官。按刘亨的意思，朝廷应该将六部与五军同等对待，全部定为一品官阶。朱允炆接到刘亨的这份奏章后，把它交给朝中大臣进行讨论，也由此拉开了建文朝官制改革的序幕。

## 变更祖制

洪武年间，武夫出身的朱元璋对于武将军官始终高看一眼。相比之下，他对文臣学士及士大夫阶层似乎充满了先天的偏见与敌视。他创设廷杖制度，在森严的大明朝堂上肆意摧残和侮辱大臣，一旦廷杖开启，"血溅玉阶，肉飞金陛"，就实而言，"君之视臣如狗彘"也。

---

① 《续藏书》卷七《逊国名臣·县丞刘公》。

在打江山的创业阶段，朱元璋与那些地方大儒也曾亦师亦友。在当时的朱元璋看来，那些儒生天生有辩才，出谋划策高人一等。群雄逐鹿，谁能给予他们足够的尊重，让他们体验到生存的价值，他们就为谁奔走出力。自古以来，开国君王打天下，都会在身边笼络一批谋臣。这些谋臣好似飞鸟投笼，备受主子恩宠，是谓"养士"。"养士"于个人而言，是一件好事，你不养他，别人就会养他，别人养了就可能会成为你的对手，成为你的祸患。

造反之初，养士是朱元璋苦心经营之事，他要尽可能养天下可养之士。随着地盘的不断扩大，他更是加紧对天下儒生名士的网罗。朱元璋毫不掩饰求贤若渴的心态，每天反复念叨"予思英贤，有如饥渴"，生怕别人不了解他的心思。因此，他禁止武将和文臣结交，更不允许其私下养士。每占领一地，朱元璋就传令下去，将领在占领区域，不得与当地的文化名流接触。朱元璋会在第一时间派人将当地文人接到他的身边，如果条件允许，他会亲自登门求贤。他这样做有两个目的：一是防止手握兵权的将领与文人结合，一个武将如果没有文人在身边出谋划策，就会成为一部只知道征战杀伐的军事机器。二是为自己捞取政治资本，那些儒士大都是地方上的名人，在民间具有一定的影响力，甚至能左右地方百姓的政治倾向。将他们养在身边，老百姓也会跟着过来，这样等于间接巩固了地方的政权。

在明朝建制前后，朱元璋与文臣有过一段水乳交融的蜜月期。诚如朱元璋曾对刘基说过的一番话："经邦纲目，用兵后先，卿能言之，朕能审而用之。"[1]朱元璋将刘基视为汉代谋臣张良，

---

[1]《诚意伯刘先生文集》卷一《御史中丞诰》。

尊称他为"老先生"而不呼其名。在朱元璋的竭力敦促之下，以宋濂、刘基为首的一批江南学者接受任命，来到南京礼贤馆就职。刘基在南京时，虽然朱元璋待之以礼，但并不完全信任；虽然授予他不低的官职，但并未委以重任、给予实权。

开基之始，朱元璋就想要大封功臣，只因天下尚未进入完全的太平时期，武将们还在四处征战，功过不好衡量，这件事便一拖再拖。对朱元璋来说，这也是皇权运行的一次重大考验。直到洪武三年（1370年）十一月，朱元璋一口气封了"六公、二十八侯、二伯"。在榜之人由此成为大明朝第一批勋贵，构成明初勋贵的主体。

皇帝不是完全的自由人，朱元璋同样处于游戏规则之下，他也要以富贵与热情维系上下左右各方关系。朱元璋给了有功之臣足够的尊崇，按照品级划分，公、侯、伯的地位要高于一品大员。他的封赏在天下臣民看来，虽然有些贤明君主的宏大气象，但在貌似公正的奖赏背后，也有个人的算计在里面。朱元璋的公正只有一个原则，那就是有利于皇权。

对于分封之事，朱元璋有他自己的考量。正因如此，他从建立君臣尊卑有序，防止左右上下纷争出发，按照功劳大小，依次封赏。封赏功臣向来是皆大欢喜之事，但处理不当也会引发各方纷争，埋下隐患，成为随时可能会爆的定时炸弹。朱元璋在封赏之前，曾经向大臣们反复强调：封谁，怎么封，为什么封，都由他说了算，绝对公正无私，不存在厚此薄彼。不同意见可以当面提，他一旦作出决定，就不希望再听见不和谐的声音。一个不知恐惧为何物的"莽夫"，似乎比那些老谋深算的智者更能因势利导地解决问题。按照朱元璋所说的公正无私，"六公"按地位高低依次为李善长、徐达、常茂（常遇春之子）、李文忠、冯胜、邓愈。此六人即明初六公，全部令子孙世袭，只有常茂，如无子嗣，即以兄终弟及的形式世袭。

那些被封公之人，他们的功劳毋庸置疑。受封者的心里很清楚，关键是他们要识时务，可偏偏有人就是做不到。六个人各有优势，除李善长外，其他几个人都是凭着战场上出生入死军功卓著受封的，文臣仅李善长一人，可见他在朱元璋心目中无可替代的位置。大封功臣时，朱元璋就特别强调：善长虽无汗马军功，但功劳甚大，连汉朝时的萧何也不一定及得上他，由是"授开国辅运推诚守正文臣、特进光禄大夫、左柱国、太师、中书左丞相，封韩国公，岁禄四千石，子孙世袭。予铁券，免二死，子免一死"[①]。虽然李善长得圣眷之隆，无人出其右，但在分封的大原则下，武人的功劳还是大于文臣。

除了此六人作为一个特殊的等级之外，"二十八侯"全部来自能征惯战的武将。而封伯的，是文臣。洪武三年（1370年）的这次分封，只封了两个伯，一个是汪广洋，另一个是刘基。分封并不能让每个人都满意，毕竟粥少僧多。宽袍大袖的官服之下，那一副副历练自江湖的筋骨，在夜深人静的夜晚，隐隐发出锵然之声。作为开国之君，朱元璋并不担心功臣们对于欲望的执念，反倒担心他们无所求。为了安抚他们不安定的心，朱元璋告诉他们，如果不满意封赏，可以当面说出来。

朱元璋说是这么说，但没人敢当面质疑。有些人心里虽有不平，表面上还是要装作欢喜的样子。不管怎么说，那些被封赏的

---

① 《明史·李善长传》。

开国功臣都成了这个社会新一代的大地主、大贵族,也成了新王朝的既得利益者。他们应该关起门来歌唱和舞蹈,而不应该躲于暗处嘀咕和抱怨。

初登大位的朱元璋不敢懈怠,功臣们结成的这张关系网过于庞杂,让他透不过气来。即使用非常规手段戳破几个血窟窿,也无法让他感觉呼吸通透。他知道,编织这张网的人不是别人,而是他自己。待到江山稳固,朱元璋废除宰相制以后,一切又变了。在明朝官制中,人们往往以文武并称,但相比文官,武官地位明显要高,如中央五军都督府的左右都督的品秩都定为正一品,分掌天下各项政务的六部尚书的品秩为正二品。让人难以理解的是,朱元璋将培养文官队伍的摇篮国子监(初为国子学,洪武十五年改为国子监)的祭酒定为正四品(改为国子监后,祭酒为从四品),将国子监的监丞只定了正八品,而皇帝的一个养马官太仆寺卿却定了从三品。

从长远看,朱元璋采取"重武抑文"的国策并不利于明王朝的长治久安。对此,生性敏感的朱允炆早就看出其中的问题,所以在更定官制时他特意提高文官地位。但大臣史仲彬、楼琏为了使建文帝免受"变更祖制"的指摘,反对建文帝推行新政,这让脾气温和的建文帝大发雷霆:"此正所谓知其一未知其二者。六卿果可低于五府耶?祭酒犹在太仆下耶?假令皇祖而在,必当以更定为是。群臣勿复言。"① 由此可见,朱允炆有多么不满意重武抑文的官僚体制,他一定要推行改革。

吏部掌管官吏的选授、考核、黜陟,而官制的更定不在吏部

---

① 《建文年谱》卷上。

的职掌范围内,朱允炆便将这件大事交与翰林院主持。翰林院有两名学士,即修《太祖实录》的总裁官董伦、王景。董伦以吏部左侍郎兼,王景以礼部右侍郎兼,他们都算不得全职的学士。此外,翰林院还有一两名侍讲学士、侍读学士。这时候仅为翰林侍讲的方孝孺地位不算太高,但在议改官制时,他往往能够起到一锤定音的作用。

之所以如此,是因为:(一)建文帝朱允炆对方孝孺的敬重,每临朝奏事,廷臣面议可否,皇帝经常会让方孝孺执笔批答;(二)改定官制,皇帝的意图很明确,那就是尊崇周制,说起对远古官制的考定,即使董伦、王景等儒臣,也承认比不了方孝孺;(三)董伦、王景既为修撰实录的总裁官,不得不将精力投入其中。方孝孺则将全部心思都放在更定官制上,即便和弟子闲聊,也离不开这一话题。

根据方孝孺的建议,朱允炆于建文二年(1400年)正月下诏,更定大明官制,大体是:将六部尚书由原来的正二品升为正一品,增设左右侍中,其位置在六部侍郎之上;将地方文臣布政使由正三品升为正二品;将都察院改名为御史府,其长官都御史改名为御史大夫;将都察院下属的十二监察道改名为左右两院,左院叫拾遗,右院叫补阙;将通政使司改名通政寺,原通政使改称为通政卿;将大理寺改名为大理司,大理寺卿改称大理卿;光禄寺卿改称为光禄卿;在翰林院下重新设立承旨,将侍读学士和侍讲学士改名为文学博士;在詹事府下增设资德院;增设文翰、文史两馆;将殿阁大学士一并改名为殿阁学士,内各设学士两人;将明皇宫的谨身殿改名为正心殿,增设正心学士一人;增设亲王宾辅,提高太仆寺少卿、鸿胪寺少卿丞和国子监丞等官的品秩;

等等。

建文帝信赖方孝孺，方孝孺建议年轻的皇帝用《周礼》重新界定官僚制度中大小诸司的品级和勋阶。方孝孺特别想效法周公，制定一个完美的道德标准。

朱允炆觉得诸如周公、孔子这些儒家的先哲往圣早就在他们的主张、学说中给自己定好了位。周公的制礼作乐为朱允炆勾画了一副美好而清晰的蓝图，关键在于如何将其转化为现实图景。

这个时候，朱允炆才发现自己内心对行使皇权的渴望是那样地强烈。他毕竟是凡人，一波又一波汹涌的民意渐渐把他拍晕了，特别是在加"九锡"之时那四十八万件上书。读着一封封称颂自己的奏折，听着那一句句悦耳动听的词句，朱允炆也觉得自己是一个伟大、正确的人，有着经天纬地之才。

朱允炆要让天下读书人散了的心，重新聚合起来。朱允炆大幅度提升文臣地位。这些改革透露出一个强烈的信号，那就是抑武崇文。

文官制度的修订，预示着文官之治的开启，也是对洪武严政的一种矫正。同时，朱允炆还扩大国子监和翰林院的职责和人员编制，教育和训练太子及诸年幼王子，普及儒家文化。

在民生方面，诏减苏、松、嘉、湖重赋，每亩不得过一斗。朱允炆让自己的儒风雅韵在更大范围内得到了体现，也使建文朝成为大明历史上令人怀念和惆怅的时代。朱允炆并不考虑古代经典的正确性，因此，他从没有怀疑过自己按古代经典去用人、去行政的正确性。

当时明王朝内部除少数人外，大都以极大的热情投入朱允炆所领导的"改革官制"运动中。一些朝中名流纷纷献计献策，为

"托古改制"推波助澜。至于四方名不见经传的众多儒生更是为此而欢呼雀跃,摇旗呐喊。这时的朝廷呈现出一番前所未有的热气腾腾的景象。

当朱允炆"托古改制"的奇思妙想一股脑儿地抛向当时那个社会矛盾潜生的社会时,当大明王朝的臣民为此而欢欣鼓舞,望眼欲穿地期待着"黄金时代"到来的时候,朱允炆并没有真的闲下来。虽然他的理想主义情怀依旧,但是实现理想的方式已悄然发生转变。

他在刚强中开始注入一丝柔软,做事更讲究方式方法。他一如既往地维护着自己的道德形象,他知道,这是他政治生命的基础。他必须倾尽全力,战战兢兢,把自己打扮得毫无瑕疵。为了这一点,他不得不矫饰自己。道德于他,此时已由单纯的目的变成了一种手段。

朱允炆更定中央官制,提高文臣在官僚体系中的地位,为建文朝即将开启的文治奠定了基础。虽然朱允炆将皇宫的谨身殿改名为正心殿并增设正心学士的做法,向来被人们视为建文君臣迂腐的表现,但事实并非如此。按照方孝孺的"君职论"思想,人君之学"必以正心为本",倡导一种"正心""正君""正臣"的新局面,以礼治国,德教天下,岂能用"迂腐"二字概括?

但建文新政中的"更定官制"并不是白璧无瑕,有些机构改名毫无意义,如前面讲到的,将大理寺改名为大理司、大理寺卿改称大理卿、光禄寺卿改称为光禄卿等等,让人无法理解。不仅改得没有意义,反而带来麻烦,使得人们原本熟知的官制突然变得陌生,增加了人们工作上的不便,也给了政治敌人攻击的口实。

据《奉天靖难记》卷一记载,朱棣在给建文帝所派的北伐大将李景隆的书信中就曾这样说道："祖训云，罢丞相，设五府、六部、都察院、通政司、大理寺等衙门，分理天下庶务，彼此颉颃，不敢相压，事皆朝廷总之，所以稳当。以后子孙做皇帝时，并不许立丞相，有奏请设立者，文武群臣即时劾奏，将犯人凌迟，全家处死。今虽不立丞相，却将六部官增崇极品，掌天下军马钱粮，总揽庶务，虽不立一丞相，反有六丞相也。天下之人，但知有尚书齐泰等，不知有朝廷。"

建文帝"更定官制"抬高了文官地位，引起武将们的强烈不满，更麻烦的是建文帝"更定官制"选择的时间并不好——建文二年（1400年）初。彼时，朱棣公开造反已有半年时间，不满建文帝"更定官制"的武官们"犯法失职者悉奔燕，燕尽复其官"，这对建文朝廷极为不利。

朱允炆不仅要改革中央官制，还要大刀阔斧地推进地方官制改革。从洪武三十一年（1398年）六月，即登基即位的第二个月开始，建文帝就下令"省并州县，革冗员"，对地方官制实行改革。据不完全的资料统计，在朱允炆执政的四年时间里，总共撤销九个州、三十九个县、七十三个巡检司、四十九个河泊所、十五个递运所、四十八个水马驿、一百零九个税课局、四十一个税课司和一批县级的官吏，如同知、推官、知事、丞簿等，同时还精简了一些地方上的茶课司、僧会司、僧纲道纪司、道纪司、道正司、道会司、道会所、盐课局、盐课司、批验盐引所和闸关等大批的税务机关，裁去了府州县学训导一百零四个及其他一些官吏。

朱允炆即位不久，就在朱元璋定下的所谓"祖制"上大做文章，这样做难免给人留下口实。燕王后来就是以维护"祖制"的名义起兵发难的。对于齐泰、黄子澄和方孝孺来说,建文帝对他们的倚重与信任,给了他们无穷的动力。可惜的是,这种动力并没有及时转化为治国的效率,文人的高度热情换来的却是政治上的不成熟和冒进,这在无形之中拖了建文朝前进的后腿。

## 削藩的三种可能

新君是个书生,或许前面还要加上一个缀词"文弱"。书生,本就缺乏魄力,再加上"文弱"二字,怎不让人忧心忡忡?臣民们早就适应了洪武年间那套吃人不吐骨头的嗜血机制,突然遇上宽仁之主,少不了好玩的事,也为茶余饭后增添了不少谈资。

当时有个官员名叫陈性善,浙江山阴人,读书人出身。此人品行至善,人如其名。洪武三十年(1397年),他来南京参加会试,中了进士。在进士发榜唱鸿胪的仪式上,他并不像其他新中进士那样喜形于色,而是面色沉静,举止凝重。朱元璋观察他许久,不由赞叹道:"此乃君子也。"没过多久,陈性善就被调到翰林院任翰林检讨。有一次,朱元璋召他到皇宫便殿上抄录诚意伯刘基的遗书。面对满脸杀气的朱元璋,与陈性善一同进殿誊抄的文人都紧张得汗流浃背,只有陈性善举止端正,神态安详地坐着,下笔稳健,丝毫不受影响。朱元璋龙颜大悦,赐酒宴给陈性善,把陈性善喝得找不到回家的路。

朱允炆即位后,将陈性善提拔为礼部侍郎。和他的皇祖父一样,朱允炆也十分欣赏敢于直言的陈性善。一日退朝,朱允炆将他单独留了下来,向他请教治国之策。陈性善并不保留,他将心中的想法诉诸笔端，一张纸洋洋洒洒落满数千字。朱允炆看过后很是满意，下令让各个部门都按照陈性善说的去办。话是传出去了，可没人真当回事。陈性善知道后，便向建文帝朱允炆进言："我有幸听到陛下答应小臣一定照着执行，可没多久就停下不做，做事如此反复无常，怎可取信于天下？"朱允炆听完，脸涨得通红，几乎要哭出来。

一个大臣因为皇帝没有按照他的想法去做，居然在朝堂之上顶撞皇帝，且信誓旦旦地要讨个说法，这一幕在洪武朝是难以想象的。朱允炆被大臣诘问得哑口无言，更是让人难以理解。有人据此作出判断：建文朝的政治氛围之宽松，上下几百年也不多见，甚至认为这是专制制度下中国式民主的萌芽。朱允炆作为朱元璋的继任者，显然不具备老皇帝的政治智慧——他性格偏文弱，手法更青涩更稚嫩。他的祖父已经向天下臣民露出威严冷酷的面目，而他却展示了仁慈、仁义。按说这也符合王朝发展的逻辑，天下人都已规规矩矩、安安分分，正是需要仁君送温暖的时候——这正是朱允炆所长。建文帝在作风上远不像朱元璋那般独裁，他虚心纳谏，下诏让臣子直言。

有一次，建文帝偶感风寒，临朝的时候居然迟到了。这样的事若是搁在其他皇帝身上，根本不算个事，可是放在朱允炆的身上，大臣们就无法接受。监察御史尹昌隆马上上疏进谏："想当年高皇帝（朱元璋）闻鸡鸣而起，天不亮就临朝，下午太阳快要落山时又要召集百官上朝，正因为如此，大明才会成就斐然，天下太平。您应该以您皇祖父为榜样，兢兢业业，心系朝政。今日您安于枕边之乐，日上数刻，犹未临朝，要知道群臣宿卫都是半夜起床恭候您。长此以往，就会旷职废业，上下懈弛，一旦传至四海，绝非社稷之福。"

虽然尹昌隆的话说得尖锐，但朱允炆并不生气，他还为此专门下诏："昌隆言切直，吏部其宣示天下，使知朕过。"[1]身边近侍不解，问朱允炆为何不道出实情。哪知道朱允炆听了反而说，像尹昌隆这样直言进谏是很难得的，要是为自己辩解，不知情的人还以为他不喜欢纳谏，如此下去，将再也听不到大臣们的谏言。

不久，尹昌隆又说出一句冒犯君威的话，他说大明朝奸臣专权，阴盛阳衰（古时在君臣关系上往往将君比作阳，臣比作阴）。这句话惹恼不少朝中大臣，他们宣称要将尹昌隆贬谪到僻远之地。朱允炆却将其拦了下来：并说道："求直言以直弃之，人将不食吾余。"[2]这句话的意思是，我要求大臣们直言，如今尹昌隆却因为直言而遭到贬谪，如此下去，朝中还有谁敢直言？

坦白地说，尹昌隆算不得正人君子。待到建文朝落幕，他马上又投入朱棣的怀抱。尹昌隆等人摸透了朱允炆的喜好，他们看到这个年轻的皇帝"所好读书及古典文章"。书生治国，向来以儒家的德礼来进行教化，即所谓"德化"。先秦儒家奉行"宽仁"精神，对他人宽容、仁爱，却严于律己。一旦遇到什么问题先从自己身上找问题，从人格上来感化别人。

在《建文年谱》中有这样一件小事可见端倪：一次，有两个宫人发生口角，继而拳脚相加。朱允炆见状，并没有治罪于两个宫人，而是将宫中所有的宫人都召集起来。当着所有宫人的面，这个年轻的皇帝"俳然感愧自责"。说到动情之处，他居然情难

---

[1] 《明史·尹昌隆传》。
[2] 《建文书法拟》正编。

自已，落下自责的眼泪。据《明书》所录：

> 建文元年六月，博士黄彦清见市不拾遗，奏之上，且曰："陛下德化！"上曰："昨宫中二人哗，朕谕之云：'朕宽刑尚德，中外愉愉，尔独犯教，意朕有乖德欤？'两人谢过，因释之。宫内尚未能齐，敢言德化？"①

面对"德化"二字，建文帝表现得极为谦虚谨慎。从另一个角度说，朱允炆并不是书呆子，而是一个懂得作秀的政客。

对于削藩之事，朱允炆始终保有极大的热情。以兵部尚书齐泰、太常寺卿黄子澄为代表的武力削藩派，紧紧地团结在朱允炆身边。相对于齐、黄二人，方孝孺则较晚加入武力削藩的行列。方孝孺是个有气节的人，也特别看重自己的文人身份和在朝中的形象，这样的人，老实做人，不逾矩，不越轨。方孝孺仅仅担任过翰林侍讲、侍讲学士，虽是天子近臣，但级别并不高。朱允炆临朝议政，有时会让方孝孺在屏风前帮助自己批复奏折。方孝孺此时的官职虽小，但已进入大明朝的中枢，不久被拔擢为文学博士。齐泰、黄子澄建议朱允炆削藩时，史书并没有记载方孝孺对削藩的态度。不过，建文帝征讨朱棣的檄文出自方孝孺之手，可见，他还是支持削藩的。

有人支持，就会有人站出来反对。对于削藩，朝廷中存在着不同意见。比如明朝那个最为著名的大才子解缙，他在洪武年间就曾阐发过封藩的危害。有人说，解缙是个多言之人，管不住自

---

① 《明书》卷四《建文皇帝本纪》。

己的舌头。他曾于洪武二十三年（1390年），代替工部郎中王国用起草奏疏，为退休首相、韩国公李善长鸣冤叫屈。朱元璋虽然没有追究他的罪责，却心生不满，将他调到江西洪都。后来，解缙的父亲入朝觐见，朱元璋对他说："大器晚成，若以子而归，益令进学，后十年来，大用未晚也。"解缙在乡间还没等到十年，朱元璋就死了。解缙以为十年之约自动解除，就自己返回京师。为此，他还托人给建文帝写过一份悔过书。他说，因为自己"狂愚""无所避忌"，才会陷入困境。幸赖太祖皇帝宽仁，"令以十年著述，冠带来廷"。他说，自己乡居八年，服侍父母，闭门谢客，将整个心思都放在著述求学上，勘误《元史》，承命写成《宋书》，删订《礼经》。太祖宾天的讣闻传来，让自己痛彻心扉。自己连刚刚去世的母亲都来不及安葬，九十岁的老父也顾不上服侍，就来到京师，只为在先帝陵前哭悼几声。

解缙未经召唤就来到京城，结果遭到御史袁泰的弹劾，建文帝将其贬往河州卫。临行前，他给礼部侍郎兼翰林学士董伦写了一封情真意切的书信，其中也提到藩王之患："分封势重，万一不幸，必有厉长、吴濞之虞。"① 其实董伦的想法和他们不同，他主张以和为贵，朝廷要和藩王们搞好关系，维护他们在地方的利益。此人不是科考入仕，而是举荐入仕。他性格直率，所论世事切中时弊。朱元璋授他为赞善大夫，任懿文太子朱标的侍读。洪武三十年（1397年）因事受连坐，被贬谪到云南去当教官。建文初年，建文帝将董伦召回南京，拜为礼部侍郎兼翰林学士，与方孝孺同为建文帝的侍讲。

---

① 《解文毅公集》卷十五《寄具川董伦书》。

董伦的主张也有人跟着附和，比如行人司右司副杨砥就跟建文帝谏言："帝尧之德始于亲九族，今宜敦睦诸藩，无自剪枝叶。"①后来还有御史韩郁站出来直接反对建文帝的削藩之策。他在皇帝面前莫名感伤道："臣每念至此，未尝不流涕也。"

不过，朝堂上的支持，或者反对，有时候表现的并不是真实的想法，而是一种立场。随着建文朝廷与藩王之间的冲突到了难以调和的地步，这些主张以和为贵的官员，他们的动机和倾向也各不相同。但他们有一个相同之处，那就是对于削藩带来的严重后果感到恐惧。

这时候除了削藩、睦亲，还有第三种选择，那就是以辽州人高巍为代表的曲线削藩的立场。

高巍，一个太学生出身的吏部官员，他这时已敏锐地察觉到削藩可能引发的政治动荡。于是，他向朱允炆提出自己的建议：藩王们骄逸不法，违反朝制，不削，朝廷纲纪不立；削之，又伤了皇帝与他们之间的感情，想要天下长治久安，不妨采用汉时贾谊的谋略，多建诸侯，以分散其力量。

高巍的话说得很明白，晁错不可学，应该仿效推恩之策。高巍深谙贾谊之道，他的一番话和"欲天下治安，莫如众建诸侯而少其力"如出一辙。西汉时的文臣贾谊曾说过，皇帝要使天下长治久安，最好的办法就是让各诸侯王的子孙全都继承藩王的产业，既彰显了皇恩，又分散了藩王的力量。高巍劝导建文帝，要用贾谊的策略，不要再用晁错的武力削藩，应该仿效主父偃的"推恩"策略。具体的做法就是，将南北诸王来个乾坤大挪移，

---

① 《明史》卷一五〇《杨砥传》。

把北方诸王的子弟分封到南方，南方诸王的子弟分封到北方。如此一来，藩王之权不削而削。再加上岁时节日经常馈问这些藩王，贤者下诏褒赏，骄逸不法者，初犯容之，再犯赦之，三犯不改则告太庙废处之，这样还有人敢不顺服吗？

高巍主张"推恩"，徙地而封。诸侯藩王实行的是嫡长子继承制，其他子孙只有羡慕嫉妒恨，这就造成藩王势力渐大。实行"推恩令"，就是打破一家独大，将一个藩国分作几份，凡其子孙人人皆有份。一个藩王，一夫多妻，造就了一堆儿孙等着被分封。如此分封之法，地盘越分越小，势力越分越弱。至于徙地而封，更是一记狠招。北方藩王的子孙分封到南方，南方藩王的子孙封到北方，忽而南方，忽而北地，藩王们脚下生不了根，两眼一抹黑。就算雄才大略如朱棣这般，恐怕也难成大事。

表面上加恩，暗地里削弱，既隆之以礼，又推之以恩。如此合乎情理的言论，在一意削藩的朱允炆君臣听来，显然是在纵容藩王。朱允炆和他最为信任的三大臣考虑的是：诸王之中，先拿哪一个开刀？密议此事曾有过一番争论，当时秦王、晋王已死，诸王中最有实力，且威胁最大的是驻扎在北平的燕王朱棣。朱允炆当然能够体会到燕王的虎视眈眈。朱允炆也曾试图敲打朱棣，把他居住在元朝故宫的行为定性为"僭越"。朱棣上书反驳：

> 此皇考所赐，自臣之国以来二十余年，并不曾一毫增损，所以不同各王府者，盖《祖训录》营缮条云，明言燕因元旧，非臣敢僭越也。①

---

① 《单士元集》第四卷《史论丛编》第一册，紫禁城出版社2009年版，第95页。

朱棣当然不会承认"僭越"，他说自己住在元朝故宫，这是父皇活着的时候赐给他的。况且二十多年来，自己未曾增损一分一毫，之所以跟各王府不同，他只是利用了元朝的旧宫殿，又何来"僭越"之说？中国有句老话，欲加之罪，何患无辞？皇帝说你有罪就有罪，即使有理的反驳也是一种罪。朱允炆和朱棣之间彼此心怀疑虑，只能用心底最大的恶意去揣测对方。更何况，他们身边还围绕着怀揣不同目的的官员。皇帝怀疑燕王住着旧宫殿，惦着新朝，而朱棣则担心皇帝盯上自己，然后找个借口消灭自己。麻秆打狼——两头怕，两头都不安生。

在削藩问题上，朱允炆和他所信任的大臣黄子澄、齐泰等人见解一致。这也是为什么建文帝一即位就找来黄子澄密议削藩之事，并提醒他不要忘记当年的东角门之约。当黄子澄找来齐泰商量此事时，齐泰主张先拿下燕王。在齐泰看来，燕王实力最强，威胁也最大，其他诸王不足为虑。黄子澄却持不同意见，他说："周、齐、湘、代、岷诸王在先帝时就有很多不法之事，削之有名。今要削藩，应先从周王开始，周王是燕王的同母兄弟，削周等于剪除燕王的手足。"

二人商议过后，便将结果奏于朱允炆。这一自以为高明，实则愚不可及的谏言，朱允炆居然毫不犹豫地采纳了。当然，朱允炆最想削夺的是朱棣之藩。他也知道朱棣的分量，对朱棣采取行动，必将是艰难的。

周王朱橚是朱元璋的第五个儿子，生于至正二十一年（1361年）。史书记载，朱橚是朱元璋的原配妻子马皇后所生，但此说法一直存有争议。朱橚最初被封为吴王，后又改封为周王。洪武十四年（1381年），他就藩开封。朱橚是个不安分的人。在朱元璋所著的《御制纪非录》中有过记载，有一次，朱橚因为做错事惹怒朱元璋，朱元璋当着众人的面训斥他，说"古今愚蠢无有如此者"。也就是说，朱橚是他见过天底下最愚蠢的人。当然这也是一时激愤之语，不可当真。朱橚的妻子是开国功臣冯胜之女，冯胜握有兵权，对于朱橚自然是一大助力。也是冯胜手中的兵权，引起了朱元璋的猜疑和防备。洪武二十二年（1389年），朱橚曾擅自离开王府，到了凤阳，而驻守凤阳的正是冯胜。朱元璋大为震怒，将他留在京师，让他的长子朱有燉掌管王府事，两年后才放他归藩。朱元璋后来又下令，把朱橚流放至云南。朱橚喜欢钻研各种草药的用法，一头扎进云南的莽莽山林。

回到封地的朱橚似乎并不安分，史称"（朱）橚亦时有异谋，长史王翰数谏不纳，佯狂去"[①]。这里所谓的"异谋"是要夺取皇位。王翰劝说他好多次，他根本听不进去，致使王翰佯狂而去。建文帝即位不久，周王朱橚的次子朱有爋告自己的父亲谋逆。身在皇家，这样的事算不得新鲜。不要说告发，就是谋杀也有可能。如果说，朱有爋不是无中生有，那么只有一种可能，朱橚真的准备谋逆。而朱有爋告发父亲，并不仅仅在于"大义"二字，而是利益使然。怎样的利益，会高过他们父子之间的感情呢？莫过于王位继承。按照大明的规制，长子被立为世子，也就是未来周王府唯一合法的继承人。作为次子并不甘心接受命运的安排。他听人说，朝廷正准备对尾大不掉的藩王们下手，自己何不乘机去上告，将父亲的不轨行为全部讲给朝廷听？除掉父亲和兄长，自己

---

[①] 《明史》卷一一六《周王橚传》。

就可以稳稳地坐上周王府第一主人的位置。

自从朱标死去，太子的席位突然空缺，心生"异谋"的，又何止周王朱橚一人？那些成年藩王，谁的心里没有个小九九在打。只不过那时藩王们的心思还不那么明显，人们还觉察不到迹象。朱元璋要为他最终的抉择负责，正是他的行动加深了藩王们的困境。如今，制定游戏规则的人走了，游戏还要继续玩下去。每个人都从自己的立场出发，争取最大的利益。不过谋逆之事，由自己的儿子亲口告发，冲击力和可信度都要大上好几倍。有些事情在作出决定之后很难预料结果，比如朱橚，他要将心中的"异谋"化为"异举"，除了周密的安排，只剩下夜深人静时内心的祈祷。在他的"异谋"中，一定有"联合其他藩王"这一条。诸王联合，才有胜算的可能，但风险也会随之增高。诸王犹豫不决，他们不敢向共同的敌人朱允炆发起挑战，而南京紫禁城里的朱允炆还在为削藩一事伤脑筋。虽然齐泰、黄子澄已经为他指明了方向，但是他还在犹豫。朱有爋的告发来得正是时候，建文帝马上付诸行动。

开封是河南布政司会城，三司等衙门皆设于此，周王的封地也在此。这一天，还没等朱橚反应过来，他的王府已被围得水泄不通。成队的士兵出现在他的王府，领头之人是掌左军都督府事的曹国公李景隆。李景隆的父亲李文忠是朱元璋的亲外甥，李文忠的母亲是朱元璋的二姐曹国长公主。李文忠母亲去世早，他跟随父亲李贞辗转于乱军之中，直到两年后遇到舅舅朱元璋，并被收为养子，改姓为朱。朱文忠征战中屡立功勋，官至荣禄大夫、浙江行省平章事，复姓李。明朝建立后，李文忠被册封为曹国公，并主持最高军事机构大都督府兼主管国子监。李文忠去世后，被追封为岐阳王，谥号武靖，配享太庙，他生前的曹国公爵位则由他的长子李景隆承袭。

李景隆喜欢读兵书、举止文雅，深得朱元璋的喜爱。他多次被朱元璋派往湖广、陕西、河南等地练军，后掌管左军都督府，加太子太傅。朱元璋去世后，李景隆因是建文帝的心腹而恩宠不断。此次，建文帝命李景隆率兵北上巡边，路过开封，突然将周王府团团围住，将周王朱橚逮个正着，送往京师。李景隆神色凝重地出现在周王面前，满脸不屑的表情。不知什么时候，周王府的卫兵已经跑得七零八落。那一刻，朱橚的脸上写满了惊恐和疑惑。他实在搞不清楚哪个环节出了问题。直到看见朱有爋那张狡黠的笑脸，他才如梦初醒，不由倒吸一口凉气。难道是儿子出卖了自己，他不敢相信这是真的，但这的确是真的。周王再次被流放到云南，周王的几个儿子也都分别被徙往别处。

在晃动的囚车里，朱橚突然悟出了那个"反"字的真正含义。他要造朝廷的反，他的儿子要造他的反。一个"反"字，既呈现了事物的发展本质，又暗示了人在极致状态下的选择。他是皇子，他的身份就是他的罪证，谋反似乎并不是获罪的必要条件。不久，建文帝又将周王及诸子召回，禁锢于京师。建文帝朱允炆命人将周王的罪状写成敕书，传送诸藩王议罪。这么做，既敲打了诸藩王，又为削藩寻找法理的支撑。燕王见到敕书后很吃惊，看来朱允炆真的要动手了。在此之前，他从未将朱允炆放在眼里。在朱棣的记忆里，朱允炆还是那个年幼的侄儿。朱棣没想到，第一个被削除的竟是和自己最亲近的兄弟，下一个就该轮着自己了。他虽然不便公开反对，但他必须要有所表示。于是，他写了封奏书为周王求情：

若周王橚所为,刑(形)迹暧昧,幸念至亲,曲垂宽贷,以全骨肉之恩。如其迹著,祖训且在,臣何敢他议?臣之愚议,惟望陛下体祖宗之心,廓日月之明,施天地之德。①

朱允炆捧读着燕王朱棣的这封奏书,不禁"观之戚然"。朱棣的这封上书言辞恳切,他并未说周王无罪,而是恳求建文帝念在骨肉之恩,能够"曲垂宽贷"。若是罪证确凿,还有太祖皇帝的"祖训"摆在那里,自己不敢枉议。不管是朱棣,还是朱允炆,他们都无法抛开亲情伦理,另作他论。尤其是朱允炆,他的童年记忆几乎全部与家庭有关。身为太子朱标的幼子,无论是祖父祖母,还是父母叔伯,都给予他格外的关照。尤其在他六岁那年,他的兄长朱雄英早夭,更使他成为这个大家庭的核心。朱棣的这份奏书写得极为得体,让朱允炆无可挑剔。朱允炆将这份奏书拿给齐泰、黄子澄等人看时,言语间尽是伤感,并说削藩之事到此为止。眼见小皇帝犹豫不决,齐、黄二人的态度愈发坚决。如果说,朱允炆从中读出的是血缘亲情和家庭伦理,那么齐、黄二人读出的则是朱棣以大欺小,拿太祖遗训来杀朱允炆的锐气。他们劝朱允炆不要有"妇人之仁",当断不断反受其乱。

建文朝终于公开削藩,并鼓励人们告发诸藩王的不法阴事,朝廷内外呈现出空前的政治热情。那些经历过洪武朝血腥清洗的官员见风使舵,纷纷出来检举和揭发各地藩王。这也怪不得官员们,怪只怪藩王们自己,他们中的大多数都算不得好东西,他们在地方上横行不法,巧取豪夺,滥杀无辜,但从未真正领受过惩罚。

---

① 《明太宗实录》"洪武三十一年闰五月乙酉"。

朱元璋祖制规定，亲王地位比皇帝和皇太子低一等，却比文武百官的地位高。若不是因为削藩，又有谁来揭发藩王们的不法之事呢？且说朱橚以庶人的身份回到南京，回到他曾经生活过的地方。昔日的宫殿，化为一件为其量身打造的刑具。后来，他在禁宫里还见到了他的七弟朱榑。齐王朱榑是朱元璋的第七子，就藩于青州。他不像是一个皇子，倒像是骄悍的武夫，性情凶暴，多行不法。他的故事与朱橚如出一辙，都是因为有人告发他谋反，被召至南京，削除王爵，废为庶人。他和周王关在一处，二人相见，唏嘘感叹之余，本能地想到其他诸王。不用他们去想，建文帝削藩早已成了离弦之箭，一发不可收。与齐王朱榑同时被废的还有代王朱桂，他是朱元璋的第十三子，就藩于大同。他性情暴虐，被人告发，"以罪废为庶人"。建文元年（1399年）六月，岷王朱楩也被废。他是朱元璋的第十八子，就藩岷州（今甘肃岷县）。揭发岷王的是西平侯沐英之子沐晟。

湘王朱柏是朱元璋的第十二子，就藩荆州。朱柏是个颇有文武才能的人物。他在洪武十一年（1378年）受封为湘王，由于年幼，洪武十八年（1385年）才到荆州就藩。那时，他的十几位兄长已在不同地区分别受封。他极为用功，青灯黄卷相伴，读书每至深夜。他还专门建了一座景元阁，招纳四方贤士，注经立说，校勘古籍。他志在经国，不屑成为一名循规蹈矩的儒生。他不仅理想远大，且文武兼备，体格强健，武艺过人，他经常一个人偷偷溜出宫。关于他的记载大多来自野史，说他夜宿山林，浪迹于街市，还说他剑术高超。他有时将自己关在王府里不出门，焚香抚琴，吟诗作赋；有时则如剑客，行走于江湖。就在他游走于皇子和剑客两种身份之间时，已经有人盯上了他。随着周王朱橚的被废,藩王神圣不可侵犯的神话被打破。告发藩王的奏书从各地雪片似的涌入南京。告密之门一旦打开,就打开了诬告的潘多拉魔盒。建文元年(1399年)初,有人告发湘王朱柏"伪造(宝)钞及擅杀人"。建文帝派使臣前往讯问,并以刀兵之事相威胁。朱柏那一天像个真正的剑客,面对皇帝的使臣,慨然道:"吾闻前代大臣下吏,多自引决。身高皇帝子,南面为王,岂能辱仆隶手求生活乎!"[①]自己是太祖皇帝的儿子,封地称王,岂能在你们这些宵小之辈的手上乞生?就在建文帝朱允炆以备边之名准备兵发荆州时,朱柏给自己的宫殿放了一把火,他领着全家老小葬身火海。人们普遍认为,湘王害怕了,才会"无以自明,阖宫自焚"。一个渴望成为剑客的皇子,没有选择死于对手的剑下,而是投身火海。或许正如他所说,他无法接受死亡前的耻辱。选择死法,或许是他仅有的荣誉。

朱柏自焚,其他兄弟接二连三被解往南京问罪。致力于建文时代研究的史家认为,削藩是按照极为周密的计划进行的,并从中发现了一定的规律。首先藩王府内有人告密,检举藩王的谋反计划,然后里应外合,一举拿下王府,软禁藩王。告发和拘留、软禁变成削藩的固定模式和特色。被抓捕的藩王还会招供出同谋的藩王,然后再借以裂变逐渐扩大规模。对于建文君臣来说,削藩是一阕昂扬的乐章,削五藩则是序曲。虽然铿锵的鼓点越来越密集,刀剑闪烁着鬼火般的幽光,但只要他们拿朱棣没办法,这场大戏就永远不会落幕。

---

[①] 《明史纪事本末》卷一五。

## 面对燕王朱棣

建文帝先后铲除了几位对他的帝位有威胁的藩王，面对最大的目标，他和他的智囊团却迟迟不敢下手。诸皇子中，燕王朱棣最像他的父亲朱元璋，官员们有此议论，就连朱元璋本人也这么认为。对此，朱允炆不会不知道，他清楚朱棣的分量。朱棣身上有一种铁血气质，这使他比其他皇子更具帝王素质。按照齐泰、黄子澄的削藩计划，燕王朱棣是最大的威胁，一日不削，凶险一日难除。建文帝不是傻子，他又怎能不知，只是文弱的天性束缚了他的手脚。户部侍郎卓敬的密疏还摆在建文帝的案头，密疏中的那几句话，他几乎能一字不落地背出来：

> 燕王智虑绝伦，雄才大略，酷类高帝。北平形胜地，士马精强，金、元年由兴。今宜徙封南昌，万一有变，亦易控制。夫将萌而未动者，几也；量时而可为者，势也。势非至刚莫能断，几非至明莫能察。①

卓敬何许人也？他是浙江瑞安人，自小聪颖过人，读书能够做到一目十行，当时人称赞他为"奇儿"。洪武二十年（1387年）他参加浙江乡试，一举考中了举人。第二年前往南京参加会试，又中贡士，经殿试，再中进士，被授予户科给事中之职。卓

---

① 《明史》卷一四一《卓敬传》。

敬秉性耿直，凡事非得较个真，经常直言进谏。当时，大明有些规章制度尚不完备。比如，他看见藩王们的礼仪，几乎与太子相等，于是向朱元璋进言："京城，是天下人所效法的地方。陛下对诸王不早点分清等级威仪，却使他们的服饰与太子等同，嫡庶相乱，尊卑无序，这样凭什么来号令天下？"这些话，朱元璋听进去了。他对卓敬颇为赏识，到洪武末年已将其提升为户部侍郎。

建文帝登基后，朝中的一切大事、要事，哪怕普通的朝务，他都要私下与齐泰、黄子澄等人商议，听取他们的意见。卓敬直接提到要整肃燕王，吓坏了建文帝。这个表面文弱的年轻皇帝，将卓敬的这份奏疏看了又看，装入自己的袖中。第二天一早，他急忙召见卓敬。君臣二人在明皇宫的偏殿见面，建文帝就削藩问题征求对方意见。卓敬主张将燕王由北平迁至南昌，但在朱允炆看来，这样做注定会打草惊蛇。他的削藩大计被最难的一步棋绊住了，他挥舞在空中的手突然停在那里，收不回又放不下。卓敬离开之前，俯身叩首道："臣所说的是天下的至计良策，恳请陛下明察！"尽管如此，建文帝还是没有采纳卓敬的建议。

事后看来，卓敬献上的这道策略的确是一妙招。卓敬这一曲线削藩的策略，与高巍提出的"推恩"，以及"徙地"如出一辙。这时候，建文朝中存在着不同意见，直接或间接影响了削藩政策的推行。综合来看，对于削藩无外乎三种意见：一是以齐泰、黄子澄为首的坚定削藩派；二是以高巍和卓敬为代表的曲线削藩派；三是反对削藩派，他们不仅反对削藩，还让建文帝对藩王们恩遇有加，否则的话，就是在逼藩王们造反。在这三派之中，以齐泰、黄子澄最为得势，他们是朱允炆身边的近臣。其中还包括方孝孺，削藩的诏书大多是他的手笔。至于第二股力量，前面已经交代，高巍试图说服朱允炆采取明里加恩、暗里削藩的隐蔽手法。户部侍郎卓敬则主张将燕王徙封南昌，借以削弱他的力量。卓敬这个人，在当时算得上一个奇才，就连后来杀害他的朱棣也不得不承认"国家养士三十年，惟得一卓敬"的事实。朱元璋生前也对卓敬非常看好，可惜朱允炆并没有给予这样一位有才之士足够的信任。

朱允炆的眼里只容得下齐、黄二人，此二人犹如他身边的哼哈二将，顶多再加上个方孝孺。四个书生的见识加起来，并没有超越书生之见。就连朱棣最信任的谋臣姚广孝也看出了其中的门道，他说："朱允炆若能听进去卓敬的这番话，皇上（朱棣）哪里会有今日。"试想一下，如果朱棣分封至南昌，那就等于拔掉了朱棣的根基。根基不在，他自然不可能发动"靖难之役"，只能做他的藩王；如果朱棣拒绝赴任南昌，那就是公然抗旨，建文帝便可以名正言顺地削去他的爵位与护卫；如果起兵，就是公然反叛，便失去"清君侧，靖国难"的正当性，自然无法夺取天下。

卓敬的主张还是比较高明的，就连朱棣也无法识破此间的厉害。"靖难之役"后，朱棣屠杀不合作的建文旧臣，唯独想要赦免卓敬。朱棣对他的谋臣姚广孝说："建文朝的奸臣都想害我，只有卓敬还算不错，他奏请将我徙封南昌，我觉得他尚可宽恕。"姚广孝否定了他的想法，告诉他，卓敬那是在害你，南昌地处下游，一旦南京发兵南昌，其势如同探囊取物。

无论是齐、黄等人的武力削藩，还是高、卓二人的曲线削藩，他们都将矛头指向同一个人，那个人便是燕王朱棣。今日学界也有类似的看法，认为威胁到建文政权的并不是藩王分封制本身，而只是燕王的势力。如果我们将藩王的势力视作一条毒蛇，那么朱棣就是那条毒蛇的七寸。打蛇打七寸，只要朱棣被打倒，藩王之势也就化为乌有了。

建文帝朱允炆在收到湘王朱柏"阖宫自焚"的密报后黯然落泪。他望着身边的两位忠臣齐泰、黄子澄，不由喃喃自语："此事到此为止吧。"他想终止这场荒诞的游戏。但是，他手上已经沾了亲人的血，已没有退路。那一刻，朱允炆的眼神里写满了无奈："我一直让人密切关注北平燕王的动态，却一无所获，我该以什么罪名削废他呢？"齐泰、黄子澄对视了一下，他们谦卑的姿态无法掩饰心底的失望。他们提醒朱允炆，让他想办法从燕王对周王议罪书的回复中找出罪名。燕王虽然写得滴水不漏，但总体基调还是替周王说情。在封建专制社会里，对与错、是与非、善与恶之间的甄别，不在公理，而在位高权重者的手中。

那一天，当齐泰、黄子澄走出宫殿的时候，两人不约而同再次说出了那四个字："妇人之仁！"这是他们对小皇帝的一致评价。他们知道，建文帝得了一种病，这种病名应该叫"恐燕症"。他明明想要一口吃掉燕王，却又害怕被燕王吃掉。在建文帝看来，燕王朱棣不是普通的藩王，而是王中王，是祖父朱元璋灵魂附体的那个人。早在洪武三十一年（1398年）十一月，刚即位不久，建文帝召齐泰问计："今欲图燕，燕王素善用兵，北卒又劲，奈何？"齐泰当时给出的建议是："今北边有寇警，以边防为名，遣将戍开平，悉调燕藩护卫兵出塞，去其羽翼，乃可图也。"建文帝当时也认为此计可行，可他并没有马上付诸行动。

建文帝性格复杂，处事谨慎而欠果决。他既想对藩王们说不，又不想得罪他们中的任何人，引发不必要的麻烦。虽然削藩已是当下最棘手的问题，但也仅限于极小范围内的争论。尽管如此，建文君臣关于削藩策略的最高机密，还是通过某种不为人知的途径,传到了燕王朱棣的耳朵里。对于一个不甘于向现实低头,胸中藏有风雷的人来说,那些散布的流言蜚语,无异于风暴来临前的预告。无论是建文帝,还是燕王朱棣,他们都别无选择。这是一场攻守难以平衡的游戏。眼下最为紧要的是迅速采取措施,坚决控制事态的变化,打击藩王们的嚣张气焰。建文帝别无选择,只有走近支持自己削藩主张的齐泰、黄子澄等人。

建文君臣最怕的是燕王朱棣,可又跨不过这道坎。无论是齐泰、黄子澄,还是后来的方孝孺,他们都是读书人。即使胸中藏有刀兵,也还是读书人。他们不缺理想,不缺勇气,不缺书本知识,但口口声声要用兵的人,却没有任何军事背景。到最后,胸中的万千刀兵也仅止于纸上谈兵。加上建文帝也是一个书生皇帝,四个不懂兵事的书生合在一起,不及诸葛亮用兵的四分之一。他们采用了黄子澄的方案——首削燕王的弟弟周王朱橚。

朱允炆即位后的一年内,接连废除周、湘、齐、代、岷五个藩王,好像颇有气势。岂不知这五个藩王加起来也抵不上一个燕王,不敢碰强碰硬,却将矛头对准几个无足轻重的藩王,反而说明他气魄不足,策略不当,错过了时机,给燕王留下了充分的准备时间。地处北平的燕王朱棣始终处于严密的监视中。

按照齐泰、黄子澄的意思,索性就拿燕王给周王议罪书的"回执"来做文章,虽说这份"回执"的破绽并不明显,还是透露出了为周王求情之意。既然周王有罪,就以燕王与周王"连谋"的罪名将二人一并拿下。《太宗实录》中有记,齐、黄二人主张就以燕王的奏书为由,"指以连谋",即可将燕王废削。当然,《太宗实录》不可全信,因为它是由朱棣的儿子仁宗主持修撰的,其中充满了对朱棣的褒扬。建文君臣虽然意识到燕王的威胁,但迟迟未将他削除，看来确实没有抓到谋反的把柄。建文帝面对齐泰、黄子澄等人的催迫，喟叹道："朕即位未久，连黜诸王，若又削燕，何以自解于天下？"

很大程度上，建文帝叹息的是自己已经走上削藩的不归路，却无法从道义上说服自己。他越致力于削除各路潜在的威胁者，越觉得皇位地动山摇，政权四面楚歌。他不怕在藩王中滋生仇恨，怕的是为天下人诟病。齐泰、黄子澄坚定地认为燕王是皇权最大的威胁，"失今不图，后愧无及"。建文帝虽然认同他们的主张，但怯于燕王的势力，不敢撕破脸皮。他为此还专门派人到燕王府去侦伺，结果一无所获。燕王真的是一个可怕的对手，让人找不出破绽。周王被废后，他很可能预感到了自己的命运走向。

削藩的圈套之所以无法解脱，就在于它把朱允炆和朱棣拴得太紧了。一个紧锣密鼓地削藩，一个夜以继日地谋权。燕王为了个人未来的政治前途所计，尤其是担心自己成为下一个被削藩的对象。他知道，建文君臣要的是一个弱势的燕王，一个身后没有任何政治势力依附的燕王，一个无军权支撑、没有能力发动政变的燕王，一个与诸王不睦、时时争斗、互相制衡的燕王。只有满足这些前提，建文君臣才能睡个好觉，醒来还能保有基本的政治理性。在建文君臣的认知中，燕王不可能做到毫无威胁，既然有威胁，他们就要采取防范措施。

逢君之好也罢，忧君所忧也好，齐泰这次又主动站了出来。他说，北元势力近来有南下的迹象，并接到了这样的边报。朝廷应以防边为名，调发军队驻守开平。开平曾经是元朝的上都，元朝皇帝还会不时到那里住上一段时间，是个军事要地。调一支可靠的军队驻守那里，既可以抵御北元势力，也可以牵制燕王。建文帝虽然心存顾虑，但他还是做了一番周密的部署。

一是重新调整北平高层，加强对北平城的控制。"（洪武三十一年）冬十一月，（建文帝调）工部侍郎张昺为北平布政使，谢贵、张信掌握北平都指挥使司，察燕阴事。"

二是以军事告急为名，抽空燕王府内的军事力量。建文元年（1399年）三月，建文帝命都督宋忠调派沿边各卫马步兵三万，驻守开平。随后，他将燕王部下的精锐部队划入宋忠麾下。在燕王部下，关童指挥着一支蒙古骑兵，十分精悍。建文帝便将关童等人调入南京，其所属骑兵转归宋忠指挥。

三是在北平外围调兵遣将，对北平城四周重重设防。都督宋忠屯兵北平，驻于开平。同时，建文帝"复调北平永清左、右卫官军分驻彰德、顺德，都督徐凯练兵临清、耿瓛练兵山海关，以控制北平"。如此一来，一些将领率军驻守在北平的周围，张昺和谢贵在北平城内控制燕王，而燕王部下的精锐又多被调出，如此部署不可谓不严密。从表象上看，朱棣的燕王府兵力抽调出去防北元，既增强了北边防务，又削弱了燕王府兵力。雄踞北方的燕王就这样在不知不觉中被架空了。

四是派出得力的高级别御史领导监察北平，暗中调查燕王的不法阴事，以便给朱棣定罪。建文帝派出都御史景清署理北平布政使参议，名为加强北平地方司法监察建设，实为监察燕王府。在建文帝看来，整个北平城里三层外三层都被朝廷控制得牢牢的，即使燕王举兵反叛，也可以将其一举擒获。

建文君臣的四道部署不可谓不严密，但实际效果并未如他所愿。说到底，他们还是低估了燕王的胆识与能力。建文帝新任命的张昺、谢贵和张信三位北平大吏，前两位资质平平，而张信甚至成了叛徒。《明史》有记：张昺，泽州人，洪武中，以人材累官工部右侍郎；谢贵者，不知所自起，历官河南卫指挥佥事。而张信得到的却是建文帝的密诏，命他与张昺、谢贵共同对付燕王。建文帝之所以选中此三人，并不是因为了解他们，而是因为大臣的推荐。从建文帝后来的表现来看，他是一个心智并不成熟的领导者。他经常把别人推荐而自己并不了解的人用在紧要之处。他的幼稚并不仅仅体现在用人上，还有对于军队的认知。用将不知将事，用兵不知兵事，无知者无畏，盲目自信。

当然，建文帝还可以把罪过推到他的祖父朱元璋的头上。飞鸟尽良弓藏，狡兔死走狗烹。洪武年间，那一场接一场"肃清逆党"的大清洗，也的确没给朱允炆留下多少可用之材。且不说胡惟庸党案及后来反复清洗的三万余人，就说因蓝玉案连坐处死的一万五千余人，列侯以下坐党夷灭者不可胜数，几乎把打天下的将领一锅端了。因蓝玉案公布的《逆臣录》，就包括一公、十三侯、二伯，朱元璋严令禁止为其中任何一个人翻案。许多将领的被杀，根本不需要给出什么理由。朱元璋虽容不得自私惨刻之辈，但更多时候考虑的是身后事，子孙懦弱，尤其是接手皇权的朱允炆。他怕的是这些和自己并肩起事的功臣宿将不受制御，因而示意廷臣，有主张地施行一系列大屠杀。

一年之内，接连废了五个藩王，建文帝看上去还真是有些气魄。如今，他又以边防紧张为名，把燕王护卫中的精锐调到塞外驻守。又派了两名亲信管理北平地方的行政事务，考虑得不可谓不周到。他每天不断从南京城向北方发出号令，官员们看得眼花缭乱，燕王却毫发未损。而这一年，朱棣刚满四十岁，正处于一个男人生命中的巅峰状态，无论是脑力，还是人生经验，都是最好的年纪。建文帝的种种表演，他一一看在眼里，他最初应该是有几分胆怯的。可是看着看着，他却看出了小皇帝的优柔寡断和底气不足。他是看着朱允炆长大的，第一次呼唤朱允炆的名字时，朱允炆还是襁褓中的婴儿。他怎么也想不到这个性情文弱的侄儿，有一天会成为天子。无论是朱棣，还是朱允炆，他们生命中最生动的记忆是重叠在一起的。正因为了解对方，朱允炆才会日夜不安；正因为了解对方，朱棣才会以静制动。在朱棣看来，朱允炆不适宜参与到政治场上去，他个性文弱，从小就怕事。

朱允炆的犹豫给了朱棣从容应对的时间。尽管如此，朱棣也感到形势越来越紧急。自己的精锐部队被调走，身边的官吏也在不知不觉中被偷偷换掉。北平，北方的天空底下越来越不太平，到处是监视他的眼睛，到处是监听他的耳朵，到处是算计他的人心。

## 卜筮的灵验和决断

朱棣生活在密探的世界里，不敢轻易离开王宫。他的一举一动都将成为密奏上的几行文字，成为古驿道上扬起的烟尘，成为邀功者领取的赏金。他或许从未感觉到如此不安，即使躲在北平的深宫里，仍能听到城外驻军的脚步声。他感到了来自建文朝廷的压力，他知道这种压力来自皇权。是皇权将朱允炆的文弱化为一把钝刀，钝刀子杀人，是最让人感到痛苦的。

燕王府建在元大都旧址上。元大都皇城的西南角时雍坊内，有一座著名宝刹，名为大庆寿寺。那些时日，几乎每天的正午前后，都有一个僧人步出大庆寺旁门，然后跨上早已备好的坐骑，直奔王府而去。到王府门前下马，有卫士过来把马牵走，僧人则径入王府。无论是长史、指挥，或是承奉，见僧人走来，都会主动让路。若此时，燕王朱棣恰好在殿内，无论在做什么事情，他都会停下来，招呼一声"斯道先生"。不称师父，而称先生，不知内情的人都会觉得奇怪。这个人即道衍和尚。他是南直隶长洲（今江苏苏州）人，俗名姚广孝，字斯道。姚广孝是燕王身边的第一谋臣。因他的僧名叫道衍，时人称其为道衍和尚。

姚广孝虽然出生于一个医药世家，但他并无悬壶济世的理想。相对于医家，姚广孝更向往僧侣生活，十四岁就出家当了和尚。他最初追随当世高僧虚白亮、智及等人学习禅宗，后来改习净土宗。智及作为禅宗临济宗第二十一世高僧，先后住持杭州净慈寺、径山寺，宋濂称其"自宋季以迄于今，提唱达摩正传，追配先哲者，唯明辨正宗广慧禅师一人而已"[1]，智及和尚称得上是当时的佛教领袖人物。他颇为欣赏姚广孝，认为姚具有佛门慧根，便将其留在自己身边。从师三载，姚广孝尽得佛门奥妙，一时享誉海内。姚广孝并不满足于在佛门求法，对于儒、道乃至兵法等"外学"，也颇多涉猎。他还曾经拜过一个道士为师，习得一身阴阳术数的本事。洪武八年（1375年），朱元璋选拔各地懂儒学的僧人，姚广孝来到京城，参加并通过了礼部组织的考试。洪武十五年（1382年），姚广孝迎来一生中的重要转折，这一年，马皇后去世，朱元璋要大臣们为诸王选高僧随侍，在各自的封地诵经，为去世的马皇后祈福。朱元璋早年当过和尚，对佛教有着特殊的感情，他让礼部考试精通儒学的和尚，为儿子选择随侍的僧

---

[1] 《宋学士文集·芝园后集》卷六，浙江古籍出版社2014年版，第1608页。

人。姚广孝在应试后的归途中,赋诗怀古,抒发抱负:

> 谯橹年来战血干,烟花犹自半凋残。
> 五州山近朝云乱,万岁楼空夜月寒。

与他同行的和尚宗泐批评他尘缘未尽,不像是出家人讲的话。姚广孝听后笑而不答。姚广孝来到北平后,就在大庆寿寺当了住持,在那里为马皇后祈福。祈福之余,姚广孝的心思开始出离佛门,一门心思要襄助燕王成就一番伟业。从出家至选为大庆寿寺住持,姚广孝完成了从沙弥到高僧的积累和转变。如果没有后来的"靖难之役",他只会是一位佛教界稍有名气的道衍禅师,当时和后世的众生大概没有几个人会记得他。

北平城的局势对朱棣越发不利,经过建文君臣在建文元年(1399年)的一番调整,除了燕王府外,整个北平城都处于建文朝廷的掌控之中。而姚广孝却在这时感觉到机会来了,他想尽各种办法鼓动燕王,要他起兵夺取皇位。史称,姚广孝"出入府中,迹甚密,时时屏人语"。燕王朱棣和姚广孝避开众人耳目,到底在密谋何事?据吕毖《明朝小史》记载,燕王让姚广孝为自己占卜,并问他是什么卜数。姚广孝一番操作过后,说是"观音课"。他取过三枚铜钱,让燕王抛掷。燕王刚掷出一枚,姚广孝就大惊失色道:"殿下要做皇帝乎?"燕王赶紧制止他说下去。制止归制止,姚广孝故作神秘的预言,已在燕王内心深处播下欲望的种子。两人是密友,姚广孝又怎能不知燕王朱棣的那点心思。这样的记录充满神异色彩,明人斥其"禁中机密之事""何人泄漏,而允明知之乎?其妄诞甚矣"。

而在明人唐枢所著《唐枢集》中有这样一个故事：有一次，燕王写了个上联："天寒地冻，水无一点不成冰。"姚广孝随口对了个下联："世乱民贫，王不出头谁作主。"表面上是两个人在玩拆字游戏，其实话里有话。姚广孝这是在鼓动朱棣夺权。

关于姚广孝鼓动朱棣举兵造反的史料鱼目混珠，或取自稗官野史，或为时人道听途说。不过，唐枢是嘉靖朝的进士，官至刑部主事，即使有附会之嫌，也是人心惶惶，天道昭昭。至少说明一件事，即姚广孝的确是朱棣起兵的有力推动者。

燕王朱棣的日子并不好过，即使藏于王府之中，他仍觉得每天都有人盯着他。这种不安全感来自两方面：一是制度的刚性不容商量，二是建文君臣已收紧包围圈。燕王的护卫军精壮已被朝廷抽走，仅剩七八百人。在姚广孝的谋划下，朱棣"阴选将校，勾军卒，收材勇异能之士"。也就在这时候，姚广孝将自己的朋友袁珙引荐给燕王朱棣。

据传，袁珙也是个奇人，善于给人相面。他曾经给上百个读书人相面断前程，无一不中。袁珙早年游嵩山时与姚广孝相遇，曾为其相面。袁珙这样形容他："目三角，形如病虎，性必嗜杀，刘秉忠流也。"刘秉忠是辅佐过元世祖忽必烈的一个僧人。姚广孝大为欣喜，将他召到北平，推荐给朱棣。

为了考验袁珙的功力，朱棣故意穿上卫士的衣服，与其他九个卫士一起在酒馆饮酒寻欢。姚广孝领着袁珙从外面走了进来，袁珙环视过后，突然跪在燕王面前说："殿下怎能如此作践自己。"旁边的卫士哄堂大笑，说他有眼无珠，燕王也装作不以为然。尽管如此，袁珙还是不肯改口。燕王见状，怕生出什么事端，便将其带入府中。燕王问他如何能够从人群中一眼就认出他。袁珙说燕王气度非凡，龙行虎步，日角插天，真乃太平天子相。等到四十岁的时候，胡须过了肚脐，就要登上皇位。这家伙口无遮拦，好像看透了朱棣的心思。朱棣虽然心中欢喜，但还是害怕这些话传出去惹祸上身，于是，便把袁珙暂时打发回去。

这样的桥段过于戏剧性，难免令人生疑。但这些带有捕风捉影性质的所谓史实，不可全信，也不可不信。袁珙有个儿子名叫袁忠彻，深得父亲相面之术。有一次，朱棣设宴招待北平的朝廷官员，并暗中让袁忠彻给他们相面。事后，袁忠彻对燕王朱棣说，宋忠"面方耳大，身短气浮"，张昺"面方五小，行步如蛇"，谢贵"拥肿蚤肥而气短"，耿瓛"颧骨插鬓，色如飞火"，景清"身短声雄"，他就此为这几个人的命运做出裁决"于法皆当刑死"——建文帝派来监视朱棣的几个人都应该被处死。这样的话听来荒谬，却颇合朱棣的心意。朱棣听了他的话，"大喜，起兵意益决"。

朱棣夺取皇位后，袁忠彻和他的父亲袁珙一起奉召进京，授官鸿胪寺序班，得到丰厚的赏赐。这对父子相的是同一张面皮，那就是燕王朱棣的脸面。实际上，所谓相面，不过是揣摩人的心意顺其而言，与被相者的面皮无关。

金忠是袁珙的朋友，此人也同样精通《周易》，善于卜筮。他自幼家贫，在通州军中做一小卒，偶尔在北平街头给人占卜算命，虚言碰巧，北平城里的人遂称他为神人。姚广孝在燕王面前又是一番吹捧。燕王这时候正盘算着起兵的事，就以生病为名，召金忠前去占卜。朱棣得了一个"铸印乘轩"的卦，金忠解释为"此象贵不可言"。所谓"贵不可言"，无非是天子之象。从此以后，金忠出入燕王府中，并以占卜劝燕王朱棣举兵起事。

雷同的故事，不止一则。当时还有一个疯癫之士，没人知道他来自何方，也不知他姓甚名谁，只知他是个疯癫之人，说话不着边际，但也有人说言出必中。燕王命人将他找来，这家伙当着燕王的面说了一些似是而非的隐语，无非又是鼓动燕王起兵成事。有一天，张玉的儿子张辅在那里坐着，背上有些灰尘，此人重重拍打张辅的后背开口道："这么大的灰尘，还不起吗？"有人说这话是说给张玉听的，作为朱棣最信任的大将，他应该辅佐燕王早日起兵。

高岱在他所著的那部《鸿猷录》中也曾写到这个并不疯癫的疯子，说有一天，这个疯子突然求见燕王，说城西有一块风水宝地，贵不可言。紧接着，他又话锋一转，神秘兮兮地问道："殿下有可以埋葬的人吗？"燕王面露不悦，没好气道："没有。"此人不识趣地再问："殿下乳母葬于何处？"燕王说："乳母死得早，葬于野地荒草之中。"此人劝他赶紧将其乳母改葬于那个宝地，将来必有好事灵验。燕王还真就听进去了他的这番话，随即将他的乳母冯氏改葬在疯子说的那个地方，即后来的"圣夫人墓"。燕王即位后，追封他的乳母冯氏为"保圣贞顺夫人"。

这样的事今天听来，让人无法理解。一个如此雄才伟略的藩王，身边居然围绕着这样一些揣摩心思，靠哄骗上位的方士。古代社会，权贵之人大都有迷信心理。而那些打着占卜旗号坑蒙拐骗的人，看透了他们脆弱的内心世界，于是，占卜、相面等骗术应运而生。

燕王朱棣早就觊觎名器，父亲不给他机会，他只有认命。本以为这一辈子只能做个藩王，在北风里遥望南国，没想到，侄儿皇帝登基不到一年，让他连个藩王也做不成。有一次，姚广孝劝他举兵，他沮丧地说：民心向着建文，怎么办呢？姚广孝摇头道：我只知道天意，谈什么民心？姚广孝的屡次劝说，术士们的轮番暗示，让燕王朱棣的内心摇晃不已，也一点点剥落了他内心的罪恶和恐惧。

第二部分

# 坚守与破局

# 第三章　北平的风声

## 刺探以及试探

燕王朱棣与人对弈，对弈之人不是别人，而是开国功臣刘基之子刘璟。刘璟深受建文帝信任，这个时候被派至北平，其用意不言而喻。午后的王府十分静谧，只有棋子敲落的声音和似有若无的琴声。刘璟执黑棋，朱棣自然是白棋。这是一场不动声色的棋局，眼见盘中黑子的面积越来越大，朱棣的额头上不禁微微出汗。在古琴急促的伴奏声中，燕王仿佛听到箭矢破空发出的那种锐利的声音。

燕王不禁说道："你不能稍微让着我一点吗？"

刘璟听出弦外之音，正色道："可让处则让，不可让者不敢让也。"

两人的话都是话外有音，燕王听出刘璟对建文帝的忠诚，而刘璟也听出燕王已有破局的打算。

燕王府是元朝旧宫，院落幽深阔大。朱棣命姚广孝在后苑负责操练将士，秘密打造兵器。为了避开朱允炆的耳目，他修筑了一座巨大的地下室，上面建造房屋，墙根下埋上大小不等的缸瓮。为了干扰监听，后苑养了大群的鹅鸭，用鹅鸭的声音掩盖操练和制造军器的铿锵之声。

在这微妙的历史时刻，叔侄双方时刻警惕，不断试探，不断戒备，既像是温情脉脉的表演，又像是一场心理战。

燕王朱棣无奈中向北平按察使陈瑛行贿，陈瑛收下了银两，这让朱棣焦灼的内心平缓了些许。陈瑛是安徽滁州人，洪武年间被选拔到南京国子监读书，随后在大明朝廷中任御史。洪武晚期出任山东按察使。如今，刚刚转任北平按察使。除了陈瑛，副使张琏和右布政曹昱都曾"受燕王府金钱，有异谋"。可是没过多久，陈瑛被一个叫汤宗的下属举报。建文帝大为恼火，将陈瑛逮谪广西。这又一次给朱棣敲响了警钟。他感到，他在北平城里的一举一动，都躲不过建文君臣的监视。

这一时期，建文帝陆续派了一些官员来到北平，以观察燕王的动静。建文元年（1399年）正月，燕王派长史葛诚进京奏事。建文帝将其召入密室，询问他有关燕王的事。葛诚知无不言，因此取得了建文帝的信任。随后，建文帝又将他遣回燕王府做内应。葛诚是个不合格的内应，他回到北平，燕王发现他神色有些反常，心里就怀疑他已被朝廷收买。为了不打草惊蛇，燕王并没有立即惩治他，只是做好了防备。

燕王朱棣感到了来自建文帝的压力，这让他无法从容应对。朱棣的现实表现，并不比棋盘上的局势更好看，甚至可以说昏招频出。拉拢刘璟不成，暴露了自己的真实意图；贿赂陈瑛之事的败露，几乎坐实他的不法之心。接连掷下两招臭棋，这让朱棣的心理起了变化。每天他看着北平城进进出出的人，总感觉有人在盯着他，并且随时准备抓捕他。

进入建文元年上半年，他们之间的相互猜疑不仅没有消除，反而日益加深。朱棣想去南京探个究竟，各种消息苍蝇似的在他耳边嗡嗡个没完。按照"祖制"规定，地方藩王没有皇帝的允许不能随便离开藩地，就连老皇帝驾鹤西去时，藩王们也不能前去送送自己的父亲。而这一切，只因为朱元璋遗嘱中那句"诸王临国中，无得至京"。

朱允炆在这一年（1399年）年初正式改元"建文"，各地藩王都赶赴京师朝贺。朱棣也不例外，他是叔辈行中的最长者，而建文帝君臣对他也是重点盯防。朝廷采取"围而不打"就是要以静制动，用时间来换证据。

朱棣说出要去南京见建文帝时，几乎遭到所有亲信与谋士的反对。他们是君臣，也是叔侄。在这微妙的时刻，他们虽然表面上还保持着这两种关系，但内心早就展开了一场暗战。朱棣要利用这层天然的血亲关系为自己赢得主动，他要闯一下京师，探一探朝中虚实，摸一摸人心向背。他这么做，既要让建文帝感觉他燕王并无异谋，也要用实际行动堵住削藩大臣们的嘴巴。

朱棣是在这一年的春天抵达南京的。他意气风发地站在殿陛上，由洪武门直接走上皇帝专用的御道，穿过午门，直抵明皇宫的正殿——奉天殿。朱棣来到奉天殿时，他的侄儿——当今皇帝朱允炆已经在殿上等候多时了。这是一幅看上去并不和谐的画面，叔侄重逢，朱棣依然端着长辈的姿态。只见他傲慢地站在殿陛上，向着御座上的皇帝拱了拱手，作为见面的礼节，然后开始寒暄。监察御史曾凤韶因此弹劾燕王有"大不敬"之罪。殿上应行君臣之礼，回宫后再叙叔侄之伦。建文帝好像并未放在心上，而是用一句"至亲勿问"回应大臣的不满。也就是说，此为家事，不劳诸位操心。这样的话，在齐泰、黄子澄和方孝孺等人听来，自然又少不了诸如"妇人之仁"的喟叹。

关于燕王进京朝觐之事，有人说有，也有人说无。有人说，此事若为真，燕王就是个不懂政治的莽夫，建文帝反倒是个胸怀大度的仁君。理由是，正处于建文政权严密监视中的燕王，在北平都夹起尾巴做人，他何故要跑到京师，在建文帝面前故作不敬之行？按照常理，这是不可能的。

燕王已是建文君臣的眼中钉，诸藩朝贺，他不来，有人两眼会盯着他；他来了，有人两眼还会盯着他。这种盯法，是戴着高倍放大镜地盯。盯得久了，自然会盯出天大的问题。

关于燕王此行，史家笔记中丛生着各种佐证。《国榷》中在建文元年（1399年）二月"乙丑"（即二月十四日）条下载："燕王棣来朝。"而姜清《姜氏秘史》卷二引《吉安志》记："御史曾凤韶是日侍班，（燕）王由皇道入，登陛不拜……又，南京锦衣卫百户潘瑄《贴黄册》内载，校尉潘安二十三日钦拨随侍燕王还北平任，坐以拿张昺功，升职。据此，则来朝明矣。"两下综合来看，燕王十四日入京，建文帝钦拨潘安随侍，于二十三日回到北平，在南京待了九天。这两处记载合乎事理，都让人无可挑剔。

在年代更早的野史中，记载的内容相互矛盾。正德年以前编纂的《革朝遗忠录》和《革除遗事》等书中记载，来京朝拜的并不是燕王，而是"诸王（藩王）来朝"。至于他们为何而来，是为了祝贺建文帝即位改元，还是按照《皇明祖训》的规定定期朝拜，并不明了。但至少可以确定，建文元年（1399年）初，很多藩王聚集南京确有其事。

有人质疑燕王朝觐的真实性，根据是燕王三年后（即建文四年）渡过长江兵临南京之时所发出的那句感慨："已数年未过长江矣。"但是，从建文元年（1399年）算，这时已经过去三年时间，这不能成为燕王在建文元年没来朝拜的理由。还有人说，《明实录》等官方文本中都无此记载。质疑归质疑，此事不难理解。燕王朱棣夺得帝位后，曲笔矫诏之事比比皆是。若是《实录》中记下此事，就等于承认建文帝的正统性和合法性，也等于承认燕王夺位为篡逆。《实录》不实，如此春秋笔法，经常会出现在皇位错逆的非正常时期。

户部侍郎卓敬这时候给建文帝再上密奏，要将燕王从他长期盘踞的北平迁走，迁徙到南昌去。只可惜，建文帝听不进劝告。如果说，此前有大臣主张将燕王由北平迁至南昌，在朱允炆看来，还有顾虑和牵绊，而现在实施这个方案，却是最好不过的时机。

第一，燕王送上门来，并犯下"大不敬"的低级错误。建文帝借此惩治燕王，师出有名，不用担心给人口实。于国，他是朱明王朝的新皇帝；于家，他是侄儿。而燕王也不是普通臣子，于国于家都有功。建文帝不敢贸然拿捏自己的叔叔，怕天下人说他的闲话。高皇帝"祖训"有规定，亲王来朝在大殿之上要行君臣之礼，回到皇宫才行长幼尊卑之礼。燕王目无君王，违反祖制，应当领受这份罪责。

第二，建文帝借此将燕王迁徙到南昌，既不用担破坏祖制的恶名，也可借此将削藩正义化。"大不敬"是"十恶"大罪之一，满朝文武都可以做他的目击证人，此为除去燕王的最佳时机。

但建文帝默然良久，还是放弃了这次绝佳的时机。他虽然不想终止削藩的游戏，但还是想给这场游戏赋以正义的名义。或许在他看来，叔叔对侄儿的"大不敬"还真就担不起这份正义之名。建文帝的优柔寡断，让燕王逃过一劫。诚如史学家谈迁在《国榷》中所言："不过伺间释嫌，徼幸万一耳。"生存和死亡只存在于一念之间，在这样的关键时刻，人的念头比军事上的优势更能决定最终的结果。不过对于建文帝的一闪念，当时的朱棣应有所知晓，不然不会匆匆而返。建文帝还给他派了个钦拨随从潘安，名为随从，实为细作。

燕王回到北平后长舒一口气，他在厉兵秣马的同时，假装生病迷惑朝廷。那段时间，北平城里的每个人的嘴巴都像是一台复读机，不断重复着同一件事。有人想象力丰富，说起来格外生动：燕王府里的朱棣不见了，北平的街头多了一个疯子。只见那疯子在大街上乱跑，大喊大叫，语无伦次，荒诞不经。他把脸凑到别人眼前，挑衅似的晃动；他抢夺别人手中的食物，拼命往自己嘴里塞；他甚至对着妇女撒尿。燕王府里不断有亲兵家奴来带走这个疯子。他们跟在疯子身后，疯子则和他们玩起追逐嬉闹的游戏。燕王疯了的消息，迅速传遍了整个北平城，也传到了北平地方最高军政长官的耳朵里。北平布政使张昺和都指挥使谢贵决定探个究竟。那个叱咤疆场的燕王真的疯了？他们虽然半信半疑，但架不住整个北平城的舆论热议。

六月的一天，张昺和谢贵冒着酷暑来到燕王府探视朱棣。名为探视，实为验证"燕王疯了"这件事的真伪。盛夏的北平火烧火燎，没有风，每个人都汗流浃背。可是，在燕王的寝宫却生起了一只火炉。只见燕王穿着厚厚的棉衣，坐在炉边烤火，一边烤火，一边打着冷战。炉火里蹿起来蓝色火苗，几乎烤焦了他的胡须。他披头散发蜷缩着身体，像一堆皱巴巴的破麻袋。他嘴里不停地念叨着："真冷啊！真冷啊！"他好像并未见到有客人来，而是将脸凑向炉火，下巴上的汗水滴到炉膛上，发出刺溜刺溜的声音。燕王的内衣已被汗水湿透，裹在他身上的棉衣像是从水里捞出来的，散发着酸不溜秋的怪味。张昺和谢贵见到朱棣病成这般模样，猜想他将不久于人世。这两位北平的最高行政长官将自己所见之状报告给朝廷，建文帝竟然也相信朱棣真的疯了。

燕王朱棣装疯并不需要付出太高的成本。无论是长袖善舞，还是装疯卖傻，都需要演技，而这比拼的是人的体力、心力和耐力。在演技比拼上，建文帝朱允炆又落了下风。

为了让更多的人相信"燕王疯了"这件事，朱棣必须长时间不松懈地表演，任何懈怠都有可能露出破绽。对于被监视的朱棣来说，他要征服的是那些盯着自己的眼睛。在六月的酷暑中，朱棣在炉火旁装病，也在炉火旁酝酿着一个浴火重生的计划。不知那一刻，他有没有想到那个亲手点燃王宫的湘王朱柏。同样是火，朱柏用死亡换取自由，而他要用眼前的这团炉火换取什么呢？无论如何，他不会选择朱柏的那条路。

一个月前，太祖皇帝小祥，也就是逝世一周年，燕王朱棣派长子朱高炽领着他的两个弟弟朱高煦、朱高燧一起入京致祭。众多野史记载，燕王决定派三个儿子赴京，以此迷惑建文君臣。手下谋士中有人提出反对，担心世子等人去京师后，会被当作人质扣留。为了取信建文帝，朱棣还是让三个儿子进京了。三个儿子走后不久，朱棣就后悔了。北平城来往穿梭的人群中不乏南京派来的密探，就连他的身边也有建文帝的人。比如燕王府长史葛诚近来和护卫指挥卢振走得很近，他们形迹可疑，让人防不胜防。正如《明史》所说："时燕王忧惧，以三子皆在京师，称病笃，乞三子归。"

朱棣的三个儿子进京已有两个月，其他前去朝贺的亲王或郡王，早就返回各自藩国。对于朱高炽等三兄弟的去留，朝中议论不一。比如，齐泰就劝说建文帝，将他们三人留在南京做人质。

黄子澄却不同意，他坚持要将他们放归北平，以示朝廷并未对燕王产生怀疑，这样就可以让燕王放松警惕，攻其不备。谋士们争论不休，建文帝也不明确表态，既不说放他们北归，也不说将他们长留朝中。

建文君臣议论不决的风声，很快就传入了朱高炽兄弟三人的耳朵里。朱高炽三兄弟的母亲是徐辉祖的亲妹妹，徐辉祖是徐达的长子。徐辉祖早就觉察到妹夫朱棣的不臣之心，他在北平城里的所见所闻正在验证一个即将发生的事实——"燕王必反"。尤其在听说朱棣上书乞子回藩时，他更是坚定了自己的想法。于是，他直奔明皇宫而来，当面向建文帝密奏：在他的三个外甥当中，独有高煦悍勇顽劣，不但不忠于朝廷，而且还会背叛他的父亲，此子将来一定是个祸害。而朱棣老谋深算，善于伪装，如今他在病中还能上书乞子北返，其间必有阴谋。如今放归三子，无异于放虎归山，日后必有大患。

与此同时，朱高煦潜入徐辉祖马厩，牵走一匹宝马，三兄弟逃出了南京。燕王让自己和三个儿子置身险地，谋求的是打破僵局，消除建文君臣对自己的疑虑。与其说三兄弟盗马脱逃，不如说建文帝的犹豫给他们创造了条件，赢得了时间。在这样的角斗中，机会稍纵即逝。

前次，朱棣来京师朝觐，建文帝没有听取卓敬等人将其徙藩南昌的意见；今日，朱高煦三兄弟盗马而去，再次让他错失掣肘燕王朱棣的良机。按照徐辉祖的意思，大江以北追不上，便追到淮河以北；淮河以北追不上，便追到黄河以北；追到北平，也要将他们追回。徐辉祖还真就派人去追三个外甥，不知是追到了大江北，还是大河北，但结果并没有追上他们。

建文帝召来徐辉祖的弟弟徐增寿和怀庆公主的驸马王宁，问他们，对于燕王三子该如何处理。二人不同于徐辉祖，他们一个劲替燕王朱棣的三个儿子说好话。尤其是徐增寿，他和姐夫朱棣向来亲近。建文帝听信了他的话，决定放朱高炽兄弟返回北平。当三兄弟跨过大江大河平安归来时，燕王父子喜极而泣。同时，三兄弟还带回了南京方面的大量情报。

## 政变日的若干细节

建文元年（1399年）六月，热气腾腾的北平让每个置身其间的人都汗流浃背。整个北平城像是一片被烤焦了的叶子，蔫头耷脑。没有风，汗无法挥发，就像胶液一样黏在皮肤上，让人浑身不自在。朱棣还穿着他那件厚厚的棉衣，坐在火炉边取暖。

大明政治由此进入一个设局与破局的时代。事情还要从燕山护卫中一个小军官百户倪谅告发燕王部下的两个官校说起。这两个官校，一个叫于谅，一个叫周铎。建文帝立即下令将两个官校逮捕，并押送到京师进行审讯。两个官校很快就交代出燕王朱棣的不轨阴事，并提供了朱棣对外装病暗中厉兵秣马的罪证。

事情到了这个地步，建文帝若是采取断然措施，保不准会打朱棣一个措手不及。让人不理解的是，他却下令诛杀了两个官校，然后又找人商量对策。不知是巧合，还是故意为之，建文帝找的正是左都督徐增寿。明知他是燕王朱棣的二舅子，又是其关系密切的哥们，还要找他问话。这样的问话，问比不问糟糕一百倍。徐增寿听说有人供出朱棣谋反的事实以后，他再次否认道："燕王先帝同气，富贵已极，何故反。"建文帝吃下徐增寿给他的这颗定心丸，随即下了一道诏令，将燕王朱棣训责一顿。

燕王朱棣并不是一个强大到无懈可击的对手，他的破绽比比皆是。比如，这时候，他就太过于相信自己的演技，而忽视别人的眼睛。虽然朱棣竭力伪装和掩盖自己，但还是没能逃过一个人的眼睛。此人便是燕王府的长史葛诚。

葛诚注意到了一些不为外人所知的隐秘，他就偷偷提醒张昺和谢贵："燕王没病，你们看到的都是他装出来的，他很快就会举兵谋反。你们要多加提防，千万不能懈怠。"葛诚随即将此事密疏报告给了建文帝。在大街上，在炉火旁装疯卖傻的朱棣似乎还不知葛诚告密的事情。为了刺探南京城里建文君臣的反应，以及朝廷的风向，他派了护卫百户邓庸赴京奏事。邓庸刚进入南京就被锦衣卫抓了起来，一番刑讯之下就将朱棣装疯和要举兵谋反的事全部说了出来。抓捕邓庸的主意出自兵部尚书齐泰。齐泰的逻辑推理很简单：一个疯子还晓得派人进京奏事，那么他到底是真的疯了，还是装疯？

建文帝确认"燕王反了"这一消息时，内心一定喜忧参半。喜的是，燕王反了，他终于得到废削燕王的罪证；忧的是，燕王反了，不知谁能替他缉捕燕王。畏惧燕王朱棣的种子早就在他的心里埋下。朱棣刚开始传出病重的消息，黄子澄劝他发兵攻燕，朱允炆并未采纳，他说，燕王智勇双全，善于统兵打仗，虽然他病了，恐怕一时也拿他不下。

他们叔侄如同两个钟情之人，内心怀揣着激动不安，却都在等待着对方戳破那层窗户纸。谁都盼望那一天早点到来，可谁都不肯先迈出那一步。最后，朱允炆还是借助第三者之口，坐实燕王真的反了。对于这样一个结果,建文君臣是乐见的。他们不用再为废削燕王而绞尽脑汁找理由,也不用再刺探和试探。

箭在弦上不得不发,建文帝向北平府发出密敕,命张昺、谢贵迅速逮捕燕王府官属,"使约葛诚及指挥卢振为内应";同时密令北平都指挥佥事张信捉拿燕王朱棣。

张信接到这个命令,不知该如何是好。一直以来,他都非常敬重燕王。在燕王和南京之间,他是一个摇摆者。直到此刻,他的内心还没做出最后的取舍。他无精打采地回到家中,张母看出儿子今日不同往日,显得心事重重,张母知道儿子今天遇到了不同寻常之事,便问张信为何事忧愁。

张信见瞒不过母亲,便将接到皇帝密诏的事情说了出来。张母是个有主见的老太太,她劝儿子放过燕王。她说,自己常听人说,燕王当有天下。当有天下的人是害不死的,燕王不是你能捉得了的。母亲的这番话,让张信最终决定站在燕王一边。而此时,南京方面派来的敕使不停地催促他动手。

一个时辰后,张信出现在燕王府的大门外。燕王府的大门紧闭,守在门外的官校拦住了张信。他没有理由向尽职尽责的官校发火,只好沿着原来的路线走来走去。他连去两次,燕王府外的官校都以燕王有病在身、不见任何人为由将他挡在门外。第三次,张信钻进一顶女眷乘坐的轿子,让人抬着,直抵燕王府门前,说有十万火急的密事要当面告知燕王。燕王这才让他进去。张信见到燕王的时候,燕王穿着厚厚的袍子,全身战栗,眼睛半睁半闭地盯着张信。他抱着一个火炉,示意张信搬另一个火炉。燕王这时候还在装疯卖傻,生怕张信又是来刺探他的。

张信让他不要再这样疯下去了,燕王装作听不懂。张信从袖口里取出敕旨，双手奉上，并告诉他皇帝下诏要捉拿他。燕王阅读敕旨，汗水顺着脸颊往下淌。尽管他费尽心思应对，但形势并没有好转，反而更加严峻。南京方面连续出招，一步步将他逼入绝境。不知是因为紧张，还是热得受不了，读罢敕旨，燕王懑然而起，甩掉身上裹着的棉袍，赶忙向张信施礼道："生我一家者，子也。"事已至此，燕王立即召来谋士姚广孝连同一众亲信，着手起兵事宜。

《明史纪事本末》中，用非常具有戏剧性的手法记录下这一幕。燕王和姚广孝等人正在筹谋举兵之事，突然来了一阵暴风雨，屋檐上的瓦落下数块。燕王认为这是不祥之兆，愁容满面。姚广孝却认为这是大吉之兆。燕王不由斥骂道："你这个妄和尚，哪来的吉兆？"面对燕王的训斥，姚广孝从容应道："殿下难道没有听说过'飞龙在天，从以风雨'。屋瓦坠地，这是上天暗示，殿下要换住黄屋。"按照中国的五行学说，土德居中，其色尚黄。明朝的制度规定，皇宫瓦片为黄色，藩王宫殿的瓦片为青色。青瓦换作黄瓦，象征着燕王将成为皇帝。燕王听了姚广孝的解释，顿时转忧为喜。

夜色降临燕王府的时候，这座寂静的巨大王府一改白日里的鲜活亮丽，变得死寂和肃穆。燕王命令护卫指挥使朱能、张玉率领八百精锐勇士防守王府，整个燕王府进入临战状态。张玉、朱能是燕王的亲信，也是最为得力的两员干将。他们这时候都是下级军官，张玉是燕山左护卫指挥佥事，朱能是燕山护卫千户。他们所能调动的不过区区八百卫士，少得不能再少。这正是建文帝对藩王们一再削夺的结果。

建文帝收回了王国所在地的统治权，"王国吏民听朝廷节制"，只有护卫官听从藩王指挥。建文元年（1399年）二月，建文帝再次颁诏："诏诸王毋得节制文武吏士。"这样，王国所在地的兵权和中央官吏的节制权都收归朝廷所有。北平四周的险要关口都由朝廷委任的将官领兵把守，北平城内的文武吏士基本上都听张昺、谢贵调度。对于燕王来说，待在北平城的王府里几近于瓮中鳖，是等着建文帝派人来捉。

对于南京城里的建文君臣来说，燕王是他们削藩路上最大的障碍。这个经历过战火淬炼、血海浸泡的男人，不同于那些在藩地作威作福、混吃等死之辈。在北平府，关于燕王爱民如子，待手下将士如兄弟的逸事不胜枚举。凡是在北平待过的地方官和军将，大部分都被燕王收入羽翼之下。

从表面上看，燕王以八百名卫士起兵，无异于虎口夺食，蝼蚁撼大树。燕王朱棣并不是一个不懂兵法、头脑简单的军事将领。夜深人静的时候，他一定反复计算过起兵的可能性有多大。北平四周的要塞已被朝廷委派的亲信把守，军队加起来有十万之众。其实这十万人之中，他真正的敌人只有建文帝派来的那几个人。只要除掉那几个人，那些曾经在战场上追随过自己的将士就会云集到他的麾下。人是感情动物，燕王在北平苦心经营多年，他用感情豢养建立起来的人脉关系，要比建文帝的诏书和密令更有效力。

而此时，建文朝廷北平最高军政长官张昺与谢贵正紧锣密鼓地进行军事部署。他们已经接到南京方面的密诏，预先确定了进攻王府的日期。他们把北平城里的七卫士兵与屯田军调集起来，将整个燕王府团团包围，还在端礼门等四门外架起木栅栏，切断燕王府通向外界的一切通道。

就在这个节骨眼上，北平最高权力衙门却发生了一桩奇怪的事，建文帝传发给张昺和谢贵的那封密诏被人偷了。偷密诏的两个人不是普通毛贼，而是北平布政司吏乃亨和北平按察司吏李友直。他们窃取密诏后，潜入燕王府，将密诏献给了燕王朱棣。

历史是由人书写的，要建构起历史学的全貌，就需要从人入手，从人性入手，有时候还需要剥离他们的身份，将他们还原为"人"。两个穷得发疯的小吏，见到最高天子密诏，第一反应不是敬畏，而是拿它去兑换现实利益。堂堂的北平军政衙门竟然能让朝廷最高机密落于两个小吏之手，并送给敌人，可见张昺和谢贵的能力和水平多么一般。建文君臣将他们放在北平军政的重要位置上，无异于给燕王派福利。

朝廷要对燕王动手，密诏不密，人人皆知。当时有个朝廷的士兵，喝得醉醺醺的，满大街找磨刀铺磨刀，有个老太太就好奇地问他：磨刀做什么？那个士兵大声道："朝廷已经下了密令，要杀燕王府的人。"一个小小士兵，居然放言要杀藩王。老太太赶紧找人，将此事通报给燕王。这件事记录在《明太宗实录》中，真伪难辨，不排除替燕王朱棣洗白的嫌疑，但也可见北平城里的气氛一日紧似一日。甚至有传闻，陷入两难境地的一部分北平官员，早已躲到寺院里避难。建文帝对燕王削藩进入倒计时，战争一触即发。

七月五日，张昺和谢贵率兵包围了燕王府，做好了进攻的准备。他们让人用箭把文书射入燕王府内，上面写着朝廷要逮治的诸官属。按照朱元璋的游戏规则：亲王犯事，就要惩治他身边的人，即王府的官属。对燕王来说，不管结果如何，要打破眼前的困境，只有起兵反抗一条路，否则只能引颈就戮。

燕王府寡不敌众，满城都是朝廷的军队，若不讲策略，则必败无疑。燕王朱棣与朱能密谋以计取之,先诱杀张昺和谢贵,他们一死,朝廷在北平的兵马群龙无首,必然发生内乱。那时,燕王府的危机自然会化解。

燕王以病体痊愈为名在王府设宴,派人邀请张昺、谢贵前来。事前,燕王已在端礼门内设下伏兵。张昺、谢贵二人心存疑虑,不敢贸然赴宴。燕王又以查验、抓捕获罪官员为名邀请他们来燕王府,没想到他们竟然同意了。他们小心行事,还是中了圈套。他们率领大队人马,戒备森严地来到燕王府门前,门卫以随身卫兵人数过多为由,只允许张昺、谢贵二人进府。或许他们认为,燕王已完全放弃抵抗,任由建文朝廷裁决。他们就这样毫无防备地走进了王府,掉入燕王为他们精心布下的陷阱。

一进大殿,二人就感觉到势头不对。只见燕王朱棣端坐居中,姚广孝和张玉、朱能等护卫指挥分列两侧。也就是说,那些上了朝廷黑名单的官属没有一个被捆绑起来。朱棣请他们入座,宴饮在非常友好融洽的气氛中进行。此时,王府的佣人端上几盘切好的西瓜,燕王一再盛情邀请他们品尝。燕王自己也拿起一片西瓜,在放到嘴边刚要吃的时候,突然站起身来,对着二人怒喝:"今编户齐民,兄弟宗族尚相恤,身为天子亲属,旦夕莫必其命。县官待我如此,天下何事不可为乎?"燕王说完,就将手里的西瓜猛地摔在地上,而这正是事先约定的信号。数十名卫士从帷帐后冲出,将张昺、谢贵二人擒下。随即,几个卫士又将早已投靠南京方面的长史葛诚和护卫指挥使卢振推搡着押上来。燕王愤然而起,指着他们高声斥骂:"我何病,迫于若奸臣耳!"

燕王朱棣大手一挥,卫士们将张昺、谢贵、葛诚和卢振押出殿外斩首。

对于背叛自己的人，燕王从不心慈手软。他不仅将背叛之人杀掉，还杀了他们全家。朱棣容不得背叛，也容不得动摇军心之人。例如他身边一个叫余逢辰的伴读，平日深得信任。他得知燕王将要起兵，便寄书儿子，立誓以死相劝阻。待到燕王举兵，他还真就哭着劝谏，"言君父不可两负"，结果被燕王杀掉。有同样命运的还有杜奇，此人颇有才学，燕王想要聘他做幕僚，他却劝阻燕王"当守臣节"。燕王立即下令将其杀掉。

张昺、谢贵等人被擒杀的消息传出，包围北平府的将士纷纷散去。他们本来大都是燕王的部下，如今群龙无首更不会为难燕王。当天夜里，燕王命张玉、朱能等人趁着夜色混入北平九门，收服守门将士。一夜之间，燕王完全掌控了北平城内的局势。他的旧部——原北平的官员纷纷归降。建文君臣对北平局势的认识过于幼稚，费尽心机的部署像是一层窗户纸，轻轻一戳就烂了个大洞。

第二天，燕王以姚广孝为军师执掌全军，同时宣布否认建文帝年号，继续尊奉洪武年号。他在誓师前，曾把那个精通《周易》，善于卜筮的金忠召来，让他占卜吉凶。金忠占了一卦后，自然是好得不能再好的"大吉"。燕王听了大喜，随即任命他为燕王府的纪善（秘书），随侍左右，让他为自己出谋划策。燕王每遇疑难事，都会征求他的意见，他成了燕王身边的一个重要谋士。

燕王朱棣起兵三日，城中大定。七月七日，他把手下将士召集起来，举行誓师仪式，并发布檄文，正式打出了"清君侧，靖国难"的旗号，称自己的部众为"靖难之师"。

我，太祖高皇帝、孝慈高皇后嫡子，国家至亲，受封以来，惟知循法守分。今幼主嗣位，信任奸宄，横起大祸，屠戮我家。我父皇、母后创业艰难，封建诸子，藩屏天下，传续无穷。一旦残灭，皇天后土，实所共鉴。《祖训》云："朝无正臣，内有奸恶，必训兵讨之，以清君侧之恶。"今祸迫予躬，实欲求生，不得已也。义与奸邪不共戴天，必奉行天讨，以安社稷，天地神明，照鉴予心。①

燕王朱棣发布的这份誓师檄文，被后世之人反复提及。尽管他一再声称起兵并非谋反，而是因为皇帝年幼，为奸臣所蒙蔽，他要诛杀奸臣，清君之侧，实乃不得已而为之。所谓君侧之奸臣，就是齐泰、黄子澄等人。按照《皇明祖训》，藩王可以向朝廷索取奸臣：

若大臣行奸，不令王见天子，私下传致其罪，而遇不幸者，到此之时，天子必是昏君。其长史司并护卫移文五军都督府，索取奸臣。都督府捕奸臣奏斩之，族灭其家。

按照这条"祖训"，燕王指认齐泰、黄子澄为奸臣，而他身为藩王有资格向朝廷索取奸臣，但朱元璋并没有说藩王可以举兵捉拿他们。因此，不论依据哪一条"祖训"，燕王举兵的理由都是不充分的。虽然他说得激情飞扬，声震云霄，但公然向皇帝举起反旗，从一开始就让他陷入被动的境地。朱棣再三强调自己是被逼无奈，不得不起兵，不得不与皇帝为敌。而他诛杀朝廷官员，

---

① 《奉天靖难记》卷一。

也就意味着与天下为敌。因此，他无论如何都必须为自己的行动找到一个正当的具有说服力的理由，那就是"靖君王之难"。

朱棣要让他的手下将士认同，他们不是叛乱，而是正义之师，是靖难之师，他们的行为是正义之举，干的是"替天行道"的事。既然他们是正义的，南京朝廷就是违背天道的，非正义的，是一个彻头彻尾的伪朝廷，连皇帝都是伪的。既然如此，他宣布革除建文年号，把建文元年改称洪武三十一年，让结束的洪武年又延续了四年。紧接着，朱棣又给建文帝上了一道表文，宣布齐泰、黄子澄等人包藏祸心，离间皇帝和诸王之间的关系，意在颠覆朝廷，谋取朱明天下，所以他不得不起兵讨之。

于是，一场最明显不过的藩王作乱，被朱棣定义为"奉天靖难"，即帮着皇帝讨伐奸臣。为此，他还专门建立起一套新的割据政权体系，任命自己的心腹干将和投靠他的人为其割据政权的核心成员。张玉、朱能和丘福等都被任命为都指挥佥事；那位向他通风报信的小吏李友直摇身一变成为北平布政使参议。

燕王朱棣深耕北平二十多年，他不盘剥百姓，不溺于享乐，一直致力于对蒙古的战争。长期的战争生涯，不仅让他对北平一带了如指掌，还让他树立了个人威望。凡是在北平待过的地方官和军将，大部分都被他收入麾下。尤其在他用计除掉建文帝君臣派来的几名官员之后，他的旧部再无牵绊，纷纷归其麾下。

作为非军事系统出身的建文君臣，他们无法理解朱棣在北方军事系统中的影响力。更何况，按照朱元璋的规制，一旦战事起，其他藩王或异姓功臣勋将都要听命于燕王。如今，燕王谋反起兵，不仅打乱了北平军事布防的格局，也开始瓦解建文朝廷在北方的军事防御体系。

# 第四章　战争的烈度指数

## 北方战事的破局

　　朱棣占领北平以后，马不停蹄地向周围的重镇和关隘发起进攻。一直以来，他都以"义气王爷"自居，深得部下爱戴。当他准备率领八百名亲兵举起反旗的时候，他的心里是有底的。虽然双方实力悬殊，但他并不悲观。北平四周的要塞都由建文朝廷的亲信重兵把守，军队加起来有十余万之多，但十多万人中，绝大多数是朱棣的旧部。只要把建文帝派来的那几个官员除掉，他相信那些老部下还会投于他的麾下。

　　果然，燕王起兵的第二天，通州卫指挥房胜就率军来降，并协助燕王作战。房胜原是燕王旧部，曾追随燕王征讨纳哈出。他的归降为其他人做了一个榜样。后来朱棣兵锋所指，许多朝廷军队不战而降。房胜归降后，燕王仍命他驻守通州。

　　当时最有可能将燕王困于北平的有两股势力，一个是驻守蓟州的马宣，另一个是驻扎在开平地区的宋忠。蓟州守将马宣率军赶往北平，途中与燕军激战，大败，退回蓟州。燕王派朱能率军队攻取蓟州。当时朱能试图招降他，遭到马宣拒绝。朱能便发起猛攻，马宣战败被俘，不屈而死。

　　房胜和马宣成为两个不同的榜样，一个投降派，一个战死派，似乎没有第三条路可以选择。燕军在占领通州、蓟州和遵化等地以后，东边已经安定。建文帝的军队在短时间内还赶不到北平。这时，最大的威胁来自于北边的宋忠。宋忠是洪武末年的锦衣卫指挥使。曾经有御史弹劾宋忠，朱元璋还为他辩护过。燕王起兵造反之前，宋忠就接到了朝廷密令，率领三万大军赶赴北平。他本来就负有防备燕王的使命，燕王手下的一些精锐部队也大多归他掌管。当宋忠率兵赴北平，准备协助谢贵擒拿燕王时，突然传来北平失守的消息。宋忠不敢贸然进兵，只好退到怀来据守。

燕王的军队在攻取怀来以前，先要攻取居庸关。居庸关的守将是俞瑱。按道理，宋忠应该派支偏师去援救居庸关，但他并没有那么做。燕军以闪电般的速度急攻居庸关，俞瑱不堪一击，弃关而逃。七月十六日，燕王朱棣亲自率领军队赶到怀来。宋忠为了振奋士气，对手下将士谎称，燕王在北平城里屠杀他们的家属。八千人对三万人，兵力悬殊，燕军将领意见并不统一。朱棣对将领们说："我们当以智胜，难以力论。论力则不足，智胜则有余，敌众新集，其心不一。"当燕王听说宋忠用谎言激发军中将士的斗志时，他决定将计就计。他让那些在宋忠军中的自己的旧将士的亲属举着旧日的旗帜打前锋，宋忠军中将士见到他们的父兄子弟都还在，知道宋忠欺骗了他们。于是，怀来城内原北平的将士纷纷倒戈，出城投降燕王。这次怀来之战，燕军大获全胜，斩敌数千级，宋忠被活捉。从居庸关逃过来的俞瑱被俘，不屈而死。

这场大捷过后，燕王的部下都非常高兴，纷纷向燕王祝贺。燕王并没有被胜利冲昏头脑，只是淡淡道："宋忠是个庸才，以伶牙俐齿取悦于人，以谄谀奸恶和行贿得官，一掌兵柄便骄纵异常。这种荧惑小人,我视之如狐鼠。这区区小胜,哪里值得那么高兴呢!如果真获得大胜,又会高兴成什么样子?喜生骄气,骄气让人不谨慎,这样离失败就不远了。"

朱棣天生属于战场,他身上具有一个优秀军人的特质:勇气、判断力和无与伦比的谋略。战争于他,就像舞台之于一个演员,在幕布拉开的那一瞬间,他会立刻进入忘我状态。对于朱棣来说,战场就是他的舞台,他不容许自己走神,那样会让自己万劫不复。

怀来大捷震动北方战场,开平、龙门、上谷、云中等地的守将陆续归降。

七月二十二日,驻守遵化的指挥蒋玉来报,说陈亨、刘真和指挥卜万率领大宁兵马出松亭关,将要进攻遵化。朱棣闻讯,亲自率军来援。他做出佯攻态势,刘真等人退守松亭关,不敢前来应战。这时候,燕王多年培植起来的人脉关系开始起作用。他从《三国演义》蒋干盗书中获得灵感,给卜万写了一封书信,对卜万大加称赞,却故意贬低陈亨。他把这封信交给抓获的大宁部队两个巡逻兵中的一个。如他所料,陈亨、刘真搜到这封信,认为卜万已与燕王相通,便将卜万逮治下狱,并籍没其家。卜万后来死于监中。陈亨本来就是燕王旧部,曾数次跟随燕王出塞,后升任北平都指挥使。他早已与燕王暗中相通,所以燕王用离间计非常顺利。陈亨解决卜万之后,又趁机偷袭刘真大营。刘真单骑脱逃。松亭关落入燕王之手。

燕王从举兵那天开始,就必须习惯很多事情,其中一件就是必须承受背后的非议。他无法堵住芸芸众口,他只能让追随者相信自己起兵是不得已,有时说得颇为动情:

> 吾与若等为此者，非所以求富贵，所以救死，保妻孥也。夫好生恶死，人情所同，见乱思治，古今则一。今天下者，太祖之天下也；百姓者，太祖之赤子也。权奸作难，欲殄我邦家，驱逐赤子，以蹈白刃，非其所得已也。[1]

天下人议论滔滔，燕王必须正襟危坐，挺直自己的身板，不能有丝毫动摇。不管别人相信与否，他都要宣扬自己站在正义一方。他要让部下相信，他举兵不是为了自己，而是为他们"救死，保妻孥也"。燕王的军队在北方的土地上撕开一道巨大的伤口。为了让将士们相信他起兵的正当性，朱棣将矛头直接指向建文帝朱允炆：

> 夫幼冲行乱无厌，淫虐无度，慢渎鬼神，矫诬傲狠，越礼不经，肆行罔极，靡有攸底。上天震怒，用致其罚，灾谴屡至，无所省畏。惟尔有众，克恭予命，以绥定大难，载清朝廷，永固基图。[2]

在这份布告中，朱棣开始诋毁建文帝。一为太祖的丧事处理过于迅速疏简。朱棣捏造事实，甚至让朱允炆背上弑祖继位的污名，质疑其登基的合法性。二为任用奸恶，变乱旧制。一句话，建文朝的君不像君，臣不像臣。君王邪恶庸劣，臣子奸佞无道。他始终不肯说出夺位的话，却在用温水煮青蛙的策略为自己正名

---

[1] 《奉天靖难记》卷一 "洪武三十二年七月乙丑"。
[2] 《奉天靖难记》卷一 "洪武三十二年七月丁亥"。

造势。历史学家孟森说:"靖难之名,为成祖篡国时所自命。"

建文帝得到北方局势恶化的消息,不是出自建文君臣在北平周围精心构建的谍报系统,而是出自自己时时提防的藩王之口。七月二十四日,就藩于宣府的谷王朱橞突然返回京师,向建文帝报告燕王起兵之事。朱橞是朱元璋的第十九子,在就藩的藩王中年龄最小。朱橞的母亲是郭子兴之女郭慧妃,而郭子兴在朱元璋崛起的过程中对其帮助巨大。朱橞十二岁获封谷王,十六岁就藩宣府。朱橞是个聪明人,眼见其他藩王与南京城里的侄儿皇帝较劲,他却闷声不响地做自己的藩王。建文君臣掀起的削藩风暴虽然让他惶惶不安,但他绝对不会做那个带头闹事的。如今四哥朱棣突然爆发,以摧枯拉朽之势攻陷了北平附近的蓟州、通州、遵化、永平、密云等城镇。宣府靠近北平,朱棣的军队眼看就要抵近他的藩地。朱橞不敢抵抗,也不敢轻易投降,他只能逃回南京。

燕王夺取北平的消息传至南京,建文帝大为震惊。他曾经以为北平的布置很严密,燕王不足为忧。他把主要精力都用在复古改制这件事上,每天和方孝孺等人议论滔滔,而把对付燕王的事交给齐泰、黄子澄去办。

建文元年(1399年)的夏天,南京城热得出奇,好像每个人都在燃烧的空气中接受着煎熬。对于建文帝来说,复古改制犹如一缕清风,让他心情舒畅。属于太祖皇帝的洪武年终于落下帷幕,从这一年开始,整个朝廷都将按照他制定的规则运行下去,像钟表一样严谨和准确。

随着谷王朱橞进入南京城的,还有前方不断失败的战报。建文帝这才感到北方形势的不妙,他开始焦虑,经常做噩梦。梦中,他置身于战场,杀敌无数,却始终躲不开一个人的追杀。他几乎能够听到对方的呼吸声,离他很近,咫尺之遥,但是当他蓦然醒来,睁开眼睛,卧榻的帐前,却空无一人,只有浓厚的夜色。自从燕王起兵的消息传来,他没有一天能睡个安稳觉。梦中那个持刀追杀他的人,不过是燕王的幻影。

建文帝不得不面对燕王叛乱的现实,他召集廷臣,商讨对策。黄子澄认为,当务之急是马上出师北伐,如果任由事态蔓延,整个河北地区都将落入燕王之手,而且燕军还会迅速南下。他主张公布燕王反叛的罪状,削去他的宗室属籍,出师征讨。有的大臣并不认同,认为燕王毕竟是建文帝的叔父,这样做不合礼法。齐泰反驳道:"明其为贼,敌乃可克。"违背礼法的是燕王,身为臣子公然起兵造反,他将来要被钉在历史的耻辱柱上,受万世唾弃。乱臣贼子,天下人要共同讨伐。

建文帝采纳了齐、黄二人的意见。他随即布告天下,出师伐燕,他在讨伐诏书中亮明观点:"邦家不造,骨肉周亲屡谋僭逆……朕以棣于亲最近,未忍穷治其事。今乃称兵构乱,图危宗社,获罪天地祖宗,义不容赦。是用简发大兵,往致厥罚。咨尔中外臣民军士,各怀忠守义,与国同心,扫兹逆氛,永安至治。"①

据说建文帝的这份诏书出自方孝孺之手,列举了燕王的诸多罪状,说明一个简单的事实:燕王是大明的僭逆者,获罪天地祖宗,罪不容恕。字里行间都能让人感受到建文帝那颗愤怒不安的心。

---

① 《明史·本纪》卷四。

"僭逆"二字意味着罪大恶极。叔侄二人的两份战争宣言先后布告天下，可是谁来替建文帝充任伐燕的统帅呢？洪武时期大诛功臣武将的恶果暴露无遗，这也是藩王的兵权越来越重的原因。朱允炆盘点当年追随太祖平定天下的武将，仅剩长兴侯耿炳文和武定侯郭英二人。朱允炆无将可用，只能让早已年过花甲的耿炳文披挂上阵。

耿炳文与朱元璋是同乡，均为濠州人。据《明史》载，他的父亲耿君用早年追随太祖渡江有功被擢为管军总管，后来，死于征伐张士诚的战斗中。耿炳文率领父亲耿君用的军队继续征战，不仅击溃了张士诚手下的赵打虎，并且攻下长兴。耿炳文钉子似的扎在长兴十余年，与张士诚接战频繁，"以寡御众，大小数十战，战无不胜"，力保长兴不失。后来，耿炳文又追随徐达、常遇春等北征中原、山陕等地，并留守陕西。耿炳文被封为长兴侯，在开国功臣榜中位列徐达之后，为一等功臣。

经过洪武年间的几次政治清洗，开国元勋所剩无几。明初分封的五十四个侯爷，仅剩两人，一是耿炳文，还有一个是朱元璋的二舅子郭英。耿炳文能够逃过洪武年间的清洗，和他在明初武将体系内所扮演的角色有很大关系。他除了在长兴城时出任主帅，大多时候出场都是偏将。

耿炳文已经六十五岁，虽然早已过了一个武将建功立业的黄金时期，但建文帝还是让他披挂上阵。随同出征的还有他的长子耿璿。耿璿是建文帝长姐江都公主的驸马。也就是说，耿炳文与朱允炆不仅是君臣关系，还有姻亲关系。朱允炆将北伐大事托付于耿炳文，除了信任，还是信任。当然耿炳文并不是孤军北进，而是与各路人马分头并进。

耿炳文亲自率领十三万军队，于八月十二日进驻真定。在他的前方，都督徐凯率偏师抵驻河间，潘忠和杨松驻扎于莫州（今河北任丘北），同时还有一支九千人的先锋部队抵据雄县。在真定前方，形成了对抗燕军的三道防线。

面对建文朝廷如此阵势，北平城里的朱棣虽然忧虑，但并不慌乱。他知道耿炳文是一个历经沙场的老将，从双方力量对比看，燕军无法和北伐军相比。话说回来，从他举兵那一刻起，他就做好了应对复杂局面的准备。他的战略思路很清晰，那就是"控制北平，稳定后方"。他让姚广孝辅佐世子朱高炽守北平，自己率部迎击耿炳文。

耿炳文是个稳重的人，尤其擅长打防守反击。当年他固守长兴十余年，让一方豪杰张士诚束手无策。清顺治《长兴县志》记，耿炳文所筑的新城相比旧城狭小，砖瓮甚固，高三丈，阔二丈八尺五寸，周九百二十九丈，设城门六座、水关两座，建有多处屯兵窝铺，同时引箸水环城拱卫。

朱棣绝不允许真定成为第二个长兴。朱棣不是张士诚，更重要的是耿炳文也不复当年心气。朱棣的手下干将张玉侦察敌情过后，信心大增。他认为，南军军纪涣散，看上去有败亡之象。耿炳文已是老朽之年，而前锋潘忠、杨松有勇无谋。说归说，朱棣还是不敢大意，他亲自率领军队来到涿州，驻扎在娄桑。燕军半夜时到达雄县城下，随即将城团团围住。由于长期身处北方，朱棣擅长带领骑兵来去如风长途奔袭，更接近蒙古人的作战风格。当天恰好是八月十五中秋节，城内守军饮酒赏月，突然杀声四起。南军慌乱中登城大骂燕军不讲武德，仓促迎战。从理论上讲，九千守军面对燕王进攻，守个三五天不在话下。但事实上，一夜之间，绝大部分南军将士就做了燕军的俘虏。

朱棣得知手下将士杀俘时，不由大怒，他对手下将官说：我举兵是为了安社稷，保百姓。你们违令乱杀，这不是生存之道，而是速亡之道。杀人只能坚定敌人的信念，使他们害怕被杀而奋起反抗，一夫拼命，百人莫挡。昔年曹彬下江南，不曾妄杀，子孙繁盛。嗜杀之人往往绝后，此次虽攻下一座城池，却让我们所得甚少，所失更多。

雄县距离莫州近在咫尺，潘忠和杨松驻守在莫州。燕王先于水中设下伏兵，生擒潘忠。紧接着他又亲自率领精锐骑兵为前锋，直扑莫州城下。莫州城内的南军将士眼见大势已去，便开城投降。南军前锋的精锐，转眼之间尽为燕王所有。雄县、莫州相继失守，这个消息无异于一颗重磅炸弹，让真定城的将士陷入末日降临前的巨大恐慌。

真定，即河北正定的古称。千百年来，真定府都是华北平原中部最富饶的都会。真定与太原处于同一平行线上，互为华北平原与山西往来的起点与终点，古人习惯将"花花真定府"与"锦绣太原城"联句。攻下真定，朱棣将打开通往山西的门户，得到巨大的战略转圜余地；守住真定，耿炳文将扼住朱棣咽喉，让他局促于北平地区不得其门而出。

耿炳文连丢两城，丧失数万精锐骑兵，这让其作战能力大打折扣，也让素来以防守见长的老将军颜面尽失。一方受挫，一方就会受到极大的鼓舞。燕王率军往真定进发，进驻无极。此处距离真定，不到一天的路程。当燕王召集诸将商议进兵策略时，多数将领主张避开真定。耿炳文是块硬骨头，他们暂时不愿去啃，只有张玉坚持直取真定。燕王听了张玉的话很高兴，他当着众人的面说:"(张)玉言合吾意,吾倚玉一人足办。"

在这次大战中,出现了一个叫张保的人物,此人自称是耿炳文的手下将领。他表示愿充任前锋,为燕王效力。此人好像专门为这场大战而生,来去皆不可考。燕王贿以重金,让他回到耿炳文身边,并放出燕军发起进攻的风声。燕王的部下不少人怀疑此人是耿炳文的奸细,燕王认为"彼有反侧,去一张保,于我何损。由是事成,亦一人之间耳"。正如《剑桥中国明代史》所说:"燕王的强大表现在几个方面:他自己有领导能力;他的军队素质高,其中包括来自兀良哈诸卫的蒙古骑兵;他的战略高超,又有不可动摇的必胜决心。"

耿炳文军果然有大动作,军队由滹沱河南岸向北岸调整。燕王率军绕过城西,直接杀向耿炳文的两个营垒。当时正赶上耿炳文出城送朝廷使者,燕军砍断桥索。幸赖部下拼死抵抗,耿炳文才侥幸脱身。耿炳文毕竟是个有经验的老将,他很快组织起阵形,出城迎战。张玉、朱能等人迎面奋击,燕王率骑兵在南军背后,前后夹击,横穿敌阵,耿炳文军大败。据《奉天靖难记》载:"斩首三万余级,尸填满城壕,溺死滹沱河无算,获马两万余匹,俘降者数万。"耿炳文退回真定城,坚守不出。

耿炳文天性保守,擅长于稳中求胜。若论防守,没有几个人是他的对手。建文君臣派耿炳文北伐,目的就是让他把真定城打造成第二个长兴。

经过数日激战,朱棣终于意识到,耿炳文善于驻守,难以速战速决。南军多步军,长于固守;燕军多骑兵,长于野战。若是久攻不下,必然会使士气受挫,招致失败。于是,燕王决定退回北平。

## 坚城之下，荒野之上

天道变幻，世事无常，谁能想到，老将军耿炳文会在真定迎来一场大败。建文君臣每天都在盼着能抓住燕王的小辫子，用合法的理由削其藩，治其罪。现在，他们的想法正在成为现实。可现实真的要来了，他们又开始头痛起来。

耿炳文北伐受挫的消息传至京城，建文帝忧心如焚。对建文帝来说，他的这个帝位来得有点偶然。在他的那些叔父面前，他缺乏自信。黄子澄劝慰他，胜败乃兵家常事，不必如此忧愁。现在国家正处于全盛时期，区区一隅之地，怎能抵挡全国之力。调集五十万兵马讨伐燕王，他必败。

建文帝问他：何人能为自己领兵擒王？黄子澄毫不犹豫地推荐了曹国公李景隆。虽然齐泰认为李景隆难以担此重任，但建文帝还是听从了黄子澄的话，用李景隆取代耿炳文北伐。

李景隆是朱元璋的外甥李文忠的长子，袭爵曹国公。他自幼读书，颇通兵法，身材修长，面目清俊，举止雍容。朱元璋活着的时候颇为看重，命他掌左军都督府事，加官太子太傅。建文帝削藩时，李景隆兵不血刃拿下周王朱橚，深得信任。但黄子澄的建议却遭到齐泰等人的极力反对。齐泰似乎有一种不祥的预感，他"极言不可"。理由是李景隆没打过硬仗，又自视甚高，根本听不进其他将领的话，"诸宿将多怏怏不为用"。在军界人士看来，李景隆还比不上老将军耿炳文，一个从未经历过战场考验的统帅是不合格的。他们担心，李景隆抵不过具有多年实战经验的朱棣。一个纸上谈兵，一个狡猾无比。可是他们的意见并未被采纳。

建文元年（1399年）八月，建文帝在南京为李景隆举行了隆重的拜将出征仪式。他赐给李景隆"通天犀带"，并亲自率领文武百官到长江边上为其饯行，又赐给李景隆代表最高统帅的斧钺，使其专掌征战杀伐大权。建文帝还给李景隆写了"体尔祖祢，忠孝不忘"八个字，以示激励。整个过程，仪式感满满。

李景隆出师，建文帝命高巍和刘璟参赞军事。建文帝虽然用兵平乱，但他依然抱有和平的幻想。后来，他在平乱中常常表现得毫无章法，既怨天尤人又出尔反尔，既一意孤行又患得患失，这些都与他的性格不无关系。高巍曾经提倡用"推恩令"的方式削藩，反对强行削藩。刘璟身为开国功臣刘基的次子，曾做过谷王府中的左长史，他和朱棣的私人关系也不错。建文帝这时候打出这两张牌，显然意有所图。

高巍说自己愿意出使北平，向燕王陈明大义，晓以祸福，动以亲情，让朱棣罢兵休战。建文帝就答应了高巍。

高巍给燕王的上书，言辞慷慨，意气激昂，但并没有动摇燕王的意志。几十万大军都不能让他休战，更何况一纸上书。他既然已经迈出这一步，再让他效仿泰伯、伯夷、叔齐等人"求仁让国"，不是让自己去送死吗？燕王没有理会高巍，任其来去。

李景隆调集各路兵马，并整顿耿炳文的剩余兵马，进驻河间。他一改耿炳文稳扎稳打的保守姿态，准备向北平发起进攻。燕王听说李景隆率领五十万大军来进攻他，不但没有忧色，反而如释重负。燕王太了解李景隆这个人，对他的评价极低。寡谋而骄矜，色厉而中馁，忌刻而自用。汉高祖刘邦知人善任，尽揽天下英雄，却自谦只能带十万兵马。李景隆有何才能，居然率领五十万兵马。朱棣认为李景隆就是纸上谈兵的赵括，自己很快就可以将他击败。

燕王的信心建立在知己知彼的基础上，他认为兵法有五败，李景隆占全了。第一，李景隆为将政令不脩，纪律不整，上下异心，死生离志；第二，李景隆为将不体恤军士，南军深入北地，天寒地冻，士卒无御寒衣，军队无多余粮，战马无隔夜草；第三，李景隆为将盲目趋利，无视前方凶险；第四，李景隆为将毫无章法，贪而不治，智信不足，气盈而馁，仁勇俱无，威令不行，三军易挠；第五，李景隆为将是非不辨，部曲喧哗，金鼓无节，好谀喜佞，专任小人。

朱棣是一个战前动员的高手，这里不乏鼓动之意。作为一个成熟的将领，他知道心理战的重要性，因此从来不会在属下面前长他人志气。燕王对李景隆的了解，不仅在于他的军事能力，还有他的处事决断以及性格。李景隆是朱元璋选中的，早年以知兵著称，多次赴湖广、陕西等地训练军队。他曾负责与西番的茶马贸易，也参与过明军北伐，绝对不是一个无知者。对于李景隆的履历，朱棣心知肚明。可他却在下属面前，不断释放出"（李景隆）贵公子，不知兵，惟自尊大"的轻敌言论。他要让将领们相信，此番领兵北伐的李景隆，不过是"纨绮少年耳"。难道燕王真的认为，李景隆真像自己说的那样一无是处？也不尽然。可以肯定的是，燕王对李景隆的了解，要超过对绝大多数其他将领的了解。由此，他才会隐隐觉得，战争的主动权已经握在自己手中。朱棣奉行"兵出在外，奇变随用"的策略。这样做，即可避免坐以待困，又可在外线运动战中壮大实力，变被动为主动。他要把敌人引到坚城之下，敌人久攻不下，其师必惫，就会由强变弱。燕师就能"破敌必矣"。确定之后，朱棣嘱世子朱高炽守北平，只需坚守不可轻易出战。

九月一日，永平守将郭亮遣人来报，江阴侯吴高和都督杨文，还有耿瓛（耿炳文次子）率领辽东兵马来攻。燕王临行前留下姚广孝和老将顾成等人辅助世子保卫北平城。而他自己则亲率大部人马去救援永平。燕王以朱能为先锋，直抵永平城下。在拼死一搏的燕军面前，吴高的心理防线乱了，开始撤退。溃败便一发不可收，吴高往山海关逃去。朱能率轻骑追击，斩首数千级，俘虏数千人。燕王再使离间计，建文帝怀疑吴高与燕王私下交通，将其削职，谪徙广西，独留杨文镇守辽东。耿瓛数次请求进攻永平，借以威胁北平，牵扯燕王，但杨文并不采用。

燕王解了永平之围后，并没有回师解北平之围，而是准备再攻取大宁。虽然将领们不同意如此冒险，但他还是率军直奔大宁。燕军在大宁并没遇到顽强抵抗，大宁很快被攻陷。燕王下令安抚城中军民，城中秩序很快安定下来。宁王朱权原有三护卫，这时都归降燕王。大宁本就是北方军事重镇，大宁宁都司领兴州、营州共二十余卫，其兵士都是西北精锐。尤其是朵颜、泰宁和福余三卫，都是投降过来的蒙古骑兵，特别勇悍。大宁诸卫军士的归降，为燕军注入了新的活力。尤其是朵颜三卫的蒙古骑兵，后来成为燕军摧城拔寨的主力。以冷兵器为主的战争年代，得骑兵者得天下，是有道理的。诚如《明史》所说："自是冲锋陷阵多三卫兵，成祖取天下自克大宁始。"

那个秋天的早晨，当燕王朱棣单骑入城出现在宁王府前时，没有人意识到潜伏的杀机。宁王府上下忙作一团，所有人脸上都显示着恐慌。燕王坐在椅子上,慢慢地呷着刚刚端上的暖茶。宁王一直站着,不知所措,内心一定揣度着自己的处境。燕王看见宁王的腿已经微微地发抖了,满头虚汗,示意他坐下说话。几年前,燕王受命巡边,曾经来过大宁。两人虽是同父异母的兄弟,但却相差二十岁,像是两代人。在朱元璋的诸子中,人们都知道"宁王善战,宁王善谋"。宁王了解燕王的行事风格,只要是他想做的事,从来都是以快打慢,出手极为麻利,从来不拖泥带水,让人措手不及。其实他这个藩王已经名存实亡,他只是在此闲住。燕王起兵后,谷王朱橞由宣府奔回京师,建文帝担心宁王、辽王和燕王相互勾连,便要他们回京师。宁王不回,建文帝即下令削去他的三护卫。因此,宁王身边已经没有多少可供调动的兵力。

燕王在宁王府住了下来,并且一住数日,兄弟二人形影不离。那几日,所有的兵马都无用武之地,所有的人看见的只有兄弟情深。直到有一天,燕王返回北平,宁王命人在城南郊外安排酒宴。宁王天真地以为,送走燕王,他还可以回到大宁城做他的宁王。出城二十里地,前方路旁有一凉亭,正是宁王设宴之处。喝完饯行的酒,说完告别的话,宁王刚要转身离去,燕王部下一拥而上,宁王动弹不得,他没有别的选择,只能跟着燕王返回北平。宁王的世子和妃妾,携带着宁王府的金银细软也随燕王一起往北平进发。也就在此时,留守北平的世子朱高炽派人送来十万火急的军情:李景隆率领数十万大军进攻北平城。燕军全速前进,回救北平。

北平城在李景隆的眼里正在变成一枚饱满的果实,只要他轻轻一挤,就会汁水横流,化作舌尖上的美味。李景隆将数十万大军屯集于北平周围,安营扎寨,猛攻九门。他实在无法理解燕王弃北平城于不顾，亲自率军北征大宁的愚蠢做法。前几日，李景隆抵达卢沟桥时，眼见得此处要塞竟然没有军队防守，不禁大为疑惑。李景隆挥动着手中的马鞭，唇边漾出一缕如释重负的笑意。他对手下将士道："不守卢沟桥，吾知其无能为矣。"遂直逼北平城下。

《明仁宗实录》中说："（高炽）奉命居守，时将士精锐者皆从征，城中所余老弱不及十一。"北平城的防守压力，好像都施加在朱高炽一个人的身上。在悲观者看来，以"不及十一"去对抗雷霆万钧的南军，北平城将会变成一座鲜血淋漓的坟墓。

此时的北平城里一如往常，虽然大兵压城，军民并未表现出想象中面对死亡的慌乱。朱高炽不同于他的父亲朱棣，他性格敦厚，是个腿脚不太利索的胖子。不过他做事极其认真，从燕王将守城的任务交给他的那一刻开始，他就没有闲下来。每天闻鸡即起，半夜才睡下。他每天率领将士督治城中守备，赶制守城兵器。有手下将士劝他歇息，他说："君父身冒艰险在外，此岂为子优逸时？且根本之地，敌人所必趋者，岂得不为预备！"[1]朱高炽让城里的居民丁壮全部登上城墙，披甲执械，日夜守护。每遇大事都要禀告他的母亲徐氏，即徐达长女，然后再施行。徐氏不愧将门虎女，她率领城中妇女做好后勤供给。遇到战事紧迫，她也率领城中妇女投入战斗。

李景隆本来以为燕王离城，北平指日可下，没料到竟会遇到如此顽强的抵抗。诚如《明仁宗实录》所说："下至妇人小子，皆奋效力，更番乘城，昼夜拒敌。虽矢石交下，人心不变。"李

---

[1] 《明仁宗实录》卷一。

景隆统帅的朝廷军队以数十倍甚至百倍于城中军队的实力发起进攻，只要不出现大的失误，北平城还真是危在旦夕。瞿能父子率领数千精骑已经攻入彰义门，让人做梦也想不到的是，李景隆竟然下令让瞿能父子停止进攻，等候大军一起进城。《明鉴纲目》对此解释是"景隆忌能功，令止之"。

这不禁让人想到，燕王战前所提到的"回师击之，坚城在前，大军在后"的战略构想。如果北平城真的被瞿能攻破，哪里还会有"坚城在前"？就算是李景隆肚子里的蛔虫，恐怕也无法预测，城门已破，他居然会要求停止，等待大军到达后一起进攻。这真是谜一般的操作，让人不明就里。瞿能父子等来的不是大军，而是北平城里燕军的疯狂反攻。若真是为抢头功而让瞿能放弃进攻，李景隆真是愚不可及。但不排除李景隆是骑墙观望。两边都是他的皇亲，拼命不好，不拼命也不好。这也能解释为什么燕王听说是李景隆领兵北伐，会表现出近乎失态的欢喜。他的欢喜建立在对李景隆这个人了解的基础上，在他看来，李景隆绝对不是一个坚定的倒燕派，更算不上一个合格的军事将领。

此时已接近十一月份，中国北方开始进入寒冬时节，气温骤降，滴水成冰。朱高炽命令城中军民连夜汲水，居高临下，一层一层地泼向城墙。天光放亮的时候，朝廷军队一下子蒙了，昨日还黑黢黢的城墙，一夜之间，化作一个坚固光滑的巨大冰块，连神仙都爬不上去。瞿能的脸色如同铁青色的天空，阴沉且压抑，那一刻他已经预感到再也没有攻入北平城的机会了。因为朱棣正率领燕军往回赶。

燕王挟持宁王朱权由大宁向北平进发，军队到达会州（河北承德东北）时，他对军队进行了全面整顿。他以北平旧属为主干，吸收了宁王投附过来的精干和骑兵。燕王正式建立五军，这也标志着他从此将以北方军事割据者的身份与南京建文朝廷分庭抗礼。从此以后，燕军有了五军之制。燕王率部一路西行，继续往北平行进。十一月四日，燕军到达北平远郊的孤山。此时，李景隆已将大本营安扎在距离不远的郑村坝，恭候远道而回的燕王。李景隆命令都督陈晖为先锋，率领万余骑到达白河以东，准备迎击燕王。陈晖的军队刚渡过白河，燕王率领精锐骑兵突然杀至眼前。陈晖溃不成军，率领军队从冰上逃遁，逃至河中央冰裂，那些不习水性的南军淹死很多。陈晖单骑逃脱。关于燕军和南军渡白河一事，《奉天靖难记》和《明实录》诸书记述得颇为神奇：当燕军准备渡河而西时，燕王向天默默祷告"天若助我，河冰即合"，等到燕军夜间起营，果然河面冰封，燕军顺利渡河。等到陈晖的军队要渡河而逃时，河面忽然解冻，"溺死者甚众"。

一边是祥瑞之兆，一边是死亡之路。当然这样的记载，不过是史官为燕王日后称帝制造的"祥瑞"而已，不为史定。

燕王的军队向郑村坝奔袭而来，一场血战又在北方大地上演。此番亮相的又是朵颜三卫的骑兵，他们以锐不可当之势连破南军七营。千里冰封的荒野之上，数十万大军厮杀一处。北风裹挟着兵器的撞击声，骑兵杀红了眼，像狼一样嚎叫着，挥舞着手中的马刀在南军的阵营里乱砍，南军且战且退。双方从中午一直鏖战到天黑，燕王不给对手喘息的机会，趁着天黑再发奇兵，向南军最薄弱的环节冲击。南军开始溃败，"斩首数万级，降者数万"。李景隆顾不上仍在围攻北平的将士，带领部众连夜遁逃。郑村坝的荒野之上，留下大批来不及带走的辎重和数以万计的尸体。燕王没有乘胜追击，而是继续率军回援北平。

当燕王的军队从后面对围攻北平的南军发起进攻时,那些驻扎在坚城之下的南军好似得到解脱,一触即溃。他们已经算不上一支有着战斗力的军队,这些来自南方的军人何曾体验过北国的酷寒。为了迎击燕王,李景隆命他们每天都要保持高度戒备,"日夜戒严,植戟立雪中,苦不得休息,冻死及坠指者甚众"。尤其在他们得知李景隆已率众南逃时,立即溃不成军。燕军大获全胜,北平之围其实在李景隆败退之时就已经解除。

当燕王回到北平时,部下都恭维他,说他用兵如神。他却郑重其事道,这次胜利乃"适中尔",带有很大的侥幸成分。他感谢那些曾经劝他不可冒进的将领,认为他们当初给的是万全之策。自己之所以没有采用,是看到"有可乘之机"。他告诫部下,这种用兵之法"不可为常",鼓励部下要经常向自己献计献策。

燕王除了设宴犒劳将士,还大张旗鼓地论功行赏。他在祭祀阵亡将士的时候,还派人收葬了南军将士的尸骨。他亲自撰写碑文,在郑村坝"勒石以纪其事"。他把南军将士之死归罪于"奸臣肆毒"。南军将士跟随明太祖创业有功,这次"徒为奸臣所驱迫","加害于我",燕王我不得已,为自救而起兵相抗,所以他们战死疆场,不能怪我。

此时,燕王第二次致书建文帝。他在这封上书的前半部分仍是追究明太祖丧葬的责任,老生常谈:太祖病重时不让诸王进京服侍,"知何病,用何药,尽人子之礼"。太祖死后,又不让诸王奔丧,"焉有父死而不报子知者,焉有父死而子不得奔丧者也?"再就是指责建文帝治丧过于草率,"七日而葬",不合安葬天子的古礼。燕王引述《祖训》中有利于自己的片面之语,谓太祖封藩的主要目的就是让藩王掌管兵权,指责建文帝削藩是悖逆祖训。

他还指责黄子澄、齐泰等奸臣，说他们"不遵祖法，恣行奸宄，操威福予夺之权"，乃战乱祸起的元凶。而自己举兵靖难，乃正义之师，为的是锄奸安国。

燕王这篇洋洋洒洒的奏书，并无任何创新之处，不同的是语气加重，威胁更甚。他强迫建文帝"速去左右奸邪之人"，否则别怪我"数十万之众"要犯阙了。燕王布置好了自卫的阵势，预先给自己站好了脚步，字里行间，让人能够感受到他那份咄咄逼人的气势。

或许因战事催迫，建文帝居然很快做出回应。十一月二十六日，建文帝"罢兵部尚书齐泰、太常寺卿黄子澄，以说（悦）于燕人"。诚如明史大家朱鹭所说："度文皇（朱棣）有心，是特借二人以发难，逐亦来，不逐亦来，又安取罢二人以快敌，示朝廷怯。"① 朱棣谋反蓄谋已久，除去齐、黄只是借口，除与不除，他还是要夺天下。建文帝还是太幼稚了，真拿这句话当真。

虽然建文帝罢免了齐、黄二人职务，但实际上二人仍然暗中帮助建文帝"筹画治兵如故"。燕王以清除二人为借口，其目的是争取舆论；而建文帝不得不为，则是为了消除燕王的口实，让燕王息兵。《剑桥中国明代史》对此评述："燕王朱棣的任何指责是否有充分的事实根据，或者他是否真正能够在当时就把这些论点公之于世，是值得怀疑的。可是，这些指责对他来说却是关系成败的问题；它们会让他对抗朝廷的行动站得住脚，并且还可帮助他纠集能够抗命的人马。"

北方战场厮杀得血流成河，却不妨碍京师里的太平景象。皇

---

① 谈迁：《国榷·惠宗建文元年》卷十一。

帝案头的奏折越摞越高，却没有几件是关于战事的奏折。古代交通不便，通信手段落后，从北平到南京遥遥千里，战场上的情况易于掩饰。无论白天还是黑夜，好像一切都被人为地控制起来，又仿佛有无数种可能潜伏在这暂时的平静背后。李景隆是黄子澄推荐的，黄子澄极力为李景隆掩盖败绩。那是一段难熬的岁月，除了等待，建文帝似乎也做不了什么。

直到有一天，建文帝忍不住问黄子澄：近来，外间不断传来李景隆作战不利的消息，这是为何？

黄子澄回答，我倒听说李景隆与燕军交战数胜，但南军不习惯天寒作战，今暂回德州，待到来年春暖再行战事。

建文帝越是疑心，黄子澄越要隐瞒不报。建文帝每天坐在宫殿的中央，看似一切都围绕着他运行，但那只是假象。他似乎并不焦虑，也没有表现出不安。由于黄子澄等人的刻意欺瞒，北方的战事并没有搅乱他的内心。这致使李景隆不但没有受到惩罚，反而被加官太子太师，并"兼赐玺书、金币、珍酝、貂裘"。吃了败仗，还能升官加赏，这样的荒唐信息传至北方战区，将士们在风雪中只能抱以苦涩的笑容。而在其中体会最深的莫过于耿炳文，他只是稍微失利，尚未从真定溃退，便被朝廷免职。那一刻，他的心应该是冰冷的，比北方的冬天更冷。

## 白沟河之战

三月初的江南最是撩拨人心，烟雨蒙蒙，杨柳依依，宛如一幅浓淡相宜的水墨画。南京城里，已当了将近两年皇帝的建文帝求贤若渴，殿试正在东阁内举行，礼部堂官、翰林院学士、会试主考官等陪同皇帝比较举子的策论，最后决定名次。当然，建文帝最关心的还是一甲三人及二甲第一名的人选，其他名次则由大臣们议定。其他大臣，包括各部及御史府的堂官，都聚集于阁外，等候消息。

建文庚辰科，不仅状元和榜眼被吉水人夺得，而且探花和俗称会元的会试第一名，也都是江西人。状元之争集中于两个江西吉水的举子身上，一人叫王艮，另一人叫胡光大。最后王艮因个子矮，相貌丑，而败于胡光大。胡光大不仅长得比王艮好看，他的策论有若干抨击亲藩的言论，颇得建文帝好感。就在建文帝钦点状元之际，突然有一通政寺官员来到东阁外，只见他东张西望地找人。通政使向宝知道是找他，把手臂稍稍举起。通政寺官员赶紧凑了过去，在他耳边低声说几句。向宝脸色顿变，往东阁方向紧赶几步，大有硬闯进去的意思。

燕军围困大同的消息，在惊动朝廷之前，早就惊动了李景隆。他在白河兵败后，稍稍南撤至保定一带观望。大同是不能拱手相让的，在朱棣率军进入山西后，他一直在关注燕军的动向。得知燕军有攻取大同的意思，他忙分兵救援。

与建文帝的保守本性不同，燕王朱棣知道李景隆是在德州等着春暖花开，再率领各处兵马来攻。朱棣不会给他这个机会，更不会和他来一场春天的约会，他要进攻大同，他不能让李景隆和他的南军在这个冬天缓过劲来。大同告急，李景隆必然急于救援。燕王要让耐不得苦寒的南军，在北方旷野上不得安宁，疲于奔命，让他们溃不成军。

十二月十九日，燕王亲自率军进攻大同。此时正是北方大地最冷的时候，滴水成冰，寒凝千里。燕士行至紫荆关（河北易县西紫荆岭上）时，将领们突然发现燕王的绒袍上"忽见白花如雪色，凝为龙纹"，美如刺绣，便认定这是大吉之兆。其实此象不难理解，天寒地冻时，水气在衣服上凝结成花纹并不奇怪。倒是将领们啧啧称奇，让人难以理解。燕王对此不以为意，说："冰花偶然所凝，岂可遽言嘉应，况当戒慎之际，不可以此为喜而有怠心。"燕王知道，战争才刚刚开始，还不是强化自己是真龙天子的时候。他要的是实实在在的胜利，而不是一场愚蠢的自娱自乐。

此次出师，燕王接连收服广昌（河北涞源）、蔚州（河北蔚县）两座城池。燕王用兵颇为讲究，他引古代兵书上的话，向部下讲"城有所不攻"的道理，避免打消耗战。两城守将或举城来降，或受其感召，乐于归降。每攻下一城，他便传令各军，不得侵扰百姓，否则将受严惩。既然打着"靖难"的旗号，他就要有意识地塑造自己的形象。他已经给自己发起的这场叛乱定性：他对皇帝信任的顾问们发动的惩罚性战役是忠于王朝的行动。

建文二年（1400年）正月初一，燕王朱棣是在山西度过的。燕军占领蔚州后，并不急于奔袭大同。因为燕王得到情报，李景隆果然如他所料率军来援，引军出紫荆关。燕王并没有理会他，而是由居庸关回师北平，听任李景隆的军队往返奔波。李景隆的部下"冻馁死者甚众，坠指者十之二三"，沿途丢弃的兵器不可胜计。

望着辽阔的北方大地，李景隆发出一声叹息，天寒地冻，他不准备再这样耗下去。二月十三日，李景隆主动致书燕王，请求息兵罢战。李景隆的理由是，燕王起兵不是要"清君侧"吗？如今奸臣已被贬逐，自然就该息兵。几天之后，燕王回书李景隆。他拒绝了李景隆罢兵的请求，并痛快淋漓地教训了对方。燕王拒绝的理由有三。一是建文君臣陷害周王，又要陷害自己。如今，贬逐齐、黄二人远远不够，应诛其九族。二是太祖病时，不让亲王前往护理，死后不令奔丧。三是建文帝复古改制，不遵祖训，变乱祖制。

燕王的不满和指责了无新意，他的后半生都将活在这套话语体系中。

既然谈判不成，那就只能在战场上见。李景隆接受了冬季北征失败的教训，一直等到四月，春风吹开了北方的河流，温暖了坚硬的大地，他才继续率兵北进。武定侯郭英和安陆侯吴杰作为先头部队进兵真定，巩固伐燕基地。这次共合兵六十万，号称百万，浩浩荡荡向白沟河一带逼来。李景隆想得倒美，几路人马并于白沟河，一举攻占北平。白沟河发源于太行山，从山西一直连绵到了河北的保定，最后汇入了白洋淀，这条河曾经充当过辽国和北宋的界河。今天的白沟河，至今流传着宋辽的故事。北方的辽人没有偏安于草原，而是表现出强势进攻中原的动态取向。

对于这些传说，燕王并不感到陌生。如今，由他亲手掀起的这场所谓的"靖难之乱"，再次上演南北战争的大戏。他们都是朱明王朝的守护者，不同的是，他们又是各自权力的守护者。王朝之事事关大我，权力之事事关小我。在家天下的权力闭环中，每个小我都事关大我，事关朱明王朝。战争在给百姓和将士带来苦难的同时，也让这个大一统王朝陷入分裂的可能。朱元璋建立了一个家天下，因为没有了道义，家天下就没有了支撑。

李景隆率各部兵马，准备在白沟河一战定乾坤。这时候，建文帝又派徐达的长子徐辉祖，即燕王的大舅子率领三万大军，日夜赶赴前线，增援李景隆。燕王虽然重视南军此番部署，但他嘴上并不示弱，他对手下将领们说："郭英老迈退缩……吴杰懦而无断，数子皆匹夫，徒恃其众耳。众岂可恃？众而无纪律，则易乱。"对双方来说，白沟河大战都是一场输不起的战役。朱棣率燕军在白沟河畔一个叫苏家桥的地方安营。他将燕军分为三营，张玉领中军，朱能领左军，在大宁降燕的都督陈亨领右军。双方几乎倾注所有的兵力，都志在必得。

四月八日，燕王率大军渡白马河，拉开白沟河大战的序幕。

战鼓擂响，李景隆派出的第一员猛将叫平安，他是安徽滁州人，父亲名平定，曾经追随朱元璋征讨四方。平定跟常遇春进攻元大都，死于战阵之中。朱元璋可怜平安，将其收为养子。平安在密云任职时曾跟随燕王出征鞑靼，现已被调到南京，任五军都督府中的右军都督佥事。燕王朱棣听说平安领军来攻，不屑道："平安竖子，从吾出塞，识吾用兵，以故敢为先锋，今日吾先破之。"

这是一场艰难的战役，刚开始双方互有伤亡。与平安同时出击的，还有都督瞿能父子。瞿能父子也是猛将，若不是李景隆贪功心切，北平几乎被他们父子俩攻破。如今，他们卷土重来，依然锐不可当。平安毫不示弱，挺矛率众向前。若不是人数占优，燕军早就四散溃败。不过燕军阵中出现了一个叫狗儿的宦官，他异常凶猛，率领几员勇将拼死抵抗，才算稳住阵脚。这仗一直打到夜深，燕王回营时，差点迷失在茫茫夜色之中。平安是燕王的老部下，按说燕王应该了解对方的战斗指数。可是从双方交战的过程来看，燕王还是低估了对方的实力。这是一个无眠之夜，燕王为自己的轻率冒进做自我检讨，也为即将到来的决战做好筹划和部署。

第二天黎明，燕军主力已悄无声息地从白沟河北转移到河南。李景隆的军队也驻扎在白沟河的南岸，两支军队如同两只斗兽，除了正面撕咬，别无选择。朝廷的军队率先发起进攻，而这次打头阵的是瞿能父子。上阵父子兵，没有比父子兵更拼命的将士。亲情像一层护身的壳，把两个人裹在一起，最懦弱的人也敢于拼命。他们红着眼睛，举着刀枪，如入无人之境。而另一猛将平安则从侧翼杀出，顷刻之间，燕军被斩杀数百人。南军发起一浪又一浪的攻击，就连燕王手下的第一勇士张玉都面有惧色。幸好燕王没有乱了方寸，他安慰张玉，胜败乃兵家常事，敌兵虽众，不过日中，保证为诸君击破他们。他亲自率领数千精锐的骑兵冲击南军左掖，张玉和朱高煦率领马步军齐头并进，数十万大军如两团旋风从不同的方向发力，撞击在一处。在白沟河南的旷野之上，四面响起震耳的鼓声、战马的嘶鸣和杀伐声。《明史纪事本末》有这样一段描写："（燕）王先以七骑驰击之，且进且退，如是者百余合，杀伤甚众。南军飞矢如注，射王马，凡三被创，三易之，所射矢，三服皆尽，乃提剑左右当击，剑锋折缺，不堪击，马却，阻于堤，几为瞿能所及。"[①]

燕王如有神助，刀剑好像长了眼睛似的躲着他，生怕伤到了他。如若真有神灵护体，神灵不是别人，正是他的侄儿皇帝。建文帝在发兵北伐时曾做过特别交代："不要让朕背负杀叔的罪

---

① 谷应泰：《明史纪事本末·燕王起兵》卷十六。

名。"正因为如此，燕王才会一次次有惊无险。或许燕王有所预感，当部下劝他回到军营中合力拒敌时，他却执意留在战场上。

这真是一场撼人心魄的战役，双方将士都拼尽全力。平安斩燕将陈亨于马下，并砍伤燕将徐忠的两根手指。燕将也不含糊，徐忠为了不耽误杀敌，毅然将受伤的手指砍去，撕块衣布裹住伤口继续迎战。眼看燕军就要败下阵来，燕王朱棣的次子朱高煦率领几千精骑突然出现在战场。正在双方陷入僵局之时，一阵飓风骤然而起，刮倒南军的大旗。大旗一倒，指挥系统出现混乱。随之而起的是漫天沙尘，如一阵阵浪涛，扑打在他们脸上，南军将士几乎睁不开眼睛，只能依稀看到许多模糊的影子。刀在铠甲上划过，发出的声音让人头皮发麻，血在飞，与飞扬的尘沙搅和在一起，变得黏稠无比。李景隆即使还想再战，也无法控制局面。此时，燕军似乎积攒了强大的势能，像野兽一样冲入战阵。南军全线崩溃，兵败如山倒，"奔走之声如雷"。燕军借风纵火，焚烧敌营，连绵数十里的南军营地顿时成为一片火海。瞿能父子战死，平安也被燕将朱能击败。李景隆率领余部往南逃，丢弃的辎重、武器不可胜计，军士斩首和溺毙十余万，投降十余万。燕军沿途追杀，横尸百余里。

李景隆兵败的消息传到京师，建文帝大惊，难以相信！但战报就攥在建文帝的手里，真真切切，让他不得不相信。黄子澄当场恸哭，大呼："大事去矣，荐景隆误国，万死不足赎罪。"他大哭求死，也请求治李景隆误国之罪。一些正直的大臣悲愤难抑，他们怒指李景隆心怀二心，丧师失地，已经严重触犯了《大明律》，应该处以极刑。尽管群情激奋，李景隆毕竟是皇帝至亲，建文帝还是没治罪于他。

## 济南的攻守推演

李景隆真的被吓破了胆，他跑得比兔子还要快。燕军紧追不放，山东境内的许多城池几乎望风而降。这时候，建文帝派出的另一支由魏国公徐辉祖统帅的三万人马已在赶来增援的路上。有军事专家认为，李景隆率领的溃逃之师尚有数万之众，他退守德州，稍作休整和部署，对付朱棣的追兵还是能够撑到徐辉祖的援军赶到。两家兵合一处，胜败难以定论。一切假设皆为虚无，现实是另一番面目。李景隆不但放弃德州，甚至将朝廷的辎重和粮草也全部留给了燕王。也难怪，有人说他吃里扒外。这个夸夸其谈的军事统帅，除了消耗掉建文帝的六十万大军，甚至将一百多万石的粮饷献给了燕王。再回想到瞿能父子攻破北平城时，他突然下令停止进攻，可以说李景隆对建文朝廷的崩溃，负有不可推卸的责任。此时的李景隆犹如惊弓之鸟，一退再退，一逃再逃，直到逃入济南城。

由北平到南京，取道济南是最近的路线，三地几乎在同一直线上。济南城蹲伏在南进之路的中间，像一把铁钳，把北方通向南方的道路死死地卡住。燕王朱棣攻下济南，等于占据江北的半壁江山。

每逢重大历史关头，都会有一个重要人物出现，这一次也不例外。这个人的名字叫铁铉。

李景隆一头扎进济南城，紧随其后的燕王朱棣犹如失去猎物的疯狗，在济南城外逡巡不进。攻击是最好的防守，只有凶恶可以让自己更加安全。这一场面,让人想起印度诗人泰戈尔的一句话:"人类的历史耐心等待着被虐待者的胜利。"按照燕王的策略,进攻济南应是万事俱备后的选择。如今,却被李景隆提前带入战局。他料到李景隆不行,却没料到,李景隆会如此不行。此时,山东的"三司"衙门的长官都在南京,留在山东境内的最高军政长官就是身为山东布政使司参政的铁铉,以及李景隆北伐大军的参将盛庸。

铁铉,河南邓州人,洪武年间朱元璋推行"监生历事制度",身为监生的铁铉在衙门任事,成绩优异,表现突出,先后被授予礼科给事中,后调为都督府断事,曾受命断案。凡是他经手的案件,无一不清,无一不明,朱元璋赐予他"鼎石"之名。建文元年(1399年),朱允炆擢升他为山东布政使司参政。李景隆北伐时,铁铉负责北伐军的粮草供给。如果没有靖难之乱,没有济南城,像铁铉这样的人,即使有官场任事的手段,也只能像一滴水消失在大海之中,永远不会被人注意。

铁铉和盛庸齐心协力,济南成为朱棣南征之路上最难啃的一块骨头。面对坚城铁甲的济南,朱棣遇到了前所未有的考验。远在南京的建文帝得悉济南城的战事消息,内心无比畅快。他马上擢升铁铉为山东布政使,"遣官慰劳,赐金币,封其三世",并命令盛庸取代李景隆出任大将军。济南战事,大大鼓舞了南军士气。

燕王久攻济南不下,难免心浮气躁。他命人写了一封劝降书,射入城中。铁铉等人不为所动,也让一个叫高贤宁的儒生写了一篇《周公辅成王论》回复燕王,劝其息兵。大敌当前,所谓劝降,不过是缓兵之计。济南城的兵事,牵动着南京城里建文君臣的心。

建文帝再派尚宝司丞李得成赶赴济南，让他代表自己当面向燕王朱棣提出议和息兵的请求。建文帝又一次放低身段，向自己的叔父示弱。可是对于朱棣来说，已经亮出的獠牙又怎能轻易收回。他故意抬高议和的条件："诛奸谗以谢祖宗，去新政以复成宪，释诸王以归旧封，罢天下之兵，毋得窘逼。我得仍守旧封，屏翰北土，则天下孰不乐朝廷之能保全宗亲，慕德而向义也？何苦必欲见害耶？"①燕王还是一副受害者的楚楚姿态，仿佛他的凶狠，都是被建文君臣逼出来的。即使建文帝答应他开出的这些条件，燕王也不会息兵。从某种程度上说，建文帝和燕王的位置已经发生了颠倒。燕王更像是皇帝，使出来的是政治家的手段。而建文帝更像是一杯温吞水，翻不起大浪，也无法做到淡定而从容。

建文二年（1400年）七月，燕军围济南三个月还无法攻下来，这让燕王大为恼怒。起兵以来，朝廷建立在北方的防线像多米诺骨牌一样接二连三地倒下，燕王朱棣从血泊中树起了自己的旗帜。眼下的济南城，让燕王率领的北方骑兵失去了用武之地。不知道是谁第一个提出水淹济南城的想法，这一次，济南城里的百姓开始紧张起来。因为他们看见燕军已经拦坝筑堰，将济南城郊的各路水源汇聚起来。铁铉却成竹在胸，不以为意道："无恐，计且破之，不三月遁矣！"《明史纪事本末》里有一段戏剧化的记录，铁铉安排了一帮大嗓门、有表演天赋的人昼夜号哭，且哭且说："济南鱼矣，亡无日矣！"与此同时，又挑选上千名济南城百姓出城，跪地求饶："奸臣不忠，使大王冒霜露，为社稷忧。谁非高皇帝子？谁非高皇帝臣民？其降也。……请大王退师十里，

---

① 《明太宗实录》卷七，《奉天靖难记》卷二。

单骑入城，臣等具壶浆而迎。"①济南城里的百姓声泪俱下，跪地长呼燕王，口口声声要开城迎接燕王。这是一场需要群众演员配合的好戏，过于逼真，竟然瞒过了燕王那双洞察世事、阴鸷酷烈的眼睛。

按照约定的时间，燕王真就骑着一匹高头大马出现在济南城下。如果我们能够取得一个更大的视角，我们会看到济南城内外一幅奇异的图景：无以数计的燕军退让十里，时间在那一刻突然凝固。一切都像是双方商量好了似的，济南城门洞开。守城的军士和城里的百姓登上城头，齐呼"千岁"，如同盛大节日的开启。燕王按捺不住内心的狂喜，一提马缰向城门驰去。刚进入城门，突然落下一块铁板，不偏不倚砸中马头。喧哗归于静寂，事先没有征兆，仿佛阴谋从天而降。燕王跌落马下，连滚带爬，慌乱中换上随从的马匹，掉头便逃。埋伏在吊桥边上的守军还没完全反应过来，慌乱中去拉吊桥。一切来得太突然，电光石火之间，情势发生了变化。朱棣飞身上马跨桥而去，像是一只受到惊吓的麋鹿，很快消失在铁铉等守城将士的眼前。好端端的一条妙计，最后却出了岔子。隐藏在城墙上的巨大铁板本来应该在燕王进入城里再落下，伏兵由于擒王心切，燕王朱棣的马还没进入城门洞，就把铁板推下。

从这一刻开始，铁铉就成了燕王朱棣最痛恨的人。恼羞成怒的朱棣不再和对方浪费口舌，所有的情绪化作一个字，那就是"打"。在火炮的掩护下，燕军用一种搏命式的打法日夜攻城。济南眼看就要顶不住了，铁铉灵机一动，命部下刻写许多明太祖的

---

① 谷应泰：《明史纪事本末·燕王起兵》卷十六。

神主牌位，高悬于城墙之上。朱棣起兵时，不就是举着"祖制"这面大旗，以示他造反的合法性吗？铁铉在这里恰好利用朱棣的文宣策略，索性在城墙各处挂上太祖牌位。果然，朱棣下令停止炮轰。轰的是城墙，也是太祖牌位。轰塌了城墙，朱棣向天下人展示的那面"祖制"大旗也就随之倒下了。他不能因为攻城，而失去天下臣民之心。

就在双方僵持不下的时候，一封军报打破了沉寂。平安率领二十万大军驻于单家桥（河北献县南），还打算袭击御河（大运河），攻打北平。平安专门挑选了五千名习水性的将士渡河进攻德州。朱棣担心被切断退路，只好班师回北平。建文帝擢升铁铉为兵部尚书，赐金币，封其三世。封盛庸为历城侯，总掌诸军北伐事宜。建文君臣从铁铉、盛庸的身上，看到了久违的希望之光。铁铉在大明湖内大摆筵席，犒劳有功将士。而对于南军来说，他们以为这个秋天看见的是一道胜利的曙光，事后才发现，那不过是落日前的余晖。

济南战役的胜利，让南京城里的建文帝暂时又能睡上安稳觉了，天下似乎又太平了。

那天晚上建文帝被一种奇怪的声响倏然惊醒。他听到寝宫外杂沓的脚步声，以及太监、宫女们的尖叫声。或许那是他第一次知道，火是有声音的，而且是一种令人惊骇的巨响。寂静的秋夜，使火的声音听上去格外清晰。有太监来报，承天门失火了。这是对权威的一次极大挑衅，因为承天门寓含"承天启运"、"受命于天"之意，寓意着帝王权力来源的合法性。大半个南京城都可以看见这场大火，人们聚集在城墙内，向皇宫的方向张望，不知发生了什么，一种不祥的预感，在天朝子民中蔓延。有人说这是上天的示警，方孝孺却说这是谋反的藩王当灭的预兆。这样的话后来传入了燕王朱棣的耳朵里，燕王本来就相信宫廷火灾的灾异性，靖难成功后清算建文帝的"失德"行为时，燕王就曾以南京内廷发生的一系列火灾为借口，称"上天怒其无道，灾于承天门，灾于乙字库，灾于锦衣卫"。建文帝按照方孝孺的建议，大改诸门的名称：改承天门为皋门，前门为辂门，端门为应门，午门为端门，谨身殿为正心殿。越是天下不宁，人越是对超自然现象心生畏惧。大火来无影去无踪，没人知道火是怎样烧起来的，但它很会选择时机。建文帝忙于这些所谓的"改制"之举，除了又给燕王以妄改"祖制"的口实，实在没有任何用处。不过，建文帝不会承认这是他的主意，一切都是天意。

就在建文帝君臣享受着胜利带给他们的太平幻象之时，连吃败仗的李景隆被召回京城。他自知罪责难逃，朝堂上下恨不得活剥其皮、生啖其肉的大有人在。所以他回京以后，深居简出，拒绝见任何人。不过躲得了初一，躲不过十五。明朝制度规定，朔望日要举行常朝。文武君臣齐聚奉天门外，等待上朝的时辰到来。那一天，李景隆不得不身着朝服位列朝班。虽然他在人群中躲躲闪闪，但还是被御史大夫练子宁撞见。只见练子宁上前将他拖了出来，并大声疾呼："坏陛下事者，此贼也。"左、右班中都有官员回应他的呼叫。有的官员出班上前，欲助练子宁一臂之力，也有一二勋臣同情李景隆，想为他解围。两个人的扭打变成数十人的乱战。一帮平日里纸上谈兵的言官，大打出手，煞是热闹。

十月十五日，日短而夜渐长，燕王下令征讨辽东。将士们不理解燕王的用意，他们认为应对南方用兵，现在却去攻打辽东。张玉和朱能私下问过燕王，放着眼前的南军不打，为何要劳师远征。燕王告诉他们：我今佯装征辽，趁敌军不备，我军直捣城下，定可破敌。不过，他这一招既迷惑了敌人，也把自己人搞迷糊了。驻守沧州的南军将领徐凯侦知燕王东征，果然放松警惕，派兵四处伐木，昼夜筑城。就在燕王手下将士们疑惑不解时，燕王突然率师返回通州。第一日驻于通州，是惯例。但第二日驻于直沽，就显得行动过于迟缓了。将士们不解，他们问燕王这是去往何处。因为直沽在武清境内，武清在通州以南，根本不是去辽东的必经之路。燕王给出了一个极其牵强的理由："夜里有白气二道，从东北指向西南。经占卜，今只利南伐，不利东征。"

天刚蒙蒙亮，燕军抵达沧州城下，南军守将徐凯这才发觉。燕军很快拿下了沧州，徐凯等将领几乎全当了俘虏，被斩首万余人，还有三千多人被燕将谭渊活埋。随后，燕军并未直接对德州发起强攻，而是掠城而过。燕军由馆陶渡河，经冠县、莘县、东阿，到达东平。此时，盛庸的主力已转移到东昌（今山东聊城）。东昌府在济南以西约三百里，与北平布政使司接壤。盛庸率军西移东昌，有两个目的：一是取攻势，对北平造成更大的压力；二是接近在真定驻守的平安军，更便于协同作战。燕军在前哨战中，大获全胜，接着便向东昌扑来。

此时已接近年关，铁铉亲自押送肥牛佳酿，来到东昌犒劳三军。盛庸面对来势汹汹的燕军并不畏惧，他激励部下，立誓灭燕。盛庸既不退也不让，而是背城而战。盛庸和铁铉都知道，燕王是个可怕的对手，不允许他们犯错。他们一旦犯错，将置南方的政权于危境，南京城里的建文君臣也不允许他们犯错。李景隆犯错，可以得到赦免，不代表他们有这样的特权。然而，战场上的变数又太多，"天气、地理、后勤、敌情、我情……一着不慎，满盘皆输"。

盛庸立于城头之上，表情没有丝毫的变化，他似乎在打一场胜券在握的仗。他将军中精锐尽数挑出，背城布阵，安排火器，并准备了充足的毒箭，严阵以待。朱棣对此感到意外，不过他还是缓缓地举起手中的战刀，在一声撕破喉咙的呐喊中，燕军向东昌城发起猛烈的进攻。盛庸也同时发出指令，火铳和毒箭齐发，燕军纷纷倒下。就在这时，平安率军赶到，与盛庸军会合，对燕军形成合围之势。即使燕军左翼和中军先后受阻，燕王朱棣仍率数十骑孤军突进。如此冒险，源于他的轻狂与自负。在他眼中，东昌城已是触手可及的果实，只要他想要，他随时可以收入囊中。燕军冲杀进去不难，但想要再冲出来难上加难。朱能等人奋死力战，冲入南军阵中，保护着燕王冲出敌阵。张玉不知燕王已被救出，左冲右突，被官军团团围住，终因体力不支，战死于阵中。

燕王一次次被包围，又一次次脱困而去，除了将士上下用命，还有建文帝的王命护体。诚如《明史纪事本末》所说："诸将奉帝诏，莫敢加刃，燕王亦知之，故挺身出，辄短兵接战。"虽然燕军大败，伤亡数万人，燕王朱棣却突围而出。要不是建文帝有不得伤其叔父的死命令，朱棣不知要死多少次。朱棣也看出其中端倪，一遇战败，就无赖一般殿后压阵。他把自己当作掩护撤退的盾牌，一个人就像是一支队伍。"仓卒相顾愕眙，不敢发一矢。"

正当燕王朱棣仓皇北逃的时候，他的次子朱高煦率军赶到。朱棣有四个儿子：朱高炽、朱高煦、朱高燧和朱高爔。除四子早亡，其余三子皆徐达长女，即后来的徐皇后所生。三个儿子各有特点，长子朱高炽为人内向，行事沉稳，身体可能患有肥胖症，显得体态臃肿，行动笨拙，不善骑射；次子朱高煦为人矫捷凶悍，身材高大，善于骑射；老三朱高燧为人精明，善于讨好朱棣。三个儿子中，朱棣最喜欢老三朱高燧，最器重老二朱高煦，最不喜欢老大朱高炽。

朱高煦曾多次在朱棣战败之际，甚至差点被敌人追杀时，率骑兵部队赶来救援。白沟河之战时，燕王的战马中箭跑不动了，被阻挡于堤坝之下，眼看李景隆的军队就要追赶上来。恰在此时，朱高煦率领一队骑兵赶到，救下燕王。如今，又是朱高煦率领骑兵从天而降，怎不让燕王心生感动。燕王觉得朱高煦最与自己相类，好生夸奖了他一番。朱高煦这样的将领，真像是战场上的一只猎犬，不仅有勇力，还有嗅觉。嗅觉不仅仅是用鼻子闻，很多时候是一种预判。当时的战役规模比较大，双方投入十几万、几十万兵力，交战的区域纵横数十里。北方的平原旷野，没有任何地标，更容易让人迷失。混战中，朱高煦和他的父亲朱棣经常拉开较远的距离，甚至失去联系。朱高煦几乎每次都能率领一支机动骑兵部队，在危急时刻援救朱棣，让人感到不可思议。这让人觉得，与燕王在战场上出生入死的是朱高煦，而长子朱高炽一直留守北平。

燕王与建文帝的这场政治较量，分作两个阶段：靖难之役开始前，建文帝好似在搏命，燕王在搏同情；从靖难之役开始，建文帝好似在搏同情，燕王在搏命。人们看见建文帝用他的"文弱"和"纯孝"在制止战乱，而朱棣却成了一个痞子，成了战场上打不死的"小强"。

建文三年（1401年）新年的第一天，燕军在朝廷军队的步步紧逼之下，退到河北威县。不等扎好营盘，驻守在真定的朝廷军队又赶来狙杀。天寒地冻，又逢新败，朱棣真的不想硬拼。他知道，躲过这一劫已是侥幸，可他偏要奢求更多。他领着十余骑到朝廷军队阵前，恳求他们放行。那一刻，他不得不低下高昂的头颅，苦苦哀求北伐军将领："我经常俘虏你们的人，随即就放了他们，今日也请你们能够放我过去。"这样的话听来未免滑稽，像是一个输光了筹码的赌徒在耍赖。北伐军将领岂能由他说教，怒斥："放你就是放走一只蝎子。"蝎子有毒，对付蝎子不能仁慈，而要以毒攻毒。燕王见对方不肯放过自己，只好往后退缩。敌退我进，北伐军紧盯不放。燕王且战且退，将这支军队引入燕军布下的陷阱，四面合围，竟将它全部歼灭。

几天后，燕王率军退至深州（今河北深州），又击溃由真定赶来的平安和吴杰率领的三万人马。在刺骨的北风中，燕王终于冲破朝廷军队的围追堵截，于正月十六日回到北平。东昌大战，让燕王的精锐部队丧失殆尽。战争初期，他依靠灵活机动的指挥，在山东、河北一带攻城略地。而铁铉和盛庸的登场，扭转了朝廷军队的颓靡之势，也打破了燕王取道山东南下的梦想。尤其让燕王感到悲痛的是，他最倚重的大将张玉战死于东昌。

北风卷地，飞雪连天，这个冬天对朱棣和燕军将士来说，是一个非常痛苦的季节。燕王流下眼泪，将士们也跟着流下眼泪，为了张玉之死，也为叵测的命运，还有对未来的恐惧。在重大关头，人们都会不由自主地往坏处想。今日他们为张玉而哭，不知明日谁为自己而哭。燕王脱下身上的袍服为死者焚烧，嘴里念念有词，愿袍服为死者御寒。他对身边的人说："虽其一丝，以识余心！"死亡将士的亲属无不动容，潸然泪下。

此时远在千里之外的南京城，却是另外一番景象。建文帝得知东昌大捷后，立即颁诏褒奖前线将士。他还亲自到太庙祭祀，向祖上报告这天大的喜讯。更重要的是，他把齐泰、黄子澄召回，官复原职，照旧参与军事。当战局不利时，齐泰和黄子澄被罢官；当胜利再次降临，他们又被官复原职。在齐泰被罢官的这段时间，取代他的是茹瑺，一个主和派领袖人物。由此可见，齐泰、黄子澄的用或不用，不仅是为了安抚燕王，也是朝中派系斗争的结果。

第三部分

# 坠落与重生

# 第五章　战争语境的蜕变

## 野战、议和以及反间

二月的北方还行走在冬与春交替的边缘，时常风沙过境，天气干燥。燕军这时候已休整了一个多月，燕王决计再次南下。无论北平的城墙多么坚固，宫殿多么华丽，固守坚城相当于坐以待毙。

战争初期，燕王朱棣的想法是由北向南，一步步地征服天下。而现在，他有了新的思路：为什么非要在济南城下和南军纠缠？若能绕过山东，直取应天，岂不更好？

在这场残酷的角逐中，谁都希望成为最后的胜利者。而这正像朱棣在出师之前说的那番话："尔等怀忠奋勇，每战必胜，可谓难矣！比者，东昌之役，接战即退，遂弃前功。夫惧死者必死，捐生者必生。白沟河之战，南军先走，故得而杀之，所谓惧死者必死也。尔等奋不顾身，故能出万死，全一生，所谓捐生者必生也。"生者恒生，亡者必亡。无论是谁，只要他走进战场，就等于默认了它的游戏规则，就不应该再对死亡抱有恐惧。谁要想活下来，就必须要有向死的决心。

真定府境内，滹沱河称得上第一大河，它由许多支流汇集而来，在流淌途中，又化为许多支流而去。燕军从陈家渡过河，由东北向西南行进。盛庸率南军列阵之处，位于滹沱河的支流夹河畔。三月十二日，燕王率军抵达夹河。他并不歇息，而是率领一小队骑兵刺探敌营。南军发现这支骑兵，立即派出千余骑来追。燕王张弓搭箭，接连射死追兵数人。

《明史》中诸如此类的战场细节比比皆是，虽有美化，燕王擅骑射却是不争的事实。燕王朱棣热爱战场，他以一个军事家的身份进入史册是完全够格的。

盛庸的北伐军在每列兵阵外，都竖起一排整齐的盾牌，犹如一面墙挡住燕军的进攻。燕王命人制作长矛，短则五尺，长则八尺，前端横穿着钉子，钉子末端有倒钩。两军再战，燕军勇士列于阵前向南军投掷，长矛穿透南军盾牌，一时难以取下。南军大乱，遂弃盾往回撤。燕军趁势掩杀过去，南军阵营发生混乱。激战中，燕将谭渊战死；随后，杀死谭渊的南军将领求功心切，冲入燕军阵中，力竭而死。

从白天鏖战至黑夜，双方互有伤亡，两军将士疲惫不堪。这天晚上，燕王在离南军营地很近的地方露天野宿。等到第二天天明，左右随从看见四面都是南军，催促燕王赶快逃跑。燕王毫不胆怯，跨上战马，鸣角穿营而去。等到南军反应过来，燕王已疾驰而去。

这样的场面通过文字描写，通过将士的口口相传，既鼓舞了士气，又树立了燕王的战神形象。一言以蔽之，燕王是将才也是帅才，后来证明他还有帝王之才。对燕王的部下而言，燕王如有神助，说明他是命定的真龙天子，将来是要打进南京城的，这比任何形式的宣传都更见效果。追随燕王，将成为新朝的元勋，眼前的困难和挫折又算得了什么。

前有燕王射死追兵，后有燕王露宿敌营。燕王好似戏台上的男主角，南军将士不是来围剿他的，而是为了烘托他的神勇，给他当背景的。究其原因，不是南军无能，也不是燕王无敌于天下，而是因为建文帝的那道谕令："不要让朕背负杀叔之罪名！"

第二天的决战同样具有戏剧性。

> 两军兵刃相接，彼此战疲，各坐而息，已而复起战，相持不退，飞矢交下。忽东北风大起，尘埃涨天，沙砾击面，贼军眯目，咫尺不见。我军乘风大呼，纵左右翼横击之，……贼军大败，弃兵而走。①

历史不厌其烦地上演同样的戏码，似乎为了证明建文帝的失败是上天注定的。在济南保卫战和东昌大捷中表现神勇的盛庸，突然之间就玩不转了。他的失败至少有四个方面的原因。一是建文帝既要削藩，又怕承担"杀叔"恶名，让前线将士进退两难。二是盛庸产生骄傲情绪，对战场形势缺乏判断。仅举一个细节，盛庸为了激励部下，让手下将士随身携带金银扣器，锦绣衣袍，说攻破北平之日，张筵痛饮。仗还未开打，就想着喝庆功酒。在那个动荡不安的年代，人心躁狂如斯。三是盛庸善于守城，却不善于野外战和运动战。四是盛庸近乎孤军作战，平安和吴杰的偏师并没有配合盛庸的行动。对此燕王看得最为清楚，他曾说，吴杰、平安表面听从盛庸调遣，其实他们内心并不服气，"今（盛）庸已败，彼必欲独成功矣"②。

---

① 《奉天靖难记》卷三。
② 《奉天靖难记》卷三。

果然不出燕王所料，平安和吴杰闻听盛庸在夹河大败，立即出兵伐燕。燕王就是要将他们引出真定城，扬野战之长，避攻坚之短。通常来说，机动能力强的一方往往占有战略上的主动权，燕军对南军正是如此。南军有固定防线即城池，而燕军则处于一种无固定战略支撑点的机动进攻状态。为了避免陷入济南之败的怪圈，燕王还是要将对方引出坚城。燕王让军士佯装四散取粮，同时放出风声，燕军大营已无防备之师。吴杰立即率军出城，沿着滹沱河东进，在距离燕军七十里处安营。闰三月初七日，燕王下令渡河出击。

闰三月十日，两军在滹沱河畔的旷野上拉开战幕。南军退守藁城采取守势，燕军则处于进攻的态势。双方你来我往，互有伤亡。燕将薛禄被南军抓获，他趁人不备，夺过敌人手中的刀，力斩数人，逃回己方阵营，继续督众力战，勇猛更甚以往。薛禄只是燕王阵营中一个普通的将领，他们的勇敢精神是燕军取得胜利的基本保证。强将手下无弱兵，燕王这时候已率领一队骑兵顺着滹沱河绕到敌后，发起攻击。南军阵地中间有个临时搭起的高楼，有数丈高，平安就站在高楼上指挥。燕王派一队劲骑朝楼冲去，平安见状下楼而逃。就在这时，天忽然阴沉下来，狂风大作，刚好向着南军阵地劲吹。燕军将士在呼啸的风声中奋勇向前，南军全线溃退。

燕军紧追不舍，手中钢刀取人性命，就像北方农民在收获自家地里的庄稼，他们想怎么砍就怎么砍。那一天，南军被斩首六万余级，燕军一直追到真定城下。吴杰和平安逃入城内固守，这一战，燕王取得战略性突破。燕王还派人将战场上那面被箭射得洞痕斑斑的王旗送回北平，交给世子朱高炽，要他好好珍藏，传之后世。王旗被射得千疮百孔，燕王却安然无恙。

燕军乘胜追击，接连攻下顺德、广平，"河北郡县多降"。建文三年（1401年）四月，燕军直抵大名城下，大名官员不战而降。就在这时传来消息，建文帝又将齐泰、黄子澄罢逐。与第一次不同的是，"有司已簿录其家"，即他们可能被"抄家"了。

燕王听到这个消息时脸上浮现出笑意。他为建文帝拙劣和懦弱的表现感到好笑，他似乎看见建文帝的眼中露出惊恐的目光。朱棣不知道是应该同情他，还是该鄙视他。愚蠢的事干一次还不够，还要再来一次，这除了证明他愚蠢，毫无意义可言。

对燕王来说，建文帝罢逐齐、黄二人，说明他又在向自己示弱。一个不自信的皇帝，是一个王朝最大的悲哀。

这时候，燕王朱棣再次上书建文帝，说的还是那些套话：齐、黄奸佞，欲加害亲王，自己不得已而发兵。他说自己每天都在盼望着朝廷的"休兵之旨"，直到今日仍没有等到。如果真想息兵，就应该立即下罢兵的诏书，"复亲王之爵，休息兵马，销锋镝为农器，以安天下之军民，使各遂其生"。到那时，自己则愿意"老死藩屏，报效朝廷"。

战事由此进入胶着状态，双方在山东和中原地区屡有交手，互有胜负。其间也有书信往来，使者不断，双方展开了一场心理战。方孝孺曾向建文帝献计："燕兵久顿大名，天暑雨，当不战自疲。急令辽东诸将入山海关攻永平，真定诸将渡卢沟捣北平，彼必归救。我以大兵蹑其后，可成擒也。"①身为帝王，建文帝几乎没有自己的政治主张，完全是被时势推着往前走。这时候，早

---

① 《明史》卷一四一。

已被失败的噩耗弄得心焦似火的建文帝听到方孝孺的这番话，不禁大喜过望。他命方孝孺赶紧草拟诏书，让大理寺少卿薛岩传送燕王。诏书中他赦免燕王父子及燕军诸将士的罪过，要燕王归藩，仍复王爵，只是以后不要干预政事和兵事。

薛岩临行前，方孝孺还拟了一封榜谕燕军将士的诏书，这封诏书印在小黄纸上，约有千张。他让薛岩在燕营中秘密散发，吓得薛岩半道上就把这些小黄纸藏了起来，始终不敢拿出。他到燕营后，只把建文帝致燕王的诏书拿了出来。两封诏书都出自方孝孺之手，内容不同，文风近似。方孝孺是一个性情既憨直又执拗的书生。从道不从君，是儒家一贯追求的精神传统，也就是将"道"作为所要遵循的第一原则。虽然他向建文帝献出缓兵之计，但在草拟诏书时，那种与生俱来的护道思想，还是会行诸笔端。燕王朱棣见诏书"辞语肆慢"，不由怒道："帝王之道，自有弘度，发号施令，昭大信于天下，怎么能自欺欺人，拿祖宗的基业为儿戏呢！"

燕王从建文帝的这封诏书中，感觉不到对方的诚意。尤其听到薛岩转述建文帝的那番话："殿下早上罢兵，来谢孝陵，晚上就下诏班师。"燕王冷笑道："这话连三尺孩童都骗不了。"他用手指着身旁的将士说："这里有大丈夫在！"这是在嘲讽建文帝，大家都是成年人，不要用小孩子的把戏糊弄人。燕王命人领着薛岩去军营转一转，"（燕）军连营百余里，戈甲旗鼓相接，而驰射其中"。这次燕营阅兵，给薛岩以强烈的感官刺激。从此，薛岩就成了燕军的免费宣传员，直至后来投降燕王。《明史纪事本末》记录了薛岩离开前，燕王朱棣说的一番话，他说："归，为老臣谢天子，天子于臣至亲，臣父，天子大父；天子父，臣同产兄。臣为藩王，富贵已极，复何望！天子素爱厚臣，一旦为权奸谗构，以至于此。臣不得已，为救死计耳。幸蒙诏罢兵，臣一家不胜感戴。但奸臣尚在，大军未还，臣将士存心狐疑，未肯遽散。望皇上诛权奸，散天下兵，臣父子单骑归阙下，唯陛下命之。"按照燕王的意思，如果朝廷真要罢兵，就应该拿出诚意，将各路兵马马上撤回，自己也撤回北平，永为藩辅。建文帝让燕军先撤兵，燕王让北伐军先撤，这种来回倒脚式的踢皮球，只会让双方失去信任，失去耐心，于事无益。

既然双方都无息兵的诚意，战事也就看不到尽头。这边，吴杰、平安发兵切断从北平往大名（燕军驻地）的运粮饷道，并斩杀燕军数百人；那边，燕王上书问责建文帝，不是说好罢兵吗，为何袭击我的军队，切断我的饷道？燕王将战争的责任推给朝廷，并再次谈到罢兵之事："德州、真定之兵朝散，我夕即敛师归国。"

燕王发出的"灵魂三问"，让建文帝深感惭愧，让他再次动了退兵的念头。他对方孝孺说，燕王是朕的叔父，"吾他日不见宗庙神灵乎！"方孝孺对此只能抱以苦笑，人家来抢皇位，他还想着无法向祖宗交代。方孝孺只能耐心开导："陛下果欲罢兵耶？即兵一罢散，不可复聚，彼长驱犯阙，何以御之？今军声大振，计捷书当不远，愿陛下勿惑甘言。"[1]建文帝这才拿定主意，并将燕王派来的信使下狱，以示决绝。

在方孝孺看来，建文帝是政治秩序中的最高代表，也是儒家忠君之伦理原则的落脚点。朱棣作为藩王，藩屏帝室是他的本分，

---

[1] 《奉天靖难记》卷三。

他的行为颠覆了政治、伦理秩序。而方孝孺作为承载圣贤之道的儒生，就要以道来对抗燕王的悖逆之势。在他所拟的答复燕王的诏旨中，语气始终强硬。殊不知，时势已经反转，燕王正在成为这场游戏的主导者。一是他接连击溃北伐军，兵锋正盛，在战场上占据着主动；二是建文帝已经失去自己的应对节奏，无论是罢逐齐、黄，还是起用他们，都是踏着燕王以诛奸臣（齐泰、黄子澄）为名起兵的节奏行事。

既然谈判场上无法达成和解，那就只能在战场上见分晓。燕王也盯上了南军的饷道，你切断我的饷道，我就还你以颜色。当时，南军主力驻在德州，粮草都要经过徐州、沛县等地运来。燕王派李远率一支六千人的骑兵前往徐州一带，将士都换上南军的甲胄。他们攻破了济州（今山东济宁），又分别在谷亭和沛县各放了一把火，使得南军的粮食、船只和军资器械化为灰烬。燕军的这次偷袭取得重大胜利，它使南军前线的粮饷供应陷入困境，京师大震。

建文三年（1401年）夏天，燕王不断袭击通往真定和德州的运河供应线，捣毁了从北直隶南部到山东南部的仓库和运输设施。燕王经过短暂休整，接着集中兵力围攻彰德（今河南安阳），两军相持不下。燕王遣人入城劝降，守城都督赵清对来使说："殿下至京城日，但以二指许贴召臣，臣不敢不至，今未敢也。"赵清虽然拒绝燕王的劝降，但也给燕王以启示。赵清的这番话，或许代表了许多南军将领的态度。武将毕竟不同于儒生，他们只是忠于朝廷，并不在乎皇帝是谁。更何况，朱棣和朱允炆本就都是太祖皇帝的儿孙。拥护谁，都是拥护朱明王朝。燕王这才意识到，自己若能占领南京，以朝廷的名义号令天下，各地的守将就会传檄而定。南京,是一切的起点,也是一切的终点。在明人姜清所著的《姜氏秘史》中有段话:"靖难兵起三年,屡战多胜,冲突千里,罕能御之。然所过城邑,往往坚守不住,间克之,兵去,即杀守帅,复为朝廷。"

这时,燕王身边的谋臣道衍(姚广孝)也劝说:"毋下城邑,疾趋京师。京师单弱,势必举。"就在燕王朱棣打算顺势而为时,一些从京师逃出来的宦官投奔而来。

靖难之役爆发以后,燕王经常取胜,即使战败也有宦官狗儿之类的人拼死相救。燕王朱棣亲善宦官的传言越来越多,趁着战争混乱之际,一些宦官从南京逃来北方,同时带来建文朝的内部消息和机密。他们告诉朱棣,南京已经成为一座空城,"宜乘间疾进"。对此,嘉靖时期的进士高岱认为:"四方人心多所观望,惟视金陵成败为向背耳……盖其所急在京师,而不在四方。"①自此,燕王的战略有所调整,像济南、徐州这样的坚城,能攻下自然好,攻不下也不恋战,绕道火速南行,不纠缠于一城一池,必须想办法攻占南京。临江一决,不再四处征讨。

与此同时,燕军的大营中流传着一条消息,说北平城里的朱高炽与建文朝廷私下有勾连,令人感到恐慌。对于此类消息,燕王从来不相信。但是在这两军交战的关键时刻,此类消息的确会动摇军心。

这个离间之计出自方孝孺的门人林嘉猷,此人曾在燕王府邸任事,他对燕王三个儿子之间的关系摸得门清。比如,擅骑射的老二朱高煦看不上腿脚不大利索的老大朱高炽,老三朱高燧似乎

① 谈迁:《国榷》卷十二。

和老二走得近乎。朱棣将老大朱高炽留在北平守城,带着老二朱高煦外出征讨。当时燕王府里有个宦官叫黄俨,他与老三朱高燧臭味相投。北平城看似平静,实则暗流涌动。因此,方孝孺才劝说建文帝利用离间计分裂燕王父子关系。于是,方孝孺拟就了一封书信,信中让朱高炽背父投向朝廷,朝廷许诺封他为燕王。

锦衣卫千户张安携带这封有皇帝玺印的书信,前往北平赐予朱高炽。朱高炽收到书信,没有启封,就连同张安一起送往燕王军前。恰在此时,燕王府的宦官黄俨在朱高燧的授意下驰报燕王,说世子已和建文朝廷密谋,很快要归顺朝廷。最后,朱棣还是选择了相信世子朱高炽。燕王曾就此事征询老二朱高煦,朱高煦说,世子本来就与皇太孙朱允炆关系不错,高燧不会诬陷老大。当燕王看完那封未启信件后,不由惊呼"我差点杀了我的世子",随后下令将张安囚禁起来。至此,方孝孺等人的离间计就这样被燕王识破。

这件事的真实性有待考证,虽然《太宗实录》诸书中都有记载,但鉴于是世子朱高炽即位后所修,难免有美化之嫌。即使此事为真,燕王朱棣也不敢轻易下结论。事关北平安危,他们父子兄弟若是互不信任,后果不堪设想。所谓世子"不启封"便将书信呈于燕王,只有一种可能,那就是他知晓建文君臣埋下的玄机。不然,他拆开一看又何妨?不拆不看,这样做不过是为了显示君子坦荡荡。这样的情节过于圆润,像是史家运用文学手法加工而成。不管此事真伪如何,能够被《太宗实录》记载并被后来诸书转载并传播,至少表明,朱棣父子以及朱高炽、朱高煦和朱高燧兄弟之间的确存在嫌隙,这也为后来事情的发展埋下伏笔。

## 南方战事的进退

建文三年（1401年）秋天，朝鲜使臣崔友庆为祝贺万寿圣节来到中国，他经辽东由北而南，到达南京。南京的秋天有一种沉静之美，可是这位远道而来的客人却为年轻的皇帝感到深深的担忧。他回到朝鲜后，向自己的国王这样描述："燕兵势强，帝兵虽多，势弱，战则必败，又有鞑靼兵乘间侵掠燕赵之间，中国骚然。"

"骚然"的中国，显然让朝鲜使臣感觉到了不安。在整个靖难之役期间，朝鲜一直与建文朝保持着良好的关系。自燕王起兵以来，辽东一直在建文朝廷的控制下，朝鲜也一直效忠于建文帝，不时派使节来贡，还不断向朝廷供应马匹。辽东兵马成为牵制燕军的一支重要力量。他们虽时而为燕军所败，却始终葆有元气。身为朝鲜使节，崔友庆说的这番话比较客观和可信。

朝鲜使者提到了两点：一是鞑靼兵侵掠，二是南军战则必败。作为一个外人，对明王朝的时局洞若观火，让人感到震惊。鞑靼侵掠和南军必败，这两件事之间，有无必然联系呢？

也就在这一年年底，鞑靼的可汗遣派使臣来见燕王，表示愿正式归附。明朝初期，在北方军事行动中，经常会听到瓦剌和鞑靼，这两股势力对明朝的影响延续到明末，并在明史之中有单独的传记。

此外，还有一股势力，那便是朵颜三卫（兀良哈三卫）。朵颜三卫虽然隶属于大明，但有着很强的独立性，他们是驻扎在兀良哈地区的蒙古诸部。明朝在他们的辖地内建立卫所，并从中招募蒙古骑兵加入，然而也由于其独立性的关系，时叛时降。明朝藩王制建立以后，朵颜三卫骑兵隶属于宁王管辖。而这时，朵颜三卫在燕王的利益贿赂之下，跟随他讨伐南军。从某种意义上看，朵颜三卫类似于燕王军队中的雇佣军。

燕王朱棣与鞑靼之间的联系，渊源颇深。燕军中就有很多"鞑卒"。建文帝曾指责燕王私纳智谋壮勇之士图谋不轨。朱棣为此辩解道："盖臣府中有鞑军百余人，悉是洪武间归附。朝廷处于北平，皇考命于护卫岁给衣粮，以备御虏防边之用。"① 其实，燕王府中的鞑靼军人又何止百人。

建文二年（1400年）二月朱棣曾遣使致书元主坤帖木儿，但可惜的是所书信笺并没有保留下来，只在《明实录》中留下"谍报胡寇将侵边，上遣书谕鞑靼可汗坤帖木儿并谕瓦剌王猛哥帖木儿等，晓以祸福"的记载，而《国榷》竟写成"迤北可汗坤帖木儿、瓦剌王猛哥帖木儿款北平"，这可能是"燕王款北元"的讳书。其他一些书，诸如《殊域周咨录》，还记有建文二年（1400年）"北虏国公赵脱列干、司徒刘哈剌帖木儿等率众至北平，助靖难兵"。

明朝官家修史，对鞑靼归附燕王语焉不详，反倒野史笔记有些记载。之所以如此，还是源于政治正确的选择。试想，若是坐实燕王勾结鞑靼等北元势力，发动这场所谓的"靖难之役"，燕王即位的非法性将洗无可洗。

建文三年（1401年）十一月，"北虏通燕，寇铁岭卫，杀百

---

① 《太宗实录》"（建文）元年十一月乙亥"，《燕王上惠帝书》。

户彭城"。铁岭在辽东,为建文朝廷所辖地区。结合时局来看,真实情形可能是"燕通北虏",双方达成未见于史载的协议。双方的合作模式,还是雇佣,燕王许以重金,或是领地。总之,燕王开出的条件让鞑靼无法拒绝。鞑靼最终愿意出兵帮助燕王,牵制辽东明军。燕军与明军的战争陷入胶着之际,燕王积极寻求第三方的支持,这与蒙古方面的史料恰好吻合。这些归附燕王的鞑靼将士,作战勇猛,不离左右,"每简其精锐使从征伐,得其死力"。

燕王已做好南进的准备,在南进之前,他要先解除北平的危机。就在这时候,燕王突然接到世子朱高炽从北平发来的信息,平安正率兵攻打北平。平安,这个让对手感到头疼的角色,再次卷土重来。世子朱高炽督众守城,险情频发。燕王急忙率师回救,到定州以后,又接到世子的报告,谓北平情况危急。这时,燕王召来勇将刘江问计。刘江主动请缨由自己率领精锐驰援北平。临别,刘江对燕王说了一番悲壮之语:"臣至北平,以炮响为号,二次炮响则决围,三次炮响则进城。若不闻三声炮响,则臣战死矣。"对一个军人来说,誓死而战是一个巨大的荣耀,所以,刘江的表达从某种意义上来说,正是燕军取胜的法宝。果不其然,刘江率军顺利进入北平。刘江和平安还真就有一场遭遇战,刘江在平安面前毫不含糊,勇不可当,平安大败。燕军斩敌数千级,俘虏千余人,平安则仓惶逃往真定。

当时对北平构成威胁的,除了平安,还有房昭。平安败退真定,房昭据守保定。保定距北平很近,人们习惯将这里比作北平的南大门。房昭在西水寨安了一个据点,准备与燕军就这样耗下去。西水寨在易州(今河北易县)西郎山上,地形险峻,只有一条路攀援可上。房昭在此屯粮聚兵，犹如一枚钉在北平面门上的钉子，一日不拔，一日为患。当时已是秋末冬初，北地渐寒，燕王率军将西水寨围得风雨不透。那是一个月明之夜，秋霜扑面，到处弥漫着死亡的气息。就在这时，山下的燕军突然唱起吴歌。这一幕难免会让我们想到楚霸王项羽陷入绝地时，四面响起的楚歌。南军将士的心，暖了；血，却凉了。在那个夜晚，不少人偷偷地下山来降。房昭只好率西水寨的守军下山交战，而燕王却命勇士绕到敌后，卷旗登山。当山下的南军难以抵抗时，他们抬头发现，山寨已被燕军攻破。燕军乘胜追击，斩首万余，房昭等人逃去。对于燕军来说，这又是一场鼓舞士气的大胜。

与此同时，辽东守军杨文率兵出山海关，围攻永平，攻略蓟州、遵化等县，直接威胁到北平。辽东兵马来犯时，燕王正与房昭周旋。燕王无法亲往，便命已进入北平城的刘江抵御杨文。刘江再次不辱使命，大败杨文于昌黎，杀敌数千人。杨文率残部逃回山海关。至此，南军在东西两个方面对北平的威胁都被解除。

燕王朱棣经过短暂休整，留世子朱高炽守北平，自己亲自率大军南下。此次，燕王不再取道德州、济南一线，而是从山东和河南临界一带南下。燕军此举，大大出乎建文君臣的预料。因为就在不久前，建文帝刚派徐辉祖率军支援山东。《剑桥中国明代史》说："燕王采用游击战术，在北直隶南部和山东西部进行一些牵制战和佯攻战，同时他找出了能绕过许多设防据点的南进路线，这就揭开了内战的新的一页。"

建文四年（1402年）正月初一，燕将李远率领八百骑兵直抵藁城。李远绝非一般的守将。李远是怀远人，袭父职为蔚州卫指挥佥事，燕军攻打蔚州时投降了朱棣。此时，盛庸的部将葛进率马步兵一万余人为先锋,前来邀击燕军。这时,正是一年中最冷的时候,天寒地冻,滹沱河上结了厚厚的冰。当南军沿着冰面向对岸靠近时,李远率军奋击。葛进退回岸边,把马匹拴在树林间,用步兵来迎战。李远绕到朝廷军队的后方,将马匹全部放走。当燕军再次发动进攻时,南军很快被冲垮了,没有了阵形,各自为战,而李远率领的八百骑兵,来往穿梭,时开时合,犹如一个庞大的杀人机器。于是,滹沱河的旷野乱成了杀戮场,数千人被杀或溺水而死。岁首大捷,对于兵家来说,无疑是一个好兆头。燕王大喜,亲自致书李远:"将军以轻骑八百,破敌数万,出奇应变,虽古名将不过也。"[1]

燕王颁布命令,此次参战的将士皆升一级。而在另一个战场,燕王命都督朱能率千余轻骑,在衡水一带截杀平安的部下贾荣,再传捷报。很多年后,燕王说到建文四年(1402年)的开年,身上的英雄气概会陡然提升。

燕军不再沉溺于一城一池的攻守,而是迅速南下,一月十二日由馆陶渡过漳水。《太宗实录》中记载了一件事。燕王渡河后,看到一个病卒躺在路边呻吟,遂把自己的马让给病卒骑。随从们说:殿下是万金之躯,怎么可以把自己的马让给一个小兵随便骑。燕王动情地说:"人命与马,孰轻重?人病不能行,不载之,是弃之矣。吾岂贵马而贱人哉!且彼从吾,尽力而病,吾乃不恤知,岂为人父母之道!"

这样的事很快传扬开,将士们无不感动。朱棣平素以"义气王爷"自居,特别重感情,深得部下爱戴。诸如此类的事件不胜

---

[1] 《明史》卷一四五。

枚举，估计燕军将士都能说上一两件，他们都是宣传员。比如还有一次，燕军在野外露营，天寒地冻让人无法入睡。随从们好不容易找来几个废弃的马鞍子，点起一堆火，让燕王取暖。远处的士兵看见火光，纷纷聚拢而来，及至看到是燕王才停下脚步。侍从们上前驱赶士兵离开，燕王却急忙阻拦道："这些都是壮士，勿止之！我穿两件皮衣还觉得冷，何况他们！我恨不得让所有士兵都来我身边取暖。"士兵们听了这样的话，岂能不感激涕下。或许正因为如此，燕军将士才能上下一条心，舍生忘死，很少出现叛降者。而对于投降过来的敌军，燕王严令不虐待，更严禁杀俘，通常进行宣传教育之后，愿意留的留下，愿意走的送给他们路费。燕王的仁慈之声，不久就传遍两大阵营。虽其中真伪莫辨，但不可尽视为伪饰之词。此时的燕王，已经年过四十，作为一个相对成熟的政治家，有此表现符合情理。

燕军这时候已进入山东境内，他们在东昌和德州西边进兵，接连攻破东阿、东平、汶上等州县，很快又夺下了江苏沛县。沛县守令颜伯玮和他的儿子绝望自杀。沛县既破，燕军直逼徐州。徐州守军据城固守，燕军一时难以攻破，燕王就想移师南行。为了稳住南军，让他们不敢轻易追赶，燕王在城外的九里山设下伏兵，又派出数骑到徐州城下嬉笑怒骂，故意激怒守军，诱使南军出城来攻。城中的南军果然按捺不住怒火，出城追击。那几个燕军不紧不慢，引诱南军渡过河去。几声炮响过后，燕军伏兵突然杀出。南军四散而逃，他们争着从桥上后撤。结果桥塌陷下去，南军溺死者千余人，被斩首数千级。自此以后，无论燕军在城外掀起多大风浪，南军都闭城不出。

不久，燕军又抵近安徽蒙城。燕军南下有胜有败，却有进无退，就像一名过河的卒子。有时候，没有选择，便是最好的选择。燕军进入蒙城一带，蒙城在宿州南，而宿州有南军重兵驻守。燕军这时候已深入朝廷军队的后方，随时有被对方包围消灭的可能。燕王朱棣始终不敢大意，因为平安率数万大军如影随形。一路上，平安都在寻找合适的机会展开一场正面交战。平安本来应该驻守真定，以钳制和威胁北平。或许他太想立功，又或者他有足够的把握对付燕军主力，总之，他离开了真定，随燕军南下。如此，北平之困得以纾解，燕王再无后顾之忧。

燕王曾在涡河边上的北泚河埋下伏兵，并派手下将领王真前去引诱平安。王真在撤退时，反被平安的军队围困，终因寡不敌众，自刎身亡。但平安的军队也进入了燕军的埋伏地，这是一场包围与反包围的战役。

平安的裨将火耳灰是蒙古骑兵指挥，原为燕王部下，后调入京师，素称骁勇。两军混战，火耳灰差点就要了燕王的命。他的长矛在将要刺入燕王脖颈的一刹，燕王一惊，赶忙躲闪而过。火耳灰撤回长矛，蓄力再刺，燕军将士赶紧上前护住朱棣。火耳灰的坐骑被射杀，他自己也差点死于乱刀之下。火耳灰在燕军阵营中左冲右突，如入无人之境。燕王心生惜才之念，命令将士们手下留情，火耳灰最终还是被燕军俘获。燕王不仅没有为难火耳灰，还让他充当自己的带刀侍卫。诸将不解，燕王却执意而为。他认为，火耳灰等人都是真正的勇士，既然被擒，其心已服，自己与他们有旧恩，今不杀他们，其必定知恩图报。事实证明，后来他们对燕王真的忠心耿耿。由此可见，燕王在识人用人上的确有过人之处。

火耳灰的转变，能够说明当时一些武将的真实心态。或许他们并不在意到底应该效忠建文帝，还是燕王朱棣。在他们看来，燕王叛乱的事实并不难接受。明初，政治秩序已经彻底崩塌，需要重新建立。伦理秩序彻底混乱，君臣上下不知君臣大义为何物。人们好恶嗜欲不齐，没有统一的价值标准，因而纷争不断。

燕王本来准备绕过宿州南下的，当他得知平安去了宿州，不由心生不安。于是，他当即命令都指挥谭清前往徐州一带，袭击并击溃了在那里转运粮饷的朝廷军队，接着又奔至五河，焚烧朝廷军队的运粮车船。谭清完成任务，正准备往回撤时，燕军的"老朋友"铁铉也赶了过来，更让人感到巧合的是，燕王朱棣在远处看见这一幕，赶紧前来救援。双方各有胜负，朝廷军队在平安率领下向南撤至小河一线。

小河是睢水在宿州境内一段的俗称。平安军于河南，燕军于河北，隔着一座渡桥安营。两军相持数日，或是官军控制了渡桥，过到河北；或是燕军控制了渡桥，过到河南。两军相遇，大战一场。今日你斩我八百，明日我杀你一千。稍作休息，再卷土重来。最为严重的一次，平安率领将士杀敌无数，一度将燕王朱棣困于其中。当时，燕王的坐骑已被射杀。平安拍马赶到，一枪向燕王的胸口刺去。危急关头，幸赖骑兵指挥王骐挥剑格开，救起燕王。在这场以渡桥为中心的拉锯战中，双方战死和溺死者不计其数。两军长时间对峙，显然不利于燕军。燕军南下，利在速战，不利持久。燕王此时的心情犹如飞去来器，它飞行，不是因为它喜欢飞行，而是不希望被人捉住，也不希望停留在死亡的旋涡里。于是，在一个阴雨的黄昏，他率领军队避开敌军主力，撤至齐眉山（今安徽灵璧西南）。可是，平安、徐辉祖等人又岂能放过燕王。

建文四年（1402年）四月二十二日，双方会战于齐眉山，从白天一直打到黑夜。南方的四月天，天气湿热，阴雨绵绵，对于以北方人为主的燕军来说这种天气让他们难受。南军似乎看见了胜利的曙光，他们展开更猛烈的进攻。燕军且战且退，而南军就像狗皮膏药似的紧紧贴着燕军。燕军将士不怕打仗，但他们实在不喜欢这种打法。第二天，燕军将士纷纷要求撤军北归，或移军小河以东，因为那里草肥粮多。

对燕王来说，形势万分严峻，不能犹豫，尤其不能产生北归的念想。面对将士的厌战情绪，他只得耐心劝导："卿等所见拘常算，非知变通。夫两敌相持，贵进忌退。今敌众屡败，心胆已丧，况久乏粮，士卒饥窘，其心已离。……今日之势，利已在我，不容少缓。"① 当时燕王让将士们分边站，支持渡河后撤的站左边，不想渡河的站右边。除了朱能和郑亨二人站右边，绝大部分人都站左边。有个将领犯了选择困难症，左右不是，最后选择站在中间。眼前这一幕，让燕王很是恼火，他怒道："凡是想渡河的，悉听尊便。"他为这件事伤透脑筋，几天几夜没有卸甲睡上一个安稳觉。诸将士见燕王真的生气了，一个个慌了神，不敢再提渡河北返之类的话。

就在燕军军心不稳时，建文帝突然毫无征兆地将徐辉祖调回京师。这个消息让燕王大为震惊，他实在弄不懂建文君臣葫芦里卖的什么药。本来略占上风的南军，居然会自断一臂。清初学者谷应泰在《明史纪事本末》中说："时廷臣有曰：'燕且北去，京师不可无良将。'帝因召（徐）辉祖还，何福军声遂孤。"这里有两个疑点。一是当时朝臣中怎会有"燕且北去"这样的传言。难

---

① 《明太宗实录》卷九。

道燕王故意布下军心不稳、撤军北返的假象,以此迷惑南京?建文朝廷与燕王之间有一条看不见的战线,那就是情报战。很显然,朝廷的情报系统出现了问题。二是既然燕军北返,南方自然解除战争警报,又何来"京师不可无良将"这样的必选项?当然,除了以上两点,还有另外一种可能,那就是建文君臣对徐辉祖并不放心。徐辉祖是燕王的大舅子,两人若打一场默契战,那么战争形势将对朝廷极为不利。

齐眉山大战之后,何福率南军退据灵璧县城。何福,凤阳人,与朱元璋是同乡。他曾随傅友德远征云南,又跟蓝玉北征。洪武后期,他成为独当一面的将领。朱元璋驾崩时,他还在云贵地区平乱。建文北伐开始,他被晋升为左都督,练兵于德州,与盛庸、平安等相互呼应,协同抗燕。随着燕军南进,朝廷命何福沿途阻击。他的履历,就是能力的证明。作为洪武年成长起来的军事将领,何福是值得信任的。何福的意图非常明确,就是凭倚坚固的城池,与燕军打一场持久战。而对于燕军来说,则是天下武功,唯快不破。何福就是要用持久战破解燕军的"快"字诀,拖慢燕军的节奏。何福最为担心的是粮道被燕军扼住,粮饷无继。如此,坚城固守就成为一个笑话。也就在这时,朝廷援军押送粮饷向灵璧赶来。当时,南军运粮五万石,由平安率领六万马步兵护送。

平安熟知兵法,他将军队列成方阵行进,四周为劲旅,中间为辎重。燕王自然不肯放过机会,他亲自率军逆击,同时命朱高煦率一队人马埋伏于密林间,待两军战至疲累时再出击。当燕军发起进攻时,南军并没有表现出慌乱。平安好像早有准备,率领军队展开搏命式的反杀。燕军反倒不太适应,损失了数千人。这时,何福从灵璧城中冲出来,与平安兵合一处,燕军渐渐抵挡不住。朱高煦在林间窥伺到这一幕,率军从林间突然杀出,这才挽回败局。南军逃回城内,闭门固守,粮饷尽为燕王军所得。

何福本来打算据灵璧与燕军周旋,如今粮饷被夺,军心涣散。于是,何福与城内将士商定,明日三声炮响后,就突围出城,南下淮河就食。口中无食,肚里无粮,这仗实在没法打。不知是天意弄人,还是燕王得到这一情报,四月二十九日,燕王率大军围攻灵璧,两军战至酣处,只听得三声炮响。这本是燕军再次发起进攻的号令,不料,却让南军产生了误解,遂打开城门往外突围。而这恰巧为燕军攻城大开方便之门,灵璧城很快陷落。何福落荒而逃,文臣武将悉数被擒,最重要的是右副总兵平安在混乱中被俘。

燕军将士听说俘获了平安,欢声雷动。平安被绑缚着带到燕王面前,燕军将士纷纷要求杀了他以慰死去的燕军将士的在天之灵。平安有一个特殊身份,他是朱元璋的养子,按辈分他与燕王朱棣可称兄道弟。

燕王问平安:"㴲河之战,你的马也不停一停,今日凭什么来见我?"

平安面无惧色道:"刺殿下如拉朽耳!"

燕王并不生气,不由喟叹:"高皇帝好养壮士!"燕王不忍心杀他,便将其连同陈晖等人送往北平。随后,燕王又将陈性善等被俘的文臣放了回去。儒生以义处身,以道事君,不幸被俘而又被释,他们受不得这份屈辱。陈性善对诸人说:"辱命,罪也,奚以见吾君!"说完,他身着朝服跃马投河而死。与其同行的大理丞彭与明和钦天监副刘伯完都感到很惭愧,逃往他处,隐姓埋名,不知所终。

在那个血与火的年代里,从道不从君是儒家一贯追求的精神传统。但在当时,从道与从君要如何甄辨,却是一个大问题。英雄驰骋千里,却冲不破自身命运的限度。无论他们多么勇敢,尽头都在等待着他们。平安后来在燕王朱棣夺位成功之后,出任北平都指挥使,不久升任后府都督佥事。尽管如此,平安还是无法平安到老。永乐七年(1409年),朱棣巡视北平,将要到达时,从北平送来了奏折。朱棣取过来一看,发现了平安的名字。朱棣脱口而出:"平安还活着?"有人将这句话传给平安,平安随即自杀身亡。

平安是悲剧英雄,创造了一个个惊心动魄的经典场面。他被押到北平后,并没有像殉节的文人那样对抗到底。他做了一个识时务的英雄,可最后还是保不住自己的平安。

## 最后防线的瓦解

建文四年(1402年)五月,地处江南的南京正是花木繁茂之时,不少官宦人家或是殷实富户,纷纷忙着欢度端午。名士和诗人尤其喜爱这种芳兰流香的时节,秦淮河上,栏槛朱红,粽包两髻,艾束插冠,都是他们最为热衷和最为擅长的雅事。更重要的是,因为屈原,这个节日有了家国之殇的意味。建文帝本想着能收到前线传来的好消息,借此良辰美景,他可以与民同乐。消息是来了,却是坏消息。灵璧战败,朝廷的主力军队丧失殆尽。

皇帝的金銮殿,就这样成了忠臣孝子的哭丧地,人人心头笼罩着恐慌。黄子澄不停地捶打着胸口,大声恸哭:"大事去矣!

吾辈万死不足赎误国之罪！"哭完了，还得想出退敌之策。关键时刻，还得靠齐泰、黄子澄帮着出主意。事实证明，这种组合方式已经烂到不能再烂，建文帝却抱着不肯撒手。有时候不完全是因为信任，也是惯性使然。他们提议让杨文统领辽东十万人马赶赴济南，与铁铉兵合一处，断绝燕军的后路。然而，杨文是个庸才，他率领十万兵马刚走出辽东地界，就在经过直沽时被燕军宋贵部队截杀。十万人马稀里糊涂就被燕军吃掉了，杨文也做了俘虏。

建文君臣不知兵乱用兵，而燕王则是以利益驱动人心，凝聚人心。因此，将士们只知有私人恩德而不知有朝廷权柄。在燕军中起凝聚作用的，不是前途和恩威，甚至也不是法制和纪律，而是朱棣这样的领军者的现身说法。从一开始，没有多少南军将领肯为老朱家的内争拼命。特别是燕王连续打了几个大胜仗之后，更没有多少人认真抵抗，更多人注意的是观察风向，随时准备倒向更有力的一方。燕王乘胜前进，势如破竹，泗州守将周景初不战而降。周景初是个大滑头，他不仅投降，还降得振振有词。他说，泗州城有个叫伽神的僧人最为灵验，臣等曾在伽神面前祈问："投降与坚守孰吉孰凶？"昨天夜里梦见伽神告诉小臣："兵临城，速降则吉，不降凶。所以臣等即刻来此恭迎殿下。"周景初是个高明的小人，他将自己毫无气节的表现，绑架于神灵的指引。对于燕王来说，一路上降者众，但是拿神灵说事的只有周景初。燕王心花怒放，马上将周景初等人升官晋爵。既然有神灵庇护，天下早晚是自己的。

朱元璋的祖上曾徙居泗州，他的父亲由泗州徙居濠州（今安徽凤阳）。泗州有燕王祖上的陵墓，他不敢怠慢。在进城的当天，

他就来到祖陵拜祭。面对祖宗陵墓,燕王也是百感交集。他恸哭不已,流着泪向祖宗陈说:

> 横罹残祸,几不免矣。幸赖祖宗庇佑,得今日拜陵下。尚期终相,以清奸慝。①

意思是说,自己大难不死都是列祖列宗的庇佑,而自己起兵"靖难"则是奸人所迫。朱棣并没有在祖宗面前掏心掏肺,他明白祭陵不过是即位前表演的一部分。从人性角度而言,燕王的表演是可以理解的。一个王者,必须怀有荒诞的念头。他只能说出自己的无奈和痛苦,而不会说出自己的野心和欲望。

春夏之交的淮河,是一条容易泛滥的大河。天空不见太阳,空气里回荡着一股燥热,时时刻刻都像是在酝酿着一场暴雨。淮河对于燕王来说,算是他们凤阳朱氏的母亲河。曾祸害过他的祖辈,也成全过他们。如今,面对这条奔腾不息的大河,他心潮起伏。就在他进驻泗州城时,盛庸已率兵抵达盱眙城边上的淮河南岸。建文朝廷此时已无将可用,面对燕王的步步紧逼,不得不将盛庸调来南方。

五月初九,燕军阵营摇旗鼓噪,不知从何处弄来的各种木船和筏子占满河道,大有强行渡河之势。就在南军狐疑不定时,他们的背后突然有几声炮响,原来是丘福、朱能等人率轻骑西行二十里,用小船偷偷渡河而来。盛庸和他的将士们正盯着淮河北岸,燕军突然从天而降,杀得南军猝不及防,四散逃窜。大将军

---

① 《明太宗实录》卷八。

盛庸居然被吓得连马也跨不上去，最后还是部下将他拖上一只小舟，单舸逃去。燕军当天就攻下了盱眙。

对燕王来说，南京不再是遥不可及的梦想之都。燕军占领盱眙后，燕王召集诸将，商议下一步的进军路线。综合而言，有两条路线可供选择。一是先取凤阳，切断南军的援军，然后南下滁州、和州，准备渡江，同时派一支军队西取庐州，出安庆，由此占领长江天堑。二是先取淮安，南下直取高邮、通州、泰州以及仪真和扬州，由此渡江。燕王否定了第一条线路，他认为凤阳位居冲要之衢，城池坚固，不易攻取。更重要的是，凤阳是明皇陵所在地，一旦发生战事，"恐震惊皇陵"。当然，燕王的取舍主要还是基于军事考虑。凤阳乃中都之地，设有中都留守司，有重兵驻守。当时驻守凤阳的是都督孙岳，此人早就做好了迎战的准备。郑晓在《逊国臣记》中说："（孙岳）大修战守器械，撤寺材为战舰，楼橹戈甲咸有法。列寨淮西，水路有备。"

对于淮安那条线，燕王本来是有所考虑的。当时这里驻守的是驸马梅殷，此人是朱元璋女儿宁国公主的丈夫。朱元璋生前最为看重梅殷，他临终前还拿出誓书和遗诏交到梅殷的手上，再三交代："敢有违天者，为朕伐之！"朱元璋如此重托之人，到了建文朝并没有马上得到重用，令人不解。直到建文三年（1401年）十一月，燕王率军将河北地区搅得天翻地覆。南军接连换将，一败再败，建文帝才将身为顾命大臣的姑父梅殷，派往淮安镇守。或许在建文帝看来，局势远未发展到要劳烦梅殷的地步，可见过分谨慎的丝缕已经自缚其双手。他将梅殷安排在淮安，就像他将盛庸安排在德州、将铁铉安排在济南。因为从北京到南京最近的路线应该是取道山东的德州、济南和江苏的淮安一线。淮安距离南京最近，建文帝要把最信任的人放在身边，让他在生死攸关的时刻，挽狂澜于既倒。建文帝的一系列安排，源于他和他的大臣们的预设，一旦预设超出既定范围，他就无所适从。果然，燕王带着他的军队抵达淮安门前。

燕王说他想借道南下，到南京去给高皇帝进香。这样的弥天大谎，傻子都能辨别出真伪。梅殷一口拒绝："进香皇考有禁，不遵者为不孝。"燕王大怒，遣使复书道："今兴兵除君侧恶，天命有归，非人所能阻。"燕王竟然说出"天命有归"这样忤逆之言。梅殷也很愤怒，他命人将送信使臣的耳朵、鼻子都割掉，对他说："留汝口，为殿下言君臣大义！"梅殷让燕王明白"君臣大义"。何谓君臣大义？不外乎忠与义。忠义之魂削金断玉，实乃中国宫廷文化的底色。

燕王既不东去，也不西行，而是乘势鼓行，直驱扬州。五月十七日，燕王派都指挥吴玉到扬州招降。这时，扬州的守将分作战降两派。一派是以扬州卫指挥王礼为首的投降派，还有一派是以监察御史王彬和指挥崇刚为首的主战派。不久，王彬和崇刚将王礼及其同党逮捕入狱。王礼的弟弟王宗为了救哥哥，不惜花重金收买了王彬的身边侍卫，并设计将王彬逮系。王宗从狱中救出哥哥，开城降燕。王彬和崇刚都被交给燕王处置，二人不屈而死。

扬州是江北重镇，结果不战而降，这对建文朝廷来说是近乎致命的打击。投降这种事就像一场瘟疫，传染性极强。随着扬州城的归降，高邮和靠近长江的通州和泰州也先后归降燕王。当然也有人想要抵抗，但架不住身边人劝阻。江都知县张本"率民治守具"，准备长期固守。他的母亲却劝他："此天命也，可违天以祸人乎？"母亲的话犹如一枚针尖，瞬间就戳烂了杀伐来临前需要凝固的气场。天不亮，张本就领着城中耆老开城受降。

紧接着，燕军又攻下仪真，扎营于长江北岸。燕军集沿江船只于江上，战鼓声刺透了大江之声，战马的嘶鸣划破了苍穹。此时的建文朝廷犹如一艘触礁的巨轮，身为船长的朱允炆也已失去方向。他本来有机会做一个合格的船长，像他那个开国的祖父一样，乘风破浪，一往无前。没想到，这广袤的大江大河与圣人们留下的航行手册上描写的完全不同，暗流滚滚，惊涛骇浪，他和他的巨轮已被卷入旋涡之中。等他倏然惊醒，船已抵近鬼门关外。夜深人静之时，他或许无数次地问过自己，自己错了吗？错在何处？答案在风中飘落。不管有没有答案，作为失败者，他都要向胜利者表达忏悔，"建文帝乃下罪己之诏"。

罪己诏并没有录入《明史》《明实录》等官家修史，这和燕王朱棣最后夺位成功有关。他知道，士大夫大都同情建文帝，对他则有憎恶。留下罪己诏，无异于自找难看。尽管如此，明代野史中仍有着零星的记载。而在其中最为靠谱的，便是朝鲜派来的谢恩使朴惇之誊抄的这一份。朴惇之当时恰好来中国，正赶上南京战事紧急，他抄写了建文帝的这份诏书：

朕钦奉皇祖宝命，嗣奉上下神祇。燕人不道，擅动干戈，虐害万姓。屡兴大兵致讨。近者诸将失律，寇兵侵淮，意在渡江犯阙。已敕大将军率师控遏，务在扫除。尔四方都司、布政司、按察使及诸府、卫文武之臣，闻国有急，各思奋其忠勇，率慕义之士、壮勇之人，赴阙勤王，以平寇难，以成大功，以扶持宗社。呜呼！朕不德而致寇，固不足言。然我臣子其肯弃朕而不顾乎？各尽乃心，以平其难，则封赏之典，论功而行，朕无所吝。故兹诏谕，其体至怀。①

罪己诏是古代帝王在朝廷出现君臣错位、国家遭受天灾、政权处于危急时，自省或检讨自己的过失、过错时发出的一种口谕或者文书。用意都是自责，只是情节轻重有别。据史家分析，朝鲜使臣抄写的这份罪己诏还是比较真实的。

其一，建文帝在这里向天下臣民重申帝位的合法性和正当性，他说自己是受高皇帝遗命继承朱明王朝大统的。儒家理想中的社会政治秩序，确立了基本的道德伦理原则，明确了每个人在伦理关系等级中的义务和名分，而君是这个伦理关系等级中的最高层代表，他不是指拥有皇位的某个具体的人，而是指象征文化的君道。

其二，建文帝怒斥"燕人不道"，对于大明而言，朱元璋仁义而王，是正统的君。当时的人，尤其士人群体，他们不相信这个世界是混乱无序的，他们坚信它有一个秩序。既然建文帝是受高皇帝遗命继承大统，那么燕人擅动干戈，荼毒生灵，就是破坏秩序。破坏秩序即无道，无道之人，天下共讨之。于是，他号召各地"赴阙勤王"。

其三，建文帝将"燕人不道"归罪于自己"不德"，皇帝罪己是为了博取臣民们的同情和支持，继而将愤怒之火烧向燕王。燕王身为人臣，不能以义处身，以道事君，才是大罪大恶。

一个人无力改变现实，就很容易陷入忧郁的遐想，让人反省

---

① 《朝鲜王朝太宗恭定大王实录》卷四"二年八月壬子"。

自己的荒谬之处。建文帝的这份罪己诏既没有为他招来千军万马，也没有博取到臣民的同情。燕军隔江而望，即使有忠诚的官员愿意冒死募兵，远水也无法解近渴。武将或投诚或观望，文臣或空谈或捶胸顿足。建文帝发出罪己诏时，建文朝廷与北方之间的联系已被切断，而南方省份大都作壁上观。

燕军游击式的打法，让南方各府衙吃尽苦头。建文帝无计可施，只能听从方孝孺的意见，派人到燕军中去谈判，割地求和。他们想的还是缓兵之计，等待出去募兵的大臣能带来好消息。再不济，还可以固守长江天堑，与燕军作最后的决战。燕军多北方兵，他们不娴水上交通工具，胜负难以预料。经过一番合计，建文帝决定派自己的姑姑庆成郡主前往朱棣军营议和。

庆成郡主是朱元璋哥哥的女儿，她和燕王是堂姐弟关系。两人见面相对而泣。燕王问起周王、齐王两人现在何处，庆成郡主据实相告，周王原本被贬谪到云南，现在已经被召还；齐王仍然被关在牢房里。庆成郡主将来意说明，并将建文帝割地求和的想法也说了出来。燕王听完，摇头道：高祖皇帝分给我的地尚且不能保，还能指望割地吗？待我铲除奸臣，拜谒孝陵，朝见天子，恳请他恢复祖制，赦免诸位藩王的罪责，立即北还，老老实实待在自己的藩属之地，绝不做非分之想。

燕王朱棣早已看透建文君臣的缓兵之计。

庆成郡主见朱棣心意已决，再说下去也不会有什么结果。临别时，庆成郡主面露忧色道："此次前来，还受众弟妹之托。这三四年动军马，运粮的百姓，厮杀的军士，死了这许多，都是一家人的事，军马不要过江，回去算了，不然将来天下太平了却不好说。"庆成郡主还是想以家常之事化解这场国难，可是这样的话,在朱棣听来却显得尤为刺耳。庆成郡主还是从建文朝廷合法性的正统角度,批判燕王举兵的非法性。庆成郡主的话戳中了朱棣的要害,也是他从今往后都不愿去面对的罪与罚。在公开场合面对这个话题,朱棣的表现恰好反映出人性的两极。一方面要义正辞严,另一方面又要表现出清君侧的无奈。

燕王与庆成郡主的此次会面并不愉快,尤其是庆成郡主话里话外都在敲打他。嘉靖文人王世贞在《弇山堂别集》中记录,朱棣听完庆成郡主的话驳斥道:"累年以来,奸臣矫诏,大发天下兵马来北平杀我。我为保全性命,不得已亲帅将兵与贼兵交战,仰荷天地祖宗神明有灵,怜我忠孝之心,冥加祐护,诸将士效力,故能累战而累胜。今大兵渡江,众兄弟姐妹欲来劝我回北平。况孝陵未曾祭祀,父皇之仇尚未能报,奸恶尚未能获,以尔弟妹之心度之,孝子之心果安在哉?如朝廷知我忠孝之心,能行成王故事,我当如周公辅佐,以安天下苍生,如其不然,尔众兄弟亲王、众妹妹公主及多亲戚,当速挈眷属移居守孝陵,城破之日,庶免惊恐。"[1]

若这样一句弥漫着杀气的话,真的出于燕王朱棣之口,说明他已不接受任何形式的求和。不过擅于兵事的朱棣,除了要狠,更懂得心理战。在谷应泰的《明史纪事本末》中,朱棣送别庆成郡主时,又换上那副谦虚谨慎的表情:"为我谢天子,吾与上至亲相爱,无他意,幸不终为奸臣所惑。"[2]两段话,记录在两个不同的文本中,却让燕王朱棣的形象跃然纸上。朱棣这个矛盾体,

---

[1] 王世贞:《弇山堂别集》卷八八《诏令杂考4》。
[2] 谷应泰:《明史纪事本末·燕王起兵》卷十六。

再一次显示了他翻手为云、覆手为雨的功力。

离南京越近,朱棣的心理波动就愈发强烈。对于外部世界的刺激,他的基本反应是排斥、怀疑和自我解释。他这时候不接受"叛乱"两个字,将来也不会轻易接受"篡逆"。这两个词就像紧箍咒套在他的头上,有人拿出来念一念,他的头就会痛。或许正是为了洗去权力的血腥味,使自己手中的权力拥有足够的合法性,朱棣拼尽全力也要干一番大事业给天下人瞧瞧。或许,在燕王的性格里,早就埋藏着冒险和进取的基因,一旦条件成熟,这种基因就会毫无节制地释放出来。燕王朱棣这时候不会给建文帝任何机会,在完成所谓的"靖难"之前,绝不收兵。

庆成郡主无功而返。

建文四年(1402年)六月初一,燕军抵达浦子口,亦即浦口。这里是南京的北大门,与下关隔江相望,为南北津渡要道。盛庸在此处驻守。他在淮河战败后,即退到这里专注于防守长江,依靠长江天险来抵挡燕军。从淮河到长江,两个老对手再次相会于浦口。双方过于熟悉,没有试探和前戏,直接兵戎相见。或许是因为先前吃了败仗,盛庸这次早有准备。眼看燕军就要抵挡不住,这时候燕王看到一个年轻的将军骑马奔在最前面。他的战马十分彪悍,漆黑的鬃毛在阳光下反射出金属般的光芒。马踏尘埃,黄土飞扬,仿佛为军士们笼上一层战袍。他的表情如石头般坚硬,身后追随的铁骑风驰电掣般奔袭而来。朱高煦,又是朱高煦,他领着一支骑兵突然杀了出来。燕王激动地拍着朱高煦的背说:"世子多疾,如得天下,以若为嗣。"[①] 你大哥的身体多病,如果将来

---

① 谈迁:《国榷》卷一二"惠宗建文四年"。

得了天下，就让你做太子。人情急之下说的话，难以周全。朱高炽和朱高煦两兄弟之间，朱棣更加欣赏朱高煦，觉得他像自己。这句话犹如一针强心剂，使得朱高煦格外兴奋起劲。百余人的骑兵队伍像是一阵龙卷风，盛庸的军队渐渐抵挡不住。不久，浦口落入朱棣手中，南京城完全暴露在燕军的眼皮子底下。

# 第六章　血色的衣冠

## 忠诚与背叛的别解

很多年后，关于燕王渡江的故事一直在南京流传。

迷蒙的江南细雨中，一个令人恐怖的消息让南京城里的建文君臣惊慌失措：燕军已经准备渡江攻打南京了。与这个消息同时不胫而走的还有建文帝发往各地救驾的诏书全被燕军截获。许多人开始在慌乱之中收拾财物，准备逃亡；还有一些大臣本来就是墙头草，这时候偷偷地干起吃里扒外的事情；而绝大多数官员，他们已经做好与建文朝廷共进退的思想准备。

六月初三，燕军誓师渡江，朱棣在誓词中鼓励将士：

> 尔有众克协一心，奋忠鼓勇，摧坚陷阵，斩将搴旗，身当矢石，万死一生。于今数年，茂功垂集，在勠力渡江，翦除奸恶。惟虑尔众，罔畏厥终，偾厥成功耳。夫天下者，我皇考之天下；民者，皇考之赤子。顺承天休，惟在安辑。渡江入京，秋毫毋犯。违予言者，军法从事。于乎，惟命无常，克敬惟常，尔惟懋敬，乃永无咎。①

---

① 《奉天靖难记》卷四。

值得注意的是，誓词中强调，天下是高皇帝的天下，百姓是高皇帝的百姓。我身为太祖的长子，即使有一天做了皇帝，也是得之有道，继之有道。朱棣不承认建文帝，也就不承认自己起兵夺权这件事。

南京，以长江的天堑，构筑了一道巨大的盾牌，为建文朝廷提供最后的庇护。燕军北来不擅水上活动，渡江对他们来说并不是容易的事。可是，战争从来不以城墙的厚度和水势的凶险来决定胜负。战争的最大变数在人，人性多面，人心摇晃，战争结果也变得难以捉摸。就在燕王为渡江之事愁眉不展时，一个天大的利好消息传来：掌管长江水师的都督佥事陈瑄向他投降。

就在陈瑄不战而降的同时，兵部右侍郎陈植正在对长江水师巡防。他的手下有个姓金的都督也想投靠燕王，陈植将其狠狠训斥了一通，并谕之以君臣大义。陈植只是个儒生文臣，他所秉持的圣贤之道，与人性的卑污相生相克。对于君子来说，顺乎天理；对于小人来说，夺其所好。当金都督乘人不备，将那把杀人刀捅进陈植胸口的时候，建文君臣的骨骼正化为粉末，像雪片一样在南京城的上空飘落。金都督满心欢喜地投奔燕王而来，谁知换来的是人头落地。燕王斥责道："如此小人，厚颜无耻，君主有难，反而杀害忠良，卖主求荣，留着这等不忠不信不义之徒，还有何用？"[①]同时，燕王又下令将陈植具棺入殓，并派手下官员将其护葬于白石山。

陈瑄与金都督，两个降将，两种不同的命运。一个留，一个杀。燕王之所以区别对待，不过是野心家的伎俩。陈瑄来降，壮

---

[①] 谷应泰：《明史纪事本末·燕王起兵》卷一六。

大了燕军水师的力量，预示着长江战事破局已定。金都督来降，对燕王来说已无关宏旨。而金都督杀了陈植这件事却有利用价值，正好可以用来教育燕军将士，让他们知道，忠臣义士值得敬重，变节之徒令人唾弃。眼看"靖难"成功在即，他需要建立自己的价值体系。

燕军渡江，选择在一个晴好之日。万里无云，风平浪静，像是人工打造的和平光景。当观察者的目光聚集于江面，只见战船相连，旌旗蔽空，战鼓齐鸣，戈甲闪耀着灼目的光芒，让人肃然惊叹，这是战场。盛庸率领的朝廷军队在长江南岸气势恢宏，"列兵沿江上下二百里"。可是，当他们看到长江里到处都是渡江的燕军，诸将士不由惊愕。燕师以风雷驱动之势逼近南岸，两军交战，盛庸军奋力抵抗。燕军登岸后，继之以精锐骑兵冲击盛庸大营。这是一场没有悬念的战役，朝廷军队很快溃散四逃，盛庸也逃得无影无踪。燕军追奔数十里，乘胜占领了江南的高资港。

燕军渡江之后，将领们主张直接西进，攻取京师。这是燕王期盼已久的时刻，他一路征伐，就是要尽快夺取南京。让将士们没想到的是，燕王朱棣居然否定了他们的主张。燕王认为，镇江乃咽喉之地，若不将其拿下，对于燕军来说极为不利。倘若燕军先取镇江，则南京的形势危矣。

越到近前，越要沉着冷静；越到近前，越要谨慎行事。自从济南之战吃了大亏，燕军的策略是绝不打攻坚之战，能攻则攻，攻不下则绕着走。南京作为明朝政治权力的中心，绝非普通的军事要塞。建文帝作为皇权正统，在天下臣民心目中的地位无可取代，燕军若久攻不下，难免会等来勤王之兵。镇江是南京咽喉，若是先攻南京，镇江守军不会无动于衷。如此一来，燕军容易陷入腹背受敌的危险境地。

燕王在这里还打了一场心理战。燕王命归降的战船挂上黄旗,在长江上往来游弋。镇江守军看到水军都投降了燕王,不由泄气。镇江守将童俊打开城门,率众归降。在童俊投诚之前,有人就曾预言结果。这个人就是建文朝的进士黄钺。

黄钺考中进士,被授予刑科给事中。黄钺在南京当了一年官,他的父亲病逝于乡里,他不得不返乡丁忧。方孝孺和他是好朋友,专程登门送行。两人见面,方孝孺屏退周围的人,然后就跟黄钺说:燕军南下,苏州、常州、镇江是京师南京周围的要害地区,你是吴中一带人,又是皇帝近臣,现在因"丁父忧"暂时离开朝廷,但也应该给我多多指点。黄钺就向他说出心中的担忧,三府之中,镇江最为要害。而镇江守将童俊人品堪忧,此人狡猾无比,虚浮不实。苏州知府姚善颇有国士之风,但他仁爱有余,驭下无术,难以承担平定国难的大任。当务之急是守住长江上游,不要让燕军到江南,不然抵抗也来不及了。

方孝孺想要扭转局面,为时已晚。在"德治"与"法治"之间徘徊的建文帝最终选择了倡导"德治"的方孝孺。燕王的军队离南京越来越近,对固守南京不再抱有希望的官员纷纷劝建文帝放弃南京,暂避一时,日后图之,但却遭到方孝孺的强烈反对。他建议建文帝留守南京,等到勤王军队到来,就可以转危为安。当时,齐泰、黄子澄等人正在南京周边地区招募军队,对于他们的努力,方孝孺还抱有一丝希望。对于方孝孺,朱元璋曾经指出,在没有战争的太平盛世才能发挥他的才干。

在眼前的局势下,建文帝已无心再论体制的确立。建文朝廷如同怒海中的一叶小舟,深陷旋涡,被吞没只是时间问题。黄钺回到常熟老家后不久,燕军就集结于长江北岸,而建文帝却没有采纳他的建议,依然重用童俊主持镇江防务。后来传来消息,童俊果然降燕了,黄钺万念俱灰,最终投水而亡。

得知长江天险被攻破、镇江陷落,建文帝面色阴沉,在宫殿前久久徘徊。这个时候,他越来越感到自己的单薄和无助。就像脚下的这个宫殿,他本来以为是可靠的,不仅能够保全他的性命,而且还能够突出他的威权。可现在,他突然对自己的身份产生了怀疑,他第一次发现自己变得那么微不足道。

六月初八,燕王由镇江西进,抵达龙潭。此时,正值江南最热的时节,临江之地,周遭多山,暑热更甚于邻近地区。这里距离南京很近,燕王遥望钟山,心事萦怀,不由怆然泪下。钟山脚下有太祖朱元璋的陵墓,三年征战,千骑万乘,无异云烟,这一刻他内心百感交集。部下见这位战场上的铁血统帅竟然落下泪来,不解地问他:胜利在望,主公何以悲伤?燕王说:"吾往日渡江,即入京见吾亲。比为奸乱所祸,不渡此江数年。今至此,吾亲安在?瞻望钟山,仰怀陵寝,是以悲耳。"[1]时移世易,燕王即将回到往日的宫殿。闭上眼睛,南京城里的寺庙、广场、庭院、花园交错在一起,一如往昔。在无数个梦里,他回到这里,面对高皇帝的叱问,面对父亲的叱问,他无言以对。

一直以来,他不敢正视南方。高皇帝将他置于北方,对他来说,那是一种生命的逆向苦旅。世人都说燕王擅骑射,不是他生来就爱骑射,而是战场和北方,让他活成了一匹马。马性利高寒,

---

[1] 徐学聚:《国朝典汇》,见王焕镳撰《明孝陵志》,周钰雯、王韦点校,南京出版社2006年版,第48页。

而江南地卑暑湿,夏季尤其炎热,不利于马的繁育和生长。他的权力建立在北方边境上,依靠的是武将的支持、战马的狂飙,以及马刀的锋利。相对于他,建文帝则要幸福得多,他生在南京,依靠的是长江下游的儒家精英阶层。他上台不久,就要抛弃洪武时期的威权和铁血,削去"藩王制度"这一皇权的触角。

燕王在这里的喟叹,有着七分不甘,还有三分忏悔。这一刻,他的眼泪真真切切。他深邃的目光仿佛穿透丛林,穿过河流,看到钟山暮色中的宫阙灯火,看到一张苍白而年轻的面孔在幽暗处浮现。

建文帝已经坐卧不宁,经常披衣而坐等待天明。清晨的宫殿是最宁静的,少了白天大臣们的争吵,以及宫女和太监们的脚步声,只有风声在空寂的宫殿里回荡。然而,天放亮的时刻,那些嘈杂的声音又会潮水般地涌来。一个多月来,就在这座秩序森然的宫殿里,建文帝不断地收到消息,先是灵璧、扬州、仪真陷落,再到浦子口,一直到镇江。他不敢睡觉,生怕一睁眼,燕王就站在他的面前。不光皇帝着急,大臣也很焦虑,比如方孝孺,但他还是要装出一副满不在乎的样子。他安慰建文帝,南京城里还有二十万禁军,高城深池,粮草充足,完全可以固守。不过,这样的话在建文帝听来不足以抚慰人心。

燕王大军近在眼前,已经打光所有底牌的建文帝采取了最后一条策略:中国古代最极端的战法"坚壁清野"。方孝孺提出,将南京城外的百姓全部迁入城内参与防守,拆毁城外所有房屋,销毁城外可能被燕王利用的一切东西,同时命令城外百姓将拆解的木料、石料等运到城内。在酷暑下,无数百姓因为饥渴难耐在运输途中死去。不堪忍受的百姓甚至点燃了自家房屋,酷热之下火势迅速蔓延，南京城外化作一片火海。

按照方孝孺的建议，建文帝让南京城里的诸王分守南京的各个城门，同时派出议和代表前往朱棣军营所在地龙潭谈判，争取时间。前往燕军大营谈判的除了曹国公李景隆，还有兵部尚书茹瑺、都督王佐。三个人见了燕王朱棣，表现得毫无风骨，趴在地上，磕头如捣蒜。那一刻，燕王在他们面前显示出高高在上的傲慢，他将语气和动作都放慢半拍，不无嘲讽道："有劳诸位到此，有何指教？"李景隆畏畏缩缩地说明来意，无非是议和息兵那些套话。朱棣的脸上露出复杂的笑容，他仿佛在欣赏一场好戏，但并不急于消受它，而是等着台上的人将好戏前的鼓点拖得更久一些。半晌，他才缓缓道：你们都是来当说客的，本王最先并无过失，就数罪加身，被削为庶人，美其名曰"大义灭亲"。我今日百死难以赎罪，何需割地，又以何名义割地？高皇帝裂土分封，我本就有藩地。这又是奸人出的计策。我举兵到此，就是为了锄奸。你们回去捎个话给皇上，奸臣至，我就解甲进宫请罪，然后谒孝陵，返回北藩之地。既然你说的还是那套陈词，我就还你一腔滥调。不同的是，燕王加了一句"永祗臣节，天地神明在上"。[1]此时的朱棣沉浸在胜利者的骄狂里。他的眼睛里有着掩饰不住的自信与刚硬，让人感到不寒而栗。李景隆还能再说什么呢？

回到南京城里，他们将龙潭谈判的经过向建文帝如实呈报。那一刻，他们看见建文帝的眼中流露出惊恐和绝望。在这场即将落幕的角逐里，他失去皇权，而他们又将失去什么？燕王朱棣已

---

[1] 《奉天靖难记》卷四。

经明白无误地告诉他答案,他是奔着皇位而来的。至于死亡,则是失败者应该领受的代价。就算是皇帝,也不例外。李景隆提议,既然燕王执意索要齐泰、黄子澄等"奸臣",不如就把他们交给燕王。对于一个陷入绝境的人来说,建文帝别无选择。不过,他让李景隆再去龙潭见燕王朱棣,告诉朱棣,齐泰、黄子澄已被驱逐在外,不在京师,等抓到他们就将其献给燕王。

李景隆哭笑不得,他没有想到建文帝会如此看重自己。而这一次,李景隆要求和几个亲王一同前往。他说,燕王或许会看在兄弟情分上答应求和。在李景隆的判断里,不测的风险随时会降临,说不定,他这一去就再也回不来了。拖上几个亲王和自己一起去,也好在危难之时应急。他身为外戚比不得皇亲。族内之人为亲,族外之人为戚。因为有家天下作为背景,家与国最为紧密直接的,莫过于宗亲。这时候,李景隆意识到,他这个"外戚"的含金量比不了皇亲。相对于皇亲,他既是棋子,也是弃子。不管怎么说,建文帝还真就采纳了他的建议,派谷王朱橞、安王朱楹和他一道前往龙潭。朱允炆没有时间了,整个建文朝廷都没有时间了,时间已经到了燕王的手上。谁握住了时间,谁就赢得了未来。

六月十一日,李景隆和谷王、安王来到燕王的大营。皇家兄弟多年不见,前尘往事,唏嘘感叹。虽然笑脸和泪水虚虚实实,但也有真情几分。

世界上恐怕没有比皇家兄弟情更容易破碎的感情,走进皇权的禁区,越好看就越危险,越坚固就越易碎。既然生在皇家,就不应该再对人间真情抱有幻想。诸王见燕王还顾念兄弟之情,便趁着感情升温之际,道出此行的目的和使命,无非还是割地求和的话题。虽然朱棣早就猜出他们为何而来,但还是脸色大变,说道:"诸弟试谓斯言当乎?否乎?诚乎?伪乎?果出于君乎?抑奸臣之谋乎?"①意思是你们在我面前说出这样的话合适吗?到底是出于真心,还是假意?这样的话到底是出于皇帝之口,还是出于奸臣之口?他要将话语导向"清君侧"。唯有如此,他才能说出"造反有理"那种话。既然他举兵造反有理,那么这些亲王就应该站在他这边。燕王提醒他们,"诸弟试谓斯言当乎?"让他们不要忘记曾经被建文帝削藩打击,自己之所以出兵,也是在替他们打抱不平。

燕王并不责罚他们,而是动之以情。他话语中流露出不得已的苦衷,并且暗示他们必须选边站。只有站在他这边,才是唯一的出路。他告诉他们,南京城破之日,便是他们真正获得解放之时。他们将重新返回藩地,曾经失去的,将重新获得。燕王的话说得既荒诞,又写实;既含糊,又明确。那些话语看似轻飘飘,实则如刀刃般闪露着寒光。他要让他们知道,他此行的目的不为杀皇帝,不为杀皇亲,不为杀忠臣良将,而是为了诛杀奸臣。几位皇亲和外戚李景隆怀着各自不同的心思,灰溜溜地回到南京城。那一刻,他们的五脏六腑,都在燕王的话语中变得通透、清澈起来。他们似乎什么都没做,又似乎在心里为自己做了选择。而此时最痛苦的人,莫过于建文帝朱允炆。

这是建文帝第一次在那么多大臣面前流泪。两行泪水,顺着他的颧骨淌下来,流到嘴里,又咸又涩。他找不到表达内心的其他方式,索性让泪水尽情地流。那一刻,他的脸像木雕一般凝在

---

① 《奉天靖难记》卷四。

那里。大臣们不知该如何安慰，有人让他到浙江一带去避难，有人让他去湖湘地区。唯独方孝孺，仍执意固守京师，等待勤王之师。假使京师不保，再学唐玄宗在安史之乱中逃往四川也不迟。即使敌人已兵临城下，他还是信任方孝孺。他在派魏国公徐辉祖和开国公常遇春的次子常升分头率军抵御燕军的同时，又命人带着蜡丸裹着的诏书偷偷地出城去。但时间已经来不及了，蜡书都被燕军截获，直到南京陷落，建文君臣都没有等到勤王之师。南京城成为一座孤岛，他们只能荒岛求生。

六月十二日，燕王的军队抵近南京城。明皇宫陷入末世来临前的慌乱，皇帝做着噩梦，大臣们忙着各自的前程和后路。有人在黑夜叹息，有人在黎明痛哭，还有人在以不黑不白的方式与燕王勾连。徐达的二儿子徐增寿就是那个无耻的家伙，他身居左都督，又仗着是燕王的小舅子，从最初的脚踩两只船，不止一次替燕王父子说情，到毫不避讳地替燕王做事。史料有录，徐增寿"数以京师虚实输于燕"[①]，他数次将南京城里的机密传送给燕王。随着燕军的日益逼近，徐增寿更加明目张胆，准备迎接燕王进城。这一日，徐增寿正在与人密谋通燕之事，恰好被大理丞邹瑾、御史魏冕等人抓个正着。建文帝当面质问，他理屈词穷，无法自圆其说。建文帝抑制不住心头的怒火，他从看押徐增寿的禁卫身上抽出剑来，突然向徐增寿的心窝刺去。徐增寿还没来得及叫出声就咽了气。

这一年，是建文帝登基的第四年。即位四年来，他自问还算是个勤政劳苦的皇帝，言行举止遵循圣人之道，而国家法度也是

---

① 《明史·徐达传》卷一二五。

本着先贤美意。他减轻天下赋税，取消严刑峻法而代之以仁政。他重用儒臣，试行井田制，全面建设儒家的理想社会。四年努力换来的却是天崩地坼。他实在弄不明白。圣人说，君臣大义是人伦之首。放眼看去，为他尽忠的武将没有几个，反倒是吃里扒外者络绎不绝。如今，他被困南京，天下郡县竟无一人前来勤王。他本来就不是一个乐观的人，此时更显得忧伤和敏感。他把大兵压境的恐惧感和江山危急的挫败感全部发泄到徐增寿的身上。这是建文帝第一次动手杀人，看着倒在地上的徐增寿，他内心深处有着无法排解的恨意。他用袍袖拭去剑刃上的血迹，然后，把那把剑举向半空，如同杀戮开启前的某种仪式。他发出一句哀叹："事出汝辈，而今皆弃我去乎！"他知道，在这大厦将倾的时刻，背叛他的又何止徐增寿一人！他们都将弃自己而去。

## 建文生死的若干猜想

六月十三日，燕王发出进攻南京的号令。燕王在进攻之前，还给南京城里的弟弟妹妹们写了一封信。事情虽然做得心机满满，但话说得依然冠冕堂皇。他说，自己不图其他，只为锄奸，恢复祖制。三年前举兵时，他是这么说的；三年后大业将成，他还是这么说。一个谎言重复一千遍，也就成了真的。而此时，南京城里的建文朝廷即将分崩离析。相较于朱允炆，朱棣是个天生的乐观主义者，即使失败，即使穷途末路，他也认为那只是暂时的，是可以逆转的。朱允炆则不然，朱允炆更像是个悲观主义者，即使胜利，即使眼前歌舞升平，他也认为那只是暂时的，是可以大厦将倾的。

那一天，谷王朱橞、曹国公李景隆在金川门城楼上巡视，远远望见燕王朱棣的麾盖。他们未作丝毫犹豫，就命人立即打开金川门，迎接燕军入城。

又是李景隆。李景隆在靖难之役中的表现极其不体面。此人首鼠两端，可以说是葬送建文天下的祸首。李景隆率五十万大军北伐，不仅未能攻下北平，他由德州逃亡济南时，又将粮储完好无损地留给燕军。他为将，对有勇有谋真心伐燕的将领百般排斥。李景隆兵败还朝，仍然得到建文帝的信任。他"忌（盛）庸等功，谗间之"，最后就连推荐他的黄子澄，也力请杀掉他。当燕军逼近南京时，方孝孺当廷抓住李景隆，要建文帝杀掉他。方孝孺一针见血道："坏陛下者，此贼也。"十八人群起而殴之，差点将他当场打死。尽管如此，建文帝还是将最后的信任赋予了他，同时也让自己最后的一线生机破灭。没多久，朱棣攻进南京，当上了皇帝，李景隆成为"公爵加禄受赏者一人"，得了封号"奉天辅运推诚宣力武臣"，这还不够，又被封"特进光禄大夫""左柱国""太子太师曹国公，加食禄一千石，子孙世袭"。

如此大加封赏的理由是"默相事机"。《明太祖实录》记载："曹国公李景隆，兵部尚书茹瑺，都督王佐、陈瑄有默相事机功，增景隆禄一千石。"何谓"默相事机"之功？联系李景隆在靖难之役中的种种表现，以及谜一般的操作，"默相事机"四个字，似乎别有深意。在李景隆之后，"都督佥事封公受赏者二人"，即朱能和丘福。要知道，张玉死后，朱能是燕王朱棣手下的第一勇士。他尚且比不了李景隆，更不用说其他"靖难功臣"。李景隆是个降将，却位列班首，难免会让朱棣的旧部、靖难功臣大为不满。朱棣是个睚眦必报的人，他绝不会无缘无故地将恩宠加于李景隆。

燕军进入金川门时，遇到魏国公徐辉祖率军抵抗，不久就被打败。李景隆刚打开城门，徐辉祖就赶来堵漏。两个人都算是皇亲国戚，靖难之役时，徐辉祖作为南军主将，于白沟河之战中掩护李景隆撤退，全师而还；又在齐眉山大胜燕军。如今，在南京城破的最后时刻，李景隆和徐辉祖有着截然不同的表现。自朱棣进入南京，徐辉祖就将自己关在祠堂，不见任何人，整日对着徐达的灵位痛哭。朱棣下令缉拿和审讯徐辉祖，徐辉祖一言不发，拿起笔在纸上写着"家父乃开国功勋""吾家有高皇帝颁发的免死券"等字样，朱棣气得直跺脚，但也不敢破坏父亲定下的"祖制"。尽管如此，朱棣还是将其削爵并禁锢于家中。永乐五年（1407年），徐辉祖病逝于家中，另一种说法是被赐自尽。两百年后，到了万历年间，明神宗下令为建文忠臣平反，在南京城里建庙祭祀建文朝殉难的忠烈之臣，徐辉祖位列忠臣之首。

南京城破，燕王大军如潮水一般涌入城内，逐一接收京城内的官府衙门。燕王骑马入城时遇刺，不过刺客的表现太过业余，被燕王身边的侍卫当场拿下。刺客并不是一员武将，而是建文朝的监察御史，名唤连楹。

连楹是潞州襄垣（今山西襄垣）人，国子监监生出身，洪武时曾任赞善。朱元璋生前颇为赏识他，多次赞美他刚正的品格。一个儒生能够得到朱元璋的欣赏，并且还能有太平官做，真的不容易。建文时期，连楹并没有得到重用。尽管如此，他还是愿意做一个忠臣。这天，他巡视京城，当他经过金川门时，听见人们在议论曹国公李景隆。说他辜负建文帝对他的洪恩厚爱，不仅葬送了朝廷北伐的五十万大军,今日居然打开金川门,将燕军放了进来。连楹听到这里,一种无法言说的怒火从他的心头油然而生。他找了把匕首藏在身上,假装投降燕王。他靠近燕王时,突然拔出匕首刺向燕王。估计燕王朱棣也没想到,自己刚进南京城就遇上不怕死的刺客,并且还是一个手无缚鸡之力的文臣。朱棣恼羞成怒,下令将连楹乱刀砍死。

从这一刻开始,朱棣对待那些反对者,不用再谨慎。从举兵以来,他一路杀伐,一路解释,他试图用那块"靖乱"的幌子遮掩恩仇与野心。《国榷》等史书上说,连楹"被杀,尸直立不仆"。人被杀了,尸体还直立不倒,甚至身上还冒出一缕缕白烟。当然,这样的文学笔法已经超越了现实,它更像是历史的隐喻。从这一刻开始,南京城里刚直不屈的文人又何止连楹一人。

金川门遇刺,给了朱棣一个下马威。他稳住情绪,下令让燕军将领迅速控制南京城的局势。这时候,他急于找到两个人,一个是自己的同母兄弟周王,另一个人就是建文帝朱允炆。为了保护周王和齐王,燕王派出两支千余骑的精锐护卫。他担心城破之时建文帝会大开杀戒。周王见到燕王派来的士兵时,惊喜地喊道:"我不死矣!"殊不知,建文帝若真要他的命,他不知死过多少回了。周王见到燕王,两人抱头痛哭,旁边的人也陪着他们"怆然下泪"。

兄弟二人数年不见,周王激动地说:"奸恶屠戮我兄弟,赖大兄救我,今日相见,真再生也。"燕王的回答,显示了兄弟俩境界上的不同:"此非我之力,乃皇父皇母在天之灵保佑。"一个造反者的尴尬就这样被巧妙地化解。

燕王领着他们登上金川门城楼,听着城内逐渐沸腾起来的杀伐声，怀着满腔的思绪，眺望着南京街头。玉碎宫倾的景象，让他们每个人都百感交集。东南方向，大明皇宫的红色墙壁和黄色的琉璃瓦，在阳光的照耀下熠熠生辉。忽然间，他们看见皇宫方向升起一股黑烟，很快冒出红色的火光，就在燕王的注目之下，整个皇宫被大火吞没。于是，在建文朝廷行将落幕的最后几个时辰里，最令人震惊的事实，不再是燕王入城，而是宫殿里起的那场大火。

燕王进入金川门后，派兵迅速占领明皇宫和南京城的要害之处。燕王的军队破了金川门，向皇宫弥漫而来。当时建文帝身处前殿，一支燕军攻至后宫，强迎吕太后到燕军大营。吕太后是懿文太子朱标侧妃，建文帝的生母。洪武十一年（1378年），太子妃常氏在生朱标的第四子朱允熥时难产而死，朱标因与常氏感情深厚便无续娶之意，索性将温柔乖顺的吕氏扶了正。朱允炆继位，即建文帝。吕氏也因此成为明朝开国以来第一位皇太后。

朱棣见吕太后来到军中，赶紧上前行礼。吕太后伸手拦住，说道："我是燕军劫持来的，不是禁军护卫来的，四殿下行的哪门子的礼？"

朱棣忙道："皇嫂被惊吓，臣弟之罪。"

"我不再是皇太后，四殿下许我做回懿文太子妃，便是万幸，四殿下也不再是四弟。"吕太后指责了朱棣的不义之举，但朱棣坚持说起兵只为自保，非为造反。从北平到南京，起兵的理由从未动摇。

几天之后，吕太后不得不听从朱棣的命令，以太后之名颁下懿旨，为朱棣的造反之举蒙上一层遮羞布。但朱允炆的一众兄弟，并没有因此被善待，他们要么被圈禁失去人身自由，要么被贬为庶民，吕太后的身边只剩下了小儿子朱允熙。但很快，吕太后连同幼子都被朱棣赶到了懿文太子陵，为丈夫朱标守灵。永乐四年（1406年），吕太后居住的宫殿突然走水，最小的儿子朱允熙死在了这场大火中。自此，历史中就再也没有了关于吕太后的只言片语。有人说她同儿子一起葬身火海，有人说她逃离了皇权的旋涡。不管哪一种结局，对丧夫又丧子的吕太后来说，已经没有多少意义可言。

就在叔嫂二人将不欢而散之时，忽有军士来报，宫中火起。朱棣陪吕太后出营观望，皇宫火势甚猛，火苗蹿起数丈高，映红了半边天。

一个失败者的最后心路历程，总是让人感到好奇。建文帝那天听到燕军破城的消息，沉默片刻，嘴里念念有词："完了，完了，一切都完了。"他对围在自己身边的后妃宫女说："燕贼凶残，他们已经入城了，你们还是各自想办法吧！"[①]这是不是建文帝留下的最后一句话，有待考证。看着四散而逃的宫人，他下令放火焚烧后宫。宫殿里四处腾起的火光，映红了建文帝震惊的表情。我相信，这样的场面是他从未目睹过的景象，繁华且精巧的宫殿，正在大火中战栗和挣扎。空气在晃动，大火灼伤了空气，使它产生了梦幻般的抽搐。

燕王朱棣以胜利者的姿态从金川门进入了南京城。只做了四年皇帝的朱允炆留下一个巨大的历史谜团，从此消失于时间深处。与朱棣想象的完全不同，年轻的朱允炆在故事结束的地方为自己预备了一把火。他因此逃过了刀剑之戮。朱棣踏进宫殿的时

---

① 谷应泰：《明史纪事本末·燕王起兵》卷十六。

候,大火已经熄灭了,唯有残留的少许火苗在不易察觉的角落艰难地闪跳。空气中弥漫着一股焦煳的味道。那些在大火中消失的器物、锦缎、纸张、香料,甚至肉体,已化作青烟,依然停留在原先的位置上。时值夏季,南京城的天气异常闷热,被焚毁的皇宫,更让人感到窒息。

据朱棣事后描述,他见到了朱允炆的尸体。在他的反复描述中,人们试图还原现场的惨状。士兵们搬开几根木梁,一具蜷曲的尸体曝露在他们面前。经过焚烧的尸体与宫殿金砖的接触面已被烧成焦煳状,紧紧地贴在地面上。当然,尸体上还有龙袍的残片。这具面目全非的尸体,看上去更像一具女尸。不过,朱棣当即指定尸体就是建文帝。他长叹一口气,语气沉痛道:"小子无子,果然如此糊涂耶?我来此为了辅佐你向善,你怎么做出这样愚蠢的选择。"

历时四年的"靖难之役"就这样谢幕,以一种未能预料的悲剧性结局告终。而几百年来,人们围绕着建文帝的生死争论不休。争论的结果,无非是建文帝焚亡,还是逃亡。在16世纪以后关于这个题材的小说演义中,建文帝和他的殉难随从逐渐变成了悲剧式的英雄人物。同情者,都希望能给建文帝留下一个相对温暖的结局。总之,建文帝以活不见人、死不见尸的方式,完成了一次真正的逃亡,从此再也不会有人知道他的下落。

永乐年间修《实录》,官方的统一口径称,南京城破前,大明宫燃起一场大火,建文帝葬身火海。燕王找到他的尸体并给以厚葬。这种毫无实证的官方话语,实在难以说服人心。后经多方考证,可以确认当时并未发现建文帝尸体,由此,一般认为官方史料属于捏造。不过,若是自焚而死,尸体被烧光的可能性也是存在的，因此，并不排除自焚一说。官方史书采用"自焚说"，是燕王要顺利继承皇位，必须确认前任皇帝已死。身为篡位者，昭告天下前任皇帝已死，这应该是必须采取的措施。只有谎称遗体已经被找到，才能按照礼法举行葬仪并继承皇位。不过，燕王"用天子礼"安葬了建文帝，南京城里却找不到坟墓。诚如谈迁在《国榷》中所言："金陵故老，无能指建文帝葬处。"① 可见当时葬礼虽用天子礼，但封冢不大，陵墓并不显眼。史牒不记，太常寺不按时祭扫，坟迹很快就湮灭于大地之上。

　　清朝乾隆年间所修《明史》（卷四《建文纪》）在写到朱允炆焚身而死时，也多语焉不详："宫中火起，帝不知所终。燕王遣中使出帝后尸于火中，越八日，壬申，葬之。"也就是说，大火过后发现的是皇后的尸体，而不是建文帝的尸体。这样的结果给人留下巨大的想象空间，尤其后面加上去的一句"或云帝由地道出亡"。整个明代，有关建文帝逃出京城后在民间社会、化外之境时隐时现的传说层出不穷。与建文帝同时消失的，还有皇太子文奎。建文帝有两个儿子，长子文奎，建文元年（1399年）立为皇太子；次子文圭，被燕王朱棣幽禁于广安宫。据《明史》记载："燕师入，（太子）七岁矣，莫知所终。"既然七岁的太子可以逃出南京城，建文帝也可以逃亡。朱允炆还活着的证据还有一个，那就是传国玉玺的消失。南京城破之后，朱棣除了寻找朱允炆的下落，同时还要找到那枚象征着皇家权柄的传国玉玺。玉玺上刻有"天命明德，表正万方，精一执中，宇宙永昌"十六个字。朱棣曾在他的父皇以及建文帝颁发的诏书中见过。朱棣急于握住权

---

① 谈迁：《国榷》卷一二"惠宗建文四年六月"。

柄，急于将玉玺攥在手中，就像对王朝命脉的把握。但是把宫殿翻遍了，也没见到玉玺的影子。这让朱棣不得不相信一个事实，那就是朱允炆带着那方玉玺跑了。一个带着玉玺跑了的皇帝，只有一种可能，有一天他会卷土重来。

《明神宗实录》记载，明万历二年（1574年）十月十七日，明神宗朱翊钧曾和大学士们谈起建文朝遗事，道出心底的困惑："传闻建文帝逃亡，不知真伪。"内阁首辅张居正回答说，国朝历史没有记载此事，听先朝故老相传，说靖难之师进入南京城时，建文帝按照老皇帝的部署，即削发披缁衣从水关御沟走出。正统年间，在云南驿所墙壁上，有僧人题诗"长乐宫中云气散，朝元阁上雨声愁"等句。御史召见询问，老僧坐地不跪，只说想归骨故园，查验后，有说即是建文帝。在这里，张居正的回答完全按照野史记载支持出逃说。他不仅用前朝遗老的说法，还将民间的传言说得绘声绘色。

另外，《明史》姚广孝的传记中也有建文帝出逃的线索。永乐十六年（1418年），姚广孝生命垂危之际，他请求已成为永乐皇帝的朱棣释放一个法名"溥洽"的和尚。溥洽曾任建文帝的主录僧（顾问僧），因为有帮助建文帝出逃的嫌疑而被监禁。朱棣同意了姚广孝的请求，很快就释放了溥洽。

生不见人，死不见尸，朱棣并不相信建文帝真的自焚而死了。朱允炆的存在成了朱棣内心最深的隐痛。朱棣这位无所不能的强人，什么都能办到，唯独捕捉不到那个消失的影子。他坐在御座上，心神不宁，朱允炆一日不见，朱棣政权就一日不合法。很多年后，一个名叫郑和的太监率船队驶向苍茫的海洋，先后六次的伟大航行日后出现在历史教科书中，成为明朝强盛昌隆的佐证。有史家说郑和下西洋，不是为了"宣教化于海外诸番国"，而是为了寻找建文帝的下落。那些显示大国尊严和仁德的赐品，成为朱棣为寻找朱允炆在海外的踪迹而支付的一笔昂贵的成本。

永乐五年（1407年），朱棣派遣户科给事中胡濙去全国各地寻找仙人张邋遢（张三丰），名为寻找张三丰，实则是寻找建文帝的下落。胡濙在外奔波十年，足迹遍布天下州郡乡城邑。其间，他因母丧想回乡守制都没有得到应允，朱棣只是给他加官为礼部左侍郎，命他继续完成这一秘密使命。

永乐二十一年（1423年），胡濙回到京师。从《明史·胡濙传》中可见有关此事的记录："二十一年还朝，驰谒帝于宣府。帝已就寝，闻濙至，急起召入。濙悉以所闻对，漏下四鼓乃出。先濙未至，传言建文帝蹈海去，帝分遣内臣郑和数辈，浮海下西洋，至是疑始释。"孟森《建文逊国考》说："果如横云所言，成祖命中使出其尸于火，已验明的系建文，始以礼葬，则何必疑于人言，分遣胡濙、郑和辈，海内海外，遍行大索，大索至二十余年之久？"[①]这样的诘问，直指朱棣的内心深处：公开宣称建文帝焚亡是为了合法即位，派人暗中侦查是因为他并不相信建文帝已经死了。

20世纪二三十年代，孟森在北京大学历史系开讲明史曾提到过，故宫曾经发现一套乾隆四十二年（1777年）重修的《明史本纪》刻本，其中《建文纪》的末尾有这样的话："棣遣中使出后尸于火，诡云帝尸。越八月壬申，用学士王景言，备礼葬之。"也就是说，"自焚说"早已在四库定本中被纠正过来，只是四库

---

① 孟森：《明清史论著集刊正续编》，河北教育出版社2000年版，第13页。

本很少有人读到。即使读到，也不会注意到两个版本的不同，才会疑误至今，以为官修明史真的将建文帝写为自焚而亡。

关于建文帝到底是生还是死的问题，官修《明史》尚且暧昧不清，更不要说那些林林总总的明人笔记。信则有，不信则无。野史多采用"出逃说"，源于民间对建文帝的同情，民间的绝对支持，使得"出逃说"更加深入人心。比如野史有记，南京陷落时，建文帝化装成一名游方和尚，随同一部分亲信离开南京，然后辗转各地，隐姓埋名活了下来。还有文本记载，燕王大军压境，建文帝企图自杀，被身边亲信制止，劝说他逃走。当时，有一个亲信说，太祖临终之际曾留下一个密匣，说危难之际打开它。众人打开一看，里面装着度牒（僧人的身份证）、袈裟、草鞋、僧帽和一些盘缠。于是建文帝剃发换装，由神乐观道士引路，在数名随从的保护下离开了南京城，因此才有了燕王下令用皇后的遗体代替建文帝举行葬礼的说法。正统五年（1440年），在广西地区发生了一件事，有个和尚冒充建文帝，但由于年龄不符，露出马脚，被捕后死于狱中。从这件事可以看出，建文帝出逃的传言在民间流传之广。

到明朝末年，朝野上下普遍认可建文帝"出逃说"，明初以来的官方见解逐渐退出主流说法。而有关建文疑案的真相也更加扑朔迷离，甚至连官方和民间说法的界限也消失了。明末钱谦益的《有学集》有一篇《建文年谱序》，其中说到他在史局工作三十余年梳理史料，唯独对建文帝生死之事搞不清楚，每念及于此，常会潸然泪下。他这个皇家密档的管理员都搞不清楚的事，其他人更搞不清楚了。《实录》无证，传闻各异，伪史杂出，简直就是一笔糊涂账。不过，钱谦益认为赵士喆所编《建文年谱》，荟萃各家记录，努力发掘真相，让他还未读完，就已"泪流臆而涕渍纸"。比照留存于世的各种记录，钱谦益相信建文帝真的逃出了京城。

中国历史上，史料的搜集、整理由官方史料和民间史料的双重史料系统提供素材。政权更迭的乱局过后，官方史料更不可靠。与其说野史采纳了官方史料的东西，不如说民间史料担负着更多的消息来源。在16世纪以后关于这个题材的小说演义中，建文帝和他的殉难的随从人士都逐渐变成了悲剧式的英雄人物。

在民间的戏台上——

南京城破之时，朱允炆欲投火而死。翰林院编修程济将其拦腰抱住，并提醒他："与其死掉，不如出逃。昔先帝留下一个铁箧，说有难时开启。"随后，朱允炆命人从奉先殿的大梁上取下铁箧，铁箧上了两道锁，并无锁孔。程济砸开铁箧，露出一把剃刀，三张度牒。朱允炆打开度牒，上书三个法名：应文、应能、应贤。为了烘托戏剧氛围，在急促的锣鼓声中，皇后身披龙袍蹈火而死。舞台分作两端，一端程济为朱允炆剃发；另一端皇后在火中舞蹈，发出痛苦的戏腔。朱允炆目睹皇后死去，心如刀绞。程济取出三件袈裟，让朱允炆和他身边的杨应能、监察御史叶希贤披在身上，化名应文、应能和应贤。这时，有人来报，燕军已突破金川门，向皇宫杀来。与此同时，程济打开铁箧最后一件藏品，展开一看，居然是先帝亲手绘制的逃亡地图。

戏如人生，人生如戏，朱允炆活着是戏，死了也是戏。到清朝初年，编纂《明史》之际，涉及建文帝本纪的编写，建文疑案再次成为话题。最终由负责《明史》的王鸿绪拍板采用"自焚说"，虽然不再争执，但并没发现新的证据支持"自焚说"。官方立场否定建文出逃,与清初"朱三太子案"有很大关系。清朝初年,屡次发生假冒大明皇室后裔朱三太子之名的谋反事件。此时,支持建文帝"出逃说",容易让人联想到明朝皇室后裔的出逃,很可能成为对朱三太子的一种支持。

无论如何,在南京城最为混乱的时刻,建文帝行踪无觅,最后也没有发现他的遗体,这一事实注定要纠缠朱棣的一生,他将始终无法摆脱对建文帝出逃的疑惑。在无数个夜晚,朱棣从睡梦中惊醒,建文帝的影子异常沉重地压在他的心上。

## "壬午殉难"的深度叙事

燕军的马刀在南京城的烈日中光芒闪烁,当燕王领着他的军队进入京城的时候,那些来不及逃亡的官员全都聚集于承天门,看上去像是在欢迎燕军的到来。人心隔着肚皮,谁又能真正了解他们的想法。其中不排除抵抗者,他们试图用自己的血肉之躯捍卫身后的皇宫。那时他们还没有真正意识到,整个朝廷只剩下他们这帮人还在抵抗,而他们誓死保卫的皇帝,即将从宫殿中消失,他们捍卫的,只是一座废墟般的宫殿而已。

燕王朱棣进入京师当天,兵部尚书茹瑺率领群臣叩头劝进,言之凿凿,说国家不可一日无主,劝燕王立即登基。朱棣没有答应。第二天,诸王和文武群臣一起上劝进表,请上尊号,正大位。燕王再次拒绝。第三天,跟随燕王征战的诸将一起上表劝进,说起兵以来,战必胜,攻必取,实乃天命所归。燕王仍拒绝。第四天,诸王再次上表劝进,燕王固辞不许。他给出的理由是,太祖创业艰难，要推择诸王中有才德、可以奉承宗庙者立之。第五天，朱棣觉得火候差不多了，接受诸王和群臣劝进，准备进宫登基。

这里有一个细节值得注意，正当燕王满心欢喜地进宫登基时，时任编修的杨荣迎谒于路上，他对朱棣说："殿下先谒陵乎，先即位乎？"一语惊醒梦中人，朱棣立即掉头前往孝陵拜谒。看似小事，背后却藏着深刻的政治玄机。拜谒父皇的陵墓后再即位，表明他继承的是太祖的皇位，而不是建文帝的皇位。朱棣从进入南京城那一刻起，就要面对世人对其政治合法性的质疑。从政治学意义上说，所谓政治合法性是指某个统治者凭什么获得其成员的忠诚。合法性体现的是一种价值判断，凡是建立在价值基础之上并以此得到公共舆论承认的即为合法。

燕王拜谒孝陵后，随后登上奉天殿，即皇帝位，是为明成祖，建元"永乐"，以明年为永乐元年（1403年），改建文四年（1402年）为洪武三十五年。

朱棣自即位始，其政治合法性危机就成了他的致命伤。为此，朱棣进行了多方面的努力。他革除建文年号，让永乐年号与洪武年号无缝对接，含有不承认建文的意思，也有继承太祖之意。朱棣不仅革去建文年号，还对建文帝所实行的一些制度，所上的一些尊号，改用的一些名称，或改掉或恢复洪武旧制。朱棣虽然登上皇位，表面上风风光光，也难逃公论指责和内心的折磨。身边近臣反复告诉他，他从北京起兵，以一隅之力，一旅之师而有天下，足以证明他是天命所归、德行完美的英主。

对于皇帝来说，登基只是起点，一切才刚刚开始。朱棣即位，天命的庇佑和德行的外化将持续下去，而作为皇帝只有用更大的作为才能证明它的逻辑合理性。唯其如此，他才能将"靖难之役"

这一带有叛逆不伦色彩的举动套上合理化的解释，不然，无法给天下臣民一个交代。诚如刘基的次子刘璟对他说的那句话"殿下百世之后，逃不得一个'篡'字"。在朱棣登基的喜庆气氛中，一场杀戮在暗地里进行。关于这场杀戮，明朝的官方史料没有任何记录。朱棣对于建文时期编写的《太祖实录》极为不满，叶惠仲因为参与编纂而毫不隐讳燕王谋反之事，被诬陷为"逆党"遭到族诛。朱棣下令焚毁《太祖实录》，重新编写。所谓重新编写，无非是让编写者尽篡改涂抹之能事。沈德符在其所著《万历野获编》中说，修改后的《太祖实录》，开国功臣的壮猷伟略稍不为靖难归附诸公所喜者，全被删削，建文一朝四年史实荡灭无遗。旧版《太祖实录》修于建文朝，朱棣既然在名义上得位于太祖高皇帝，又对建文一朝尽行革除，那么重修《太祖实录》以正视听，实为第一要务。又，永乐朝以非常之手段，由藩王入续大统，而以道德教化子民，使其驯良，是一项长期任务。是以，举凡忠诚、烈女都应在褒扬之列，由当朝最有学问的侍读学士总领其事，由曹国公李景隆与尚书茹瑺挂名监修，解缙作为总裁，负责具体工作。

燕军进入南京以后，建文旧臣们各有表现，自杀的自杀，叛变的叛变，逃跑的逃跑，许多权倾一时的朝廷重臣，许多官宦人家的金枝玉叶，从此隐姓埋名。综合来看，大致分为四类。其一为逃逸者。《明史》有录："燕兵之人，一夕朝臣缒城去者四十余人。"[①]一夜之间，从城墙上缘绳而下者四十余人。破城在即，兵荒马乱，逃跑者的姓名已无可考证。据谈迁在他的《国榷》一书

---

① 《明史·牛景先传》卷一四三。

中记载,"靖难之役"后,朱棣进入南京,建文朝"其在任遁去者四百六十三人"。其二为投降者。任何时候,惜命者都是最多的。且不说他们对朱棣的行为持何种态度,也不说他们怎样看待自己的失节。他们中的大多数认为朱棣取代朱允炆不过是皇族家事,谁坐上皇位,他们就向谁称臣。在这些降臣中,有后来成为一代名臣的夏原吉、蹇义、杨士奇、杨荣、杨溥、解缙、胡广、金幼孜等人。其三为不屈者。这些人是少数,但也留下足够光彩的时刻。其四为殉难者。所谓殉难,殉的是建文帝,皇帝生死未卜,他们绝不偷生。

南京城破后,建文帝的几个弟弟无一幸免。他的小儿子朱文圭,当时只有两岁。朱棣派人把他幽禁在安徽凤阳老家,只许给他喂饭,不许教他说话。直到三世以后明英宗时,这个废皇子才重新得见天日,那时他已五十有七,智力水平却像个孩子一样,连大街上在走的牛马都分不清楚。朱棣发动了一场清除"建文奸党"的大规模血腥屠杀,朱棣要通过这种恐怖恫吓来堵住异见者的嘴。大兵一入南京城,就"大索齐泰、黄子澄、方孝孺等五十余人,榜其姓名曰奸臣"。《明史纪事本末》中记载,燕王朱棣进城后"清宫"三日,"诸宫人、女官、内官多诛死,惟得罪于建文者乃得留"①。在抓捕"建文奸党"行动中,黑名单上先列二十五人,后来又变成五十一人。而郎瑛《七修类稿》记载有一百二十四人。这些人被悬赏缉拿,首要的就是太常寺卿黄子澄、兵部尚书齐泰。

被燕王朱棣视为第一奸臣的是主持削藩的黄子澄。朱棣北平

---

① 谷应泰:《明史纪事本末·燕王起兵》卷一六。

起兵，借的就是"诛齐泰、黄子澄"以"清君侧"的名义。他的目标已经实现，齐、黄"二奸"自然难逃一死。南京陷落时，黄子澄正在苏州招募勤王军队，不久就被抓捕押送到南京。他绝不承认朱棣的合法地位，审问中也不停抗辩。作为失败者，黄子澄张口闭口称朱棣为殿下，而不是陛下，以此表达心中的不满。他在宫殿上对朱棣直言：我能够想到殿下会凭借手里的兵谋取富贵，却想不到你有胆量篡权谋逆。殿下向来不是什么好东西，是一个教育不好的坏人，恐怕你的子孙将来也会像你一样篡位，到时候，你将死无葬身之地。

朱棣愤怒不已，先斩其双手，又断其双脚，最后其全身被一寸一寸剐碎至死。阖族六十五人，不分老少全部斩首，妻族数百人流放边境。死刑只是一时之痛，而有些人只要活着就会继续在痛苦中受尽折磨，这些人大部分都是"奸臣"的妻子、姐妹、女儿等与政治完全无关的女性。《奉天刑赏录·教坊录》中记载，永乐十一年（1413年）正月十一日，教坊司（明代教坊司隶属于礼部，主管乐舞和戏曲）等官在右顺门上奏云："有奸恶齐泰的姐并两个外甥媳妇，又有黄子澄妹，四个妇人每一日一夜二十条汉子看守着。年小的都怀身孕，除生子令做小龟子，又有三岁小的女儿。"皇帝钦批："由他，小的长到大，便是个淫贱材儿。"教坊司又上奏："当初黄子澄妻生一个小厮，如今十岁也。又有史家，有铁信家小妮子。"皇帝批道："都由他，钦此。"这些女性的生命在独裁者心中，如蝼蚁一般低贱，无足轻重，生杀予夺，肆意玩弄。

名列奸臣榜第二位的齐泰也是同样的结局。南京陷落时，齐泰正出外募兵徒劳而返，为了不让燕王认出，他就把骑着的白马用墨涂黑，马跑得大汗淋漓，涂上去的墨汁全都溶掉了，有认得他的马的人大叫，这是齐尚书的马。于是齐泰被燕兵当场逮住，押往京城处斩，他的从兄弟敬宗等皆坐死，叔时永、阳彦等谪戍，刚满六岁的儿子免死为奴。

悲剧的主人公不仅仅是刑场上的殉难者，还有那些幸免于刑侥幸活下来的人，她们遭受着比死刑还要悲惨的遭遇。男人的战争结束了，女人们的悲剧还在继续。副都御史茅大芳及其子被处死后，他的妻子同样被送进教坊司。当时，她已经五十六岁，同年因病去世。教坊司请旨如何处理。朱棣下旨，把尸体扔到南京上元县城门外喂狗。由此可见，朱棣对所谓"奸臣"恨之入骨。很多罪臣妻女不愿进教坊司受辱，为保名节而自杀，而更多的女性沦为靖难功臣、官员的奴隶，遭受非人待遇。台面上的悲剧已经让人难以接受，更不用说暗夜冷风。朱棣进入南京后，建文遗臣除大量逃亡以外，还有很多人抗节不屈，很多人受到株连，死得极其惨烈。

礼部尚书陈迪，情况更加悲壮。在朱棣面前，他毫不胆怯，大义凛然地指斥其恶行。不久，他和他的六个儿子一起被处刑。行刑前，他的一个儿子苦喊道是父亲连累了自己，他呵斥住儿子，然后继续怒骂朱棣。朱棣大怒，命人把陈迪几个儿子的耳朵和鼻子割下来，煮熟之后灌进他的嘴里，然后残忍地问他味道如何。陈迪答道："忠臣孝子肉，有何不甘。"

这还是那个重感情、讲义气的燕王朱棣吗？还是那个因为士兵忍饥挨饿而流泪，因为弱者受欺而愤怒的燕王吗？还是那个起兵时慷慨激昂，义形于色的正义化身吗？是的，又都不是的。历史留下了他的不同面孔，或流氓嘴脸，或藩王做派，或嗜血君王，比之他的父亲有过之而无不及。在他看来，这个世界上只有两种人，一种是他的朋友，还有一种就是他的敌人。那些毫无利用价值的人，在他的心中还不如一只蝼蚁。

在受戮之人中，最为酷烈的，莫过于方孝孺。朱棣兵发北平时，姚广孝特地以方孝孺为托。他对朱棣说，南京城破之日，方孝孺一定不肯降服，不论如何千万别杀他，"杀孝孺，天下读书种子绝矣"。朱棣爽快地答应了他。朱棣拉拢作为"浙东学派"领袖的方孝孺，出于谋求自己皇位正统性的政治意图。即使双方没有共同的政治理念，也可以保护"天下读书种子"，若能让方孝孺臣服于自己，那么既可以强化将来政权的权威，更能达到笼络天下读书人的目的。朱棣进入南京城后，方孝孺拒不迎降，闭门不出，并为建文帝穿丧服，日夜号哭。朱棣召用他，他坚决不肯屈从，最后被镇抚伍云等强迫着来见朱棣。

方孝孺终于被带上宫殿，宫殿上摆着一张书案，笔墨齐全。素白的纸页散发着温润的光泽。方孝孺环顾四周，他的目光扫过每一张面孔。每一张面孔都是他熟悉的，也是他陌生的。他突然大放悲声，哭声响彻朝堂。朱棣似乎并不在意，他还亲自下榻迎接。

朱棣示意左右，让他们把笔札交给方孝孺。

以下这段对话，向来被世人视作"方孝孺式硬气"最生动的呈现：

> 成祖降榻劳曰："先生毋自苦，予欲法周公辅成王耳。"孝孺曰："成王安在？"成祖曰："彼自焚死。"孝孺曰："何不立成王之子？"成祖曰："国赖长君。"孝孺曰："何不立成

王之弟?"成祖曰:"此朕家事。"顾左右授笔札曰:"诏天下,非先生草不可。"孝孺投笔于地,且哭且骂曰:"死即死耳,诏不可草。"①

朱棣内心憋着的那团邪火终于腾空而起,他要将这个不识时务的儒生凌迟处死。朱棣知道,方孝孺不仅是"浙东学派"的代表,更是天下无数读书人敬仰的楷模。方孝孺身为名望天下第一的大儒,朱棣希望他能为自己起草即位诏书,而方孝孺只回应了四个字"燕贼篡位"。事后,朱棣派了方孝孺的两个学生廖镛、廖铭去狱中劝说,结果引得方孝孺愤怒斥之:亏你们跟我学了这么多年,连最基本的道义和是非都不懂吗?

方孝孺、黄子澄和齐泰同一天在闹市中被处以极刑。同时就戮的还有方孝孺的亲属,轮到亲弟弟方孝友时,方孝孺不觉泪下。方孝友却口吟一首绝命诗:"阿兄何必泪潸潸,取义成仁在此间。华表柱头千载后,旅魂依旧到家山。"方孝孺临刑,也用漂亮的草书,写下一首《绝命词》,时年四十六岁。有人说他的这首绝命诗颇有屈原的《离骚》之风,沉郁悲怆,涕泪泣血:"天降乱离兮孰知其由,奸臣得计兮谋国用犹。忠臣发愤兮血泪交流,以此殉君兮抑又何求。呜呼哀哉兮庶不我尤。"②历史叙事者口中的逆臣贼子各有不同,坏也坏得不同,反倒是那些忠臣烈士,倒像是一个模子里刻出来的,一样的表情,一样的语气,像是拿了同一剧本。刑场如同他们人生谢幕前的舞台,在走上舞台

---

① 《明史·方孝孺传》卷一四一。
② 《明史·方孝孺传》卷一四一。

前,他们就知道,接下来要做的就是要将最后的死亡仪式化。他们所希望的是,以自己的死去成全孝悌忠信之道。

方孝孺自始抱定必死之心。他的每一句问答都将朱棣逼向逻辑死角,同时也将自己逼向命运的死角。按照中国古代制度,谋反是诛灭九族的重罪。所谓九族,包括获罪者自己父亲一系的祖父母、父亲的兄弟姐妹、获罪者的堂兄弟姊妹及其所有子女等为四族;母亲一系的外祖父母、母亲的兄弟姐妹及其子女等为三族;妻子一系的父母和妻子的兄弟姐妹为两族。"灭十族"则为朱棣的独创发明,这里包括方孝孺的学生和朋友。

《明史纪事本末》叙述"壬午殉难"一节,方孝孺怒骂"死即死耳,诏不可草"后,还有几句对话录于此:

> 文皇大声曰:"汝安能遽死。即死,独不顾九族乎?"
> 孝孺曰:"便十族奈我何!"声愈厉。
> 文皇大怒,令以刀抉其口两旁至两耳,复锢之狱,大收其朋友门生。每收一人辄示孝孺,孝孺不一顾,乃尽杀之,然后出孝孺,磔之聚宝门外。

遵照朱棣的旨意,行刑者用短刀割裂方孝孺的嘴角。刀锋在颚骨处受到阻挡,但它们马上巧妙地回避阻力,向耳根靠拢。鲜血顺着面颊倾泻而下,让半个面颊变成了一张血盆大口。"十族"这个新词,仅限于方孝孺的悲剧。方孝孺硬抗朱棣,除了儒生气节,以及与建文帝的君臣之谊,还有他的政治理念。有学者从方孝孺的著作中发现,早在十八岁的时候,方孝孺就曾写下《释统》三篇,深究政治合法性。他将中华统系分为正统、附统、变统三种。他认为,"仁义而王,道德而治者"为正统,如三代之君;汉唐宋"虽不敢几乎三代,人其主皆有恤民之心,则亦圣人之徒也",故附之于正统,是为附统;而"取之不以正""守之不以仁义,戕虐生民""夷狄而僭中国、女后而据天位",皆为变统。

方孝孺提出三统之说,目的在于顺从天意,维护纲常,使正统尊,奸邪息。所以在政治合法性问题上,方孝孺是一个严格的正统派。他坚持政策的有效性绝对不能代替政治的合法性。朱棣诛杀"十族"的理由无须多言。洪武时期,"浙东学派"怀才不遇。随着建文帝的登基,主张"德治"的他们看到了曙光。他们得以推行、实践自己的政治理念。不过,主张"德治"的他们与继承太祖"法治"的朱棣是无法相容的。最重要的一点,"浙东学派"向来支持"正统论",这是身为篡位者的朱棣绝对不能容忍的。朱棣下令抓捕方孝孺亲族、朋友和门生,每抓一人,都带来让方孝孺看一看。方孝孺看到他们非常难过。

十族全诛后,磔方孝孺于市。磔即所谓千刀万剐,把身上的肉一片一片割下来,让受刑者受尽痛苦而死。在死难前,他本有机会避开死亡,但是他却决绝地投向死亡。那一刻,飞鸟遁迹,百兽逃逸,就连草木也充满了戾气。这份儒家精神根植于他一向所提倡的"道"。方孝孺的抗争,不是要维护一个已经不存在的旧君主,而是要拒绝承认一个新君主。新君主既然已经上位,他还要付出惨重的代价去决绝,原因只有一个,那就是新君主以武力篡逆的上位方式是他不可接受的。

方孝孺的兄长方孝闻,先他而死,弟方孝友与他一同就戮,妻子郑氏,两个儿子中宪、中愈自刎死,两个女儿皆未成年,投秦淮河死。一门坐死者八百七十三人。明清朝行刑之时，如果父子都被叛死刑，一般是在父亲面前先杀儿子，然后再杀父亲。这是让受刑者肝肠寸断，发挥"罪与罚"的最大功效与震慑威力。如果儿子不是死刑，也要其在刑场上跪着看父亲受刑。要的就是雷霆之撼，要的就是噩梦不断的人生。

激烈如方孝孺，执拗如方孝孺，宁诛十族，也要选择"死社稷"。廖镛、廖铭是开国功臣廖永忠的孙子，曾受业于方孝孺，他们为方孝孺尸首入殓，并将之安葬在聚宝门外山上。有人告发他们，朱棣下令将廖氏兄弟诛杀。监察御史郑公智和陕西按察司佥事林嘉猷是方孝孺的老乡兼弟子，平时过从甚密，也遭到诛杀。刑部侍郎胡子昭是方孝孺在汉中当老师时的学生，后来方孝孺推荐他参与《明太祖实录》的撰修，因而也被处死。不管是朋友，还是学生，或者方孝孺主持乡试录取的书生，还有一些根本沾不上边的，也莫名其妙受株连。有个叫章朴的文人，家中藏有方孝孺的诗文，结果被邻居告发。章朴被处死，而那个告发他的邻居得到了升迁。

朱棣对方孝孺恨之入骨，他恨不得将此人在人世间留下的痕迹抹得干干净净，就像他从来没有来过这个世界。方孝孺曾说过："士之可贵者，在气节，不在才智，天下未尝无才智之士，而世之乱也，恒以用才骋智者驰骛太过，钓奇窃名，以悦其君，卒致无穷之祸；而气节之士不与焉。"[1]方孝孺作为建文帝的亲信之臣，重气节而轻才智。气节固然感天动地，但治国安邦更需要才智。

---

[1] 方孝孺：《戆窝记》，见李扶九、黄仁黼选评《古文笔法百篇》，姚敏杰校点，三秦出版社1998年版，第198页。

这也难怪，当燕王率军从北平杀向南京时，方孝孺还在那里向建文帝灌输"周官法度"，锐意文治，改官制，并州县，行井田。作为一个王朝的辅政者，方孝孺显然是不合格的。

方孝孺之于朱允炆，如同姚广孝之于朱棣。即使处于南北激战的烽火硝烟之下，方孝孺还饶有兴致地引导朱允炆进行复古改制的尝试，宫殿名、城门名，悉数恢复古称。官制，也按《周官》重定。而姚广孝在朱棣身边，始终不曾脱下他的僧袍，这个不官不民、亦官亦民的和尚，作为朱棣的座上宾，运筹帷幄，出谋划策，位极人臣，却极好地把握住自己的角色设定。他的那一身僧袍，既是障眼法，也是自保术，他至少消除了朱棣对他的戒心。更让人不可思议的是，等朱棣得天下，论功行赏，姚广孝为第一，举朝推崇。他居然常居僧寺，冠带而朝，退仍缁衣。

方孝孺被处死后，朱棣命翰林院侍读楼琏起草登基诏书。楼琏是浙江金华人，也是宋濂的学生，文采出众。楼琏心惊胆战地拟完诏书，回到家对妻子说："我死了倒也罢了，只怕不承命的话还要连累你。"妻子斥道："你还好意思回来？面对九泉之下的宋濂先生，你难道没有愧疚吗？"楼琏羞愧难当，到了傍晚真的自缢身亡。

时任都察院左都御史的景清，当年曾经参与"削藩"密谋。令人不解的是，当许多建文旧臣纷纷殉国之时，他却向朱棣投诚归附。当时有人骂他"言不顾行，贪生怕死"。不过，有人对此表示理解。因为建文初年，景清曾改任北平参议，得到过朱棣的赏识。燕王朱棣曾经与他有过彻夜长谈，他侃侃而言，无不切中要害。不久，景清返回京师，升为御史大夫。燕军破城后，景清曾与方孝孺相约，宁为建文帝殉节，决不向朱棣投降。朱棣称帝后，他仍被任命为都察院左都御史，成为永乐朝新贵。

某一天上朝时，景清身穿绯红长袍，暗藏利器，准备行刺。巧合的是，日前主管天象的官员曾报告朱棣："异星赤色，犯帝座甚急。"朱棣上朝时，余光瞥到一片夺目的绯红。他看到了大殿外面的景清，逆光站在殿堂之外。朱棣的目光突然定格在景清的面孔上，而景清也恰好盯着他。

朱棣预感到不祥，命令侍卫对其搜身，果然搜出一柄闪亮的匕首。景清朗声笑道："要为故主报仇，取尔性命。"朱棣尚未做出反应，殿外又传来景清的一通咒骂。朱棣命人打掉他的牙齿，他仍骂声不绝。朱棣从御座上走下来，抵近距离想要看清楚眼前这个人。景清却将嘴里的血和牙齿碎屑吐向朱棣。崭新的龙袍之上，落下斑斑血迹，触了新君的霉头。朱棣命人将景清活活打死，并将其皮囊剥下来，填充稻草，悬挂于长安门示众。

一日，朱棣乘坐轿子经过长安门，绳索忽然断裂，景清的皮囊突然从天而降，恰好落于轿前，状如扑击。朱棣大惊失色，下令烧毁。有一天朱棣午睡，梦见景清持剑追杀过来。惊醒之后他感叹道："想不到景清死了还这么厉害。"于是，他下旨株连其九族，将其乡整个村庄籍没，"转相攀附"而死的有数百人之多。这就是臭名昭著的"瓜蔓抄"。所谓"瓜蔓抄"，就是像瓜蔓一样，只要是一根藤上的，不问大小、生熟，一律摘掉，杀得"村里为墟"。

这样的"瓜蔓抄"不止发生在一人身上。南京陷落后，建文时期的大理寺少卿胡闰也是受害者。朱棣不仅抄了他的家，诛杀其全族二百一十七人，还将他们的聚居地——府城西面的硕辅坊，化作一片废墟。吕毖《明朝小史》写道：

> 一路无人烟,雨夜闻哀号声,时见光怪。尝有一猿独哀鸣彻晓。东西皆污池,黄茅白苇,稍夜,人不敢行。南至祝君庙,北至昌国寺,方有人烟。

"瓜蔓抄"风行于世,一人有罪,千人陪斩,杀人如切瓜。当朱棣手持利器走向皇位,整个国家的人民为之胆寒。那个曾经如太阳般温暖的燕王,突然消失不见。眼前的朱棣,看上去比野兽还要凶残。比如,青州教谕刘固曾因母亲年迈而乞归,景清致书刘固,要他回京任职。因为这种引荐关系,刘固受到株连。他和儿子刘超、弟弟刘国、母亲袁氏同日受刑于聚宝门外。儿子刘超臂力过人,临刑时突然挣脱绑绳,随手夺过刽子手的屠刀,连杀场上十余人,最后还是难逃凌迟之刑。

人区别于动物,是因为人能判断正义与邪恶,有羞恶廉耻之心。当一个篡位者走上前台,再谈礼义廉耻就是笑话。而对于士人来说,他们存在的意义,就是贯穿纲常。让他们活在篡位者的权威之下,无异于自绝于世。御史高翔穿着丧服入见,话语里流露出不逊,朱棣除将其"族诛",还挖开他的祖坟,将其先人遗骨与牛马的骨头一起烧成灰扬掉,"亲党悉戍边"。还将他的田产分给附近百姓,征收特重的赋税,"令世世骂高御史也"。

"瓜蔓抄"之风愈刮愈烈,有的人竟以告讦得官。比如,山阳(今江苏淮安)百姓备下酒食祭祀田神,丁珏却诬告百姓"聚众为妖,坐死数十人"。朱棣觉得丁珏对自己很忠心,立即授他为御史。

在朱棣这样的君主看来,"令人畏惧要比受人爱戴更安全"。让人难以理解的是,建文旧臣所表现出来的气节比改朝换代时还要壮烈。李自成进京时,"文臣、阁部、词林、卿寺、台省以及郎署,自裁者仅二十人,竟无一人骂贼而死"①。前者是朱明王朝的自家儿孙争位,后者是真正的改朝换代。

后来的修史者为了替朱棣开脱,故意掩饰他犯下的暴行,并没有将其屠戮方孝孺十族写入17世纪的官方史书《明史》。甚至在官方文件中,方孝孺还被描绘成一个贪生怕死之徒。《太宗实录》卷九"四年六月乙丑"条下载:"时有执方孝孺来献者,上指宫中烟焰,谓孝孺曰:此皆尔辈所为,汝罪何逃!孝孺叩头祈哀,上顾左右曰:勿令遽死,遂收之。""丁丑"条下又载:"执奸臣齐泰、黄子澄、方孝孺等至阙下,上数其罪,成伏辜,遂戮于市。"《太宗实录》修于仁宗朝,当时朝廷修三朝实录,对史事多有涂饰。

史料并没有留下因受"建文奸党"株连而被处死、监押、流放和遭受其他迫害的无辜士大夫和老百姓的具体数字,但据保守估计,靖难日的清洗至少万人以上。此次诛杀,从建文一朝的吏、户、礼、兵、刑、工六部及都察院、大理寺等中央机构的重臣,到地方上的封疆大吏,除去归降者以外,死硬的皇权正统派尽成刀下之冤鬼、化外之流徒。正如《明史·陈瑛传》中所记载,"诸忠臣无遗种矣"。后世修史者,对永乐初年的这些死难官员,不能以胜败而论。只能说他们有尽忠之志,却无尽忠之谋,败得英勇,败得激荡而富于正气,"忠愤激发,视刀锯鼎镬,甘之若饴,百世而下,凛凛犹有生气"②。如果说,明朝开国,太祖朱元璋诛

---

① 懒道人:《剿闯小史》。
② 《明史·齐泰黄子澄等传赞》。

杀功臣，动的是高层官僚，那么成祖朱棣，动的却是中下级官员。不仅屠戮官员，还要羞辱他们的妻女。

讽刺的是，父子二人都曾经结下佛缘，朱元璋当过游方和尚，朱棣最宠信之人便是道衍和尚（姚广孝）。朱棣登基后开始信佛崇佛，京师之地寺院林立、僧人众多，他不仅有时让臣下唱佛曲，而且颁之于塞外。当然，人们不可被这种表象所迷惑，朱棣崇佛不过为了用佛，从不佞佛，后来还对佛教加以限制。《太宗实录》中有一个细节，很是意味深长。

永乐五年（1407年）五月的一天，明成祖朱棣去佛教寺院灵谷寺。有一条小虫子在他衣服上爬，他甩手一抖，小虫子落在地上。他随即命身边的宦官将这条小虫放到树上，还说道："此虽微物，皆有生理，毋轻伤之。"那一刻他佛光普照，慈悲盈怀，简直就像个佛家子弟。一念佛，一念魔，实在让人难以判断。钱习礼是练子宁的姻亲，当时逃脱株连。到了永乐九年（1411年），钱习礼中进士，被选为庶吉士，不久改任检讨。有人告发他是练子宁的奸党，吓得钱习礼惶恐不安。朱棣知道此事，不仅未予惩治，反而笑着说："使子宁在，朕犹当用之，况习礼乎！"此时距离朱棣称帝已十年，虽然心结未了，但还是可以用故示宽大的话语，安慰幸存下来的建文旧臣和其亲属。当时的内阁学士胡广回江西吉永奔丧回来，已经身为君王的朱棣问他："百姓安否？"胡广回答："安，但郡县穷治建文时奸党，株及支亲，为民厉。"也就是说，当时穷治建文遗臣，已牵动全国各地，株连面甚广。或许是胡广的这句话触动了朱棣，他随即谕刑部："有罪者既已伏诛，无罪者各安职业，而内外军民屡执无罪之人，以希幸赏，恶不可长。速谕止之，违者抵罪。"他同时谕令三法司，"凡死罪必复奏"①。这无异传递出慎刑的信号。

君王意已平,百姓却表现得意难平。同样是在这一年,浙江黄岩的乡民告发当地豪民,说他还保存着建文时奸恶士人写给楚王的书信,应予治罪。朱棣却道:"朕初即位命有司:凡建文中上书有干犯语言,皆朕未即位以前事,悉毁之,有告者勿行。今复行之,是号令不信矣。况天下之主,岂当念旧恶!"②朱棣的这番话说得冠冕堂皇,他果真不念旧恶吗?恐怕并非如此。底层小民动辄告讦,衙门株连之风盛行,恐怕不是一日所成。时过境迁,皇权在手,皇位稳固,贵为永乐皇帝的朱棣可以用带有表演性质的宽容笼络人心。

孟森《明史讲义》写到靖难后杀戮之事,大为不解:

> 成祖以篡得位,既即位矣,明之臣子,究以其为太祖之子,攘夺乃帝王家事,未必于建文逊位之后,定欲为建文报仇,非讨而诛之不可也。故使事定之后,即廓然大赦,许诸忠为能报国,悉不与究,未必有大患也。即不能然,杀其人亦可成其志,而实则杜诸忠之或有号召,犹之可也;诛其族属,并及童幼,已难言矣;又辱其妻女,给配教坊,浣衣局、象奴及习匠、功臣家,此于彼之帝位有何损益?

建文时期的政府档案被大量销毁,宫廷档案和皇帝起居录等被多处涂写和修改,所有记载这一政变的私家记述和文献都被

---

① 《明太宗实录》卷十。
② 《明太宗实录》卷一"永乐九年九月庚辰"。

列为禁书。诚如孟森所言:"建文一朝之政治,其真实记载,已为永乐时毁灭无遗……成祖以为罪则罪之,既篡之后,谁与抗辩?"[①]经一班文臣粉饰,官方将这场政变作如是叙述,记入"实录":洪武三十五年六月,靖难的军队打到南京金川门外,"建文君欲出迎,左右悉散,惟内外数人而已,乃叹曰:'我何面目相见耶!'遂阖宫自焚"[②]。在他们的春秋笔法之下,朱允炆是建文君,而不是建文帝。他没脸见人,羞愧自杀。而朱棣看到宫中火起,即命太监前往援救,施救不及,便哭着说:果然如此痴呆!我来是为帮助你做个好皇帝,你竟然走上绝路。

那一刻,火光冲天,朱棣的泪水在脸上肆意流淌,原来假面也令人动容。

---

① 孟森:《明史讲义》,北京理工大学出版社2018年版。
② 《明太宗实录》卷九。

第四部分

# 治世与布局

# 第七章　皇帝的原罪

## 非法即位与合法布局

建文四年（1402年）六月，燕王朱棣挥师顺利进入南京。硝烟尚未散尽，朱棣的屁股已在龙椅上缓缓坐定。气势恢宏的永乐时代，就这样拉开大幕。南京城陷落后开始的杀戮狂潮一直持续到年底，这场灾难在所有人的心中都留下了难以愈合的伤口。名义上是要追究内乱的祸首，结果却付出难以想象的巨大代价。这代价不仅包括壬午殉难中的殉难者及所有受牵连者，更为王朝治世投下浓重的阴影。原是喜庆热烈的新皇登基，南京城里却弥漫着肃杀与阴郁的气息。这是朱棣起兵之际就已经被注定的原罪。虽然它非朱棣所愿，却如同他不甘心，却又无法摆脱的篡位者身份一样。

那时的朱棣并不知道，他屁股下的这张龙椅，原本是可以通过"兄终弟及"的典制"合法"获得的。朱标死后，排在朱棣前面的两个哥哥——秦王朱樉和晋王朱㭎也先后死去，朱棣已经成了事实上的长子。假如朱元璋知道自己的一念之差，导致他的子孙之间发生了这样一场惨烈的战争，九泉之下，他定然会发出一声哀叹。

如何清洗篡位与杀戮的污名？这个问题将伴随朱棣的后半生。其实朱元璋应该明白，太子朱标死后，诸皇子中，朱棣是继承皇位的最优选择。朱棣最像他，他们都有一张狮子般可怖的面孔，也有一套相似的权力密码。但有些时候，君王的任性会让他背叛传统道德。无论对于开国者，还是篡国者，他们在牵起缰绳的同时，也会举起鞭子。他们的人生经历，充满着血淋淋的记录。

从某种程度上来说，朱元璋和朱棣根本不像是父子，他们更像是一对孪生兄弟。朱元璋废除了千余年的丞相制度，一切出自"宸裁"，使得君主专制达到一个登峰造极的程度。他还立下祖训："以后嗣君，其毋得议置丞相，臣下有奏请设立者，论以极刑。"[1]如此一来，皇帝不仅仅是代天行命的君主，而且还是凡事亲力亲为的行政首脑。皇帝的精力有限，一个人根本忙不过来。朱元璋设立了"四辅官"，让他们"侍左右，备顾问"。这些人的品级低，无实权，对皇权构不成威胁。四辅官的设置实际上是向内阁制度的一个过渡。

建文四年（1402年）六月十七日，朱棣即位，成为大明朝新的主人，是为永乐帝，即明成祖。宏大的仪式过后，没人知道那个夜晚，朱棣是醒着的，还是睡着的。按照人的正常反应，他第二天醒来的时候，应有恍如隔世之感。这些年来，他除了杀伐，活得更像是一个表演艺术家。他口口声声要除掉的"奸臣"，或引颈待戮，或粉身碎骨。从穿上龙袍的这一刻开始，他的表演换了舞台，也要换台词和剧本。总之，对朱棣来说，要想赢得开局，渡过艰难的时刻，他并不需要复杂的蜕变。他只要扮演好一个角色，那就是太祖朱元璋的忠实继承者。他在七月朔日发布即位诏书，定次年为永乐元年，同时，发布二十五条施政方针，并将建

---

[1] 《明史·职官志一》。

文帝时期变更的法律、制度等全部复归为洪武时代的旧制。朱棣在强调自己是太祖嫡子的同时，将建文政权以违反祖制为由定为"叛逆"。在永乐政权下，以批判洪武政权为基点建立的建文政权的存在意义被完全否定。

战场是一个杀敌的场所，宫殿却是炮制敌人的地方。战场上的敌人，可以消灭；而宫殿里的敌人，并不容易消灭。旧的敌人消灭以后，还有新的敌人出现。从某种意义上说，敌人为战场提供了养分，而敌人也同样为宫殿提供了生命力。试想，一个眼里看不见敌人的将军，或者说执政者，他该有多么的不称职。站在宫殿台阶上的朱棣，犹如一个铁血将军，他的眼睛里闪烁着欲望，傲慢而凶狠。他以一种近乎苛刻的目光审视着被大火焚烧过的宫殿，仿佛这里的一切都千疮百孔。那种逼视的目光，让官员们不寒而栗，他们中有建文时期的旧臣。

他既然特意设计了清除奸臣作为内乱的终结，那么接下来，永乐政权的发展也需要将建文旧臣纳入到体制中来。《太宗实录》中记载，朱棣在重新任用他们时，曾开诚布公地说："朕非恶夫尽心于建文者，但恶导诱建文坏祖法乱政经耳。"[①] 也就是说，他并不痛恨那些尽职尽责效忠于建文的官员，因为那是身为臣子的本分。但对于那些蛊惑建文坏祖法的"奸臣"，他肯定不会放过。朱棣的态度很明确，对建文旧臣之前的所为概不追究，只要他们今后为永乐政权尽职尽责。

方孝孺、齐泰、黄子澄、铁铉、卓敬、陈迪，这些宁死不屈的人，一个接一个地死于永乐政权的刀口之下。永乐帝的胃口暂

---

① 《明太宗实录》卷十一"洪武三十五年八月丙寅"。

时得到了满足。虽然一封又一封建文时期的奏折被翻了出来，有很多都是当初针对朱棣用兵的对策，其中不乏羞辱之辞。眼看着一大批官员又将面临新一轮的清洗，没想到朱棣突然放下了屠刀。他当着群臣的面，将那些与军事、经济无关的奏折一律烧毁。宫殿前燃起的火光，映红了一张张惊恐的脸，也让侥幸活下来的建文旧臣长长地吐出一口气。在朱棣看来，那是他们忠于建文帝的铁证。他放过他们，期望能够从他们那里获得一颗忠心。

朱棣宽待建文旧臣的做法引起了部分下属的不满，对此，朱棣给出了解释：建文旧臣全部都是洪武时期太祖朱元璋长期培养出的人才。既然要回归洪武祖制，就要用好旧臣。这些人不是建文旧臣，而是洪武旧臣。有如此说法，即使不满者也不敢说个不字。对于建文旧臣，有一个衡量标准，那就是继续忠于建文帝的就是"奸臣"，反之则为"忠臣"。这种区别的反差太大了，变节者会受到优待，而守节者会遭到清洗。尤其方孝孺事件，扼杀了元末明初培育出来的士人风骨，士人们积极反思方孝孺践行圣贤之道的方式，其反思的结果：首先是封住自己的口，该说的不能说；要说就说一些言不由衷的话，或者恭维君王，或者仅仅为以直言得罪君王的儒臣开脱，免得他们惨遭杀身之祸。对于他们来说，是追随方孝孺等人的脚步保持名节，还是忍辱偷生明哲保身？在变节和殉节的抉择之际，他们逐渐变得迷茫。诚如檀上宽所说："变节的建文旧臣首先要面对的，就是在无法回头的极限状态下，做出一个以全部人生为赌注的苦涩的选择。"①

---

① 〔日〕檀上宽：《永乐帝——华夷秩序的完成》，王晓峰译，社会科学文献出版社2015年版。

朱棣在大屠杀之后，对于依附于自己的读书人则表现出宽仁的一面。即位不久，他就安排实行科举考试，扩大录取名额。同时对于那些在洪武时期受到打击的文人，他积极给予平反昭雪。合法与非法是相对的，建文帝合法，永乐帝就非法，反之亦然。朱棣除了要坐实自己的合法性，还要明确建文帝的非法性。他从年号入手，革除"建文"年号，从正统史书中抹去建文朝四年的史实。明朝皇帝即位时编纂的《明实录》记载了历代皇帝的事迹，作为正统史书流传至今。但永乐帝朱棣始终没有编纂《建文实录》，建文年间也被称为"革除年间"，建文帝也被称为"革除君"。无实录，无年号，更无帝号，建文朝的四年历史就这样化作"三无产品"。后来的野史逐渐用"革除年间"来表示"建文年间"，"革除"成为专用名词。

对此，明末清初思想家顾炎武有不同意见。他在《革除辨》中指出，朱棣并不是要抹杀建文时代的一切，他革除的只是从六月十七日即位到当年年底这段时间，而次年改为"永乐"年号。朱棣向来以太祖继任者的身份自居，在他即位到年底的半年时间，他将其定为洪武三十五年。那些新政权的讨好者，他们揣测圣意，讨好朱棣，特意将建文元年称为洪武三十二年，建文二年称为洪武三十三年。随着时间的推移，人们自然会产生错觉，认为"革除"就是朱棣要抹除建文时代的一切。而在诸多野史中，"革除"被扩大成朱棣为使帝位合法化而采用的欺骗手段。不管"革除"的本意如何，这个词，就这样成为一个时代的注脚。

世人就朱棣抹杀建文朝一切痕迹的说法，还体现在《太祖实录》的编撰上。《太祖实录》先后三次编撰。初修于建文元年（1399年），开修不到半年，朱棣发动了"靖难之役"，这对实录的修撰产生重要影响。"叶惠仲等修《太祖实录》,指斥靖难君臣为逆党"①,实录撰修不可避免地卷入政治斗争,朱棣肯定不会让这样的实录流传于世。建文四年(1402年)十月,朱棣刚即位不久,他就下令编修实录,意在为自己正名。当时负责监修的官员是曹国公李景隆和忠诚伯茹瑺。他们都曾是建文时期的重臣,也是朱棣率燕军攻打南京城时率先投降的变节者。朱棣将编修实录的重任交到他们手上,也是为了提高实录的权威性。永乐九年(1411年),朱棣下令第三次编修《太祖实录》,此次编修历时七年,最终成果流传至今。

为了避免遗讥千古,篡改历史成为最好的选择。诚如清代史学家夏燮所说:"明成祖于建文所修之《太祖实录》,一改再改,其用意在适(疑"嫡"字)出一事。"②根据他的说法,燕王朱棣、周王朱橚为同母兄弟,均为庶出。《太祖实录》两次修改都是为了掩盖这一事实。在第三次修撰中,解缙等人为了迎合大明的新皇朱棣,在实录中说懿文太子、秦王朱樉都是诸妃庶出,只有燕王、周王为高后所生。如此,朱棣就成了嫡长子。后来朱棣认为将懿文太子朱标定为庶出的说法难以服人,就在三修本中采用五子同为嫡出的说法。由于懿文太子、秦王、晋王均死于洪武年间,朱棣为在世嫡子之长,按伦序可以即位。这样的说法容易被人接受,也相对稳妥。

不过,朱棣曾在第三次编撰实录的诏书中批评再版实录的编修者"心术不正"。《太祖实录》中还编造了一个故事:高后于诸

---

① 沈德符:《万历野获编》卷一"监修实录"条,中华书局1997年版,第6页。
② 夏燮:《明通鉴·义例》。

子中独钟爱朱棣，原因是高后做了一个噩梦，朱棣在梦中保护了高后。如此荒诞的故事，居然能够被《太祖实录》记载下来，对于背负着篡权与杀戮罪名即位的朱棣来说，他迫切需要用这样的故事来粉饰自己。

对于朱棣而言，无论是"革除"建文，还是篡改史书确定"嫡子"身份，都不足以说明即位的合法化。按照中国传统的"正名"论，天命所系，才是皇权更替的根本。任何王朝，任何皇帝，都逃不过"天命所系"。一句"天命"，胜过雄兵千万，胜过流言滔滔。失去"天命"的保障，新皇帝就是无根的浮萍，随波荡漾，地位不牢，随时都会翻天覆地。朱棣进入南京城后，忠诚于他的官员劝他登基。他半推半就，数次拒绝"劝进"，最后才"顺天应人"举行登基仪式。既然他的即位是天命所归，那么此前的所作所为就都是应天命而为。由此推之，靖难之变就是奉天意以靖国难。有了"天命"加持，一切都是理所当然。从朱棣出生到即位，他的"天命"人生都记录在那本疑似官撰史书《奉天靖难记》中。虽然作者不详，但这本书显然是奉旨而作。书的内容对朱标和朱允炆进行了全盘否定和全方面抹黑，认定皇位本该是朱棣的。

## 内阁以及失控的舌头

无论是纂修《明实录》，还是编纂那部震烁古今的大书《永乐大典》，都绕不开一个名字，解缙。早在洪武二十一年（1388年），解缙就以第七名的优异成绩荣登进士榜，被选为翰林院庶吉士。对功臣宿将出手狠辣的朱元璋,却对这个天资聪颖的年轻人格外赏识,经常让他随侍身边。

朱元璋曾对解缙说,你我虽为君臣,但情同父子,你应该知无不言。对于朱元璋的信任和鼓励,解缙大为感动。次日,他就上了一封皇皇万言的《大庖西封事》,对朝政提出尖锐的批评。从当时的国情说起,从帝王读书的选择,到国家律政的颁布;从惩恶扬善的必要,到奖勤罚懒的条令,要求皇帝严肃朝章,减免重税,以德代刑,赏褒善政。字字直指要害,句句直戳内心。解缙饱读诗书,他知道谏言的风险。他盛赞朱元璋乃旷世英才,不靠祖荫庇佑,只身夺得天下。他把所有错误都归结于皇帝身边没有谏诤之臣,不能及时奏禀实情。解缙反对重典酷刑,认为朱元璋"以不嗜杀人得天下",而真正得到天下后,用刑典过重。"无几时不变之法,无一日无过之人。"[①] 解缙还专门献上一篇《太平十策》,提出自己的治国主张。他的看法代表了当时读书人对时局的看法。

初到朝廷的解缙,锋芒毕露,在群臣眼里已是轻狂之士。让人想不到的是,解缙的两次直谏居然博得朱元璋的赞赏,他也因此成为皇帝身边的宠臣。有官员说解缙恃才傲物,竟然进入兵部索要皂隶(听差),无中生有指责兵部尚书,且态度傲慢,出言不逊。朱元璋获悉后说,解缙因为担任闲散之职而发牢骚,有些自由散漫。他命有关部门将其晋升为监察御史。当时正赶上都御史袁泰恣意横行,无人敢起草弹劾奏疏,又是解缙挑头。

此时的朱元璋已经感觉到了执政中潜在的危机。朝廷之中,

---

[①]《明史》卷三十五。

无人敢说真话，这让他有了高处不胜寒的苦楚。解缙的应时而生，与其说是才华胆识得到朱元璋的认可，不如说是在政权的归属上迎合了朱元璋的心意。再加上他懂得上谏的技巧，懂得先抑后扬，也算给朱元璋留足了面子。或许在朱元璋心目中，解缙虽有才，但毕竟是个小角色。一个小角色，即使想蹦又能蹦多高？在不知可爱为何物的太祖皇帝眼里，解缙倒真有几分可爱。朱元璋虽然并未完全采纳这个年轻人的意见，但至少也感到解缙言之有理，而且有胆量逆龙鳞。因此，朱元璋才会如此纵容他。

让解缙名声大噪的，是他曾于洪武二十三年（1390年）时，代替工部郎中王国用起草奏疏，为退休首相、韩国公李善长鸣冤。他希望朱元璋引以为戒："臣恐天下闻之，谓功如善长且如此，四方因之解体也，今善长已死，言之无益，所愿陛下作戒将来耳。"[①]朱元璋看后勃然大怒，要杀王国用，就有朝臣说这封奏疏是解缙代笔。此事过后，朱元璋对解缙开始产生不满。

朱元璋认为解缙极不成熟，留在身边一定麻烦不断。于是，朱元璋将他调到江西洪都。解缙并没有意识到朱元璋对他的冷落，反而觉得这是一种信任。不久，解缙卷入官员之间的私人恩怨。他代一个叫夏长文的属官弹劾都御史袁泰。袁泰是夏长文的上司。朱元璋接到夏长文的奏折后，见文中细数袁泰贪腐勒索，收敛钱财，虚报监察，让许多官员蒙冤，于是给袁泰降职的处罚，但解缙也失去了朱元璋的信任。朱元璋让他去江西锻炼，是想让他韬光养晦。他如此锋芒毕露，容易被人利用，早晚会惹出祸端。

当时军队发生一起兵卒打人事件，兵部尚书沈潜已妥善处

---

[①] 《明史》卷一二七。

理。有小人将此事告于解缙,说兵部管理不善,士兵纪律松懈,时有扰民事件,应向皇帝陈事。第二天,解缙就向皇帝进谏。经过此事后,沈溍自然心中不快,后来逮着机会就向皇帝进谏指称解缙狂妄自大之事。解缙虽然人机敏,反应快,但是时间长了,就容易被人认为是抖机灵。在那些满腹经纶、世故圆融的官员眼里,解缙无疑是轻狂的,不稳重的,不知留有余地。况且在朝为官,人人如履薄冰,更经不起这样一个刚直率性、行事幼稚、不懂官场规则的人来搅局。后来,解缙的父亲解开入京觐见,朱元璋对解开说:"大器晚成,若以而子归,益令进学,后十年来,大用未晚也。"让他将人领回去,让解缙好好学习,十年后再来,一定会派上大用场。

回到自己的家乡江西吉水,解缙闷闷不乐。他想过断头,想过被贬,但朱元璋让其返乡,并一约十年,到底是何用意?他开始闭门苦读,学问大为精进。每天读书、教书、修史、吟诗、写字,这样的日子,轻飘飘地就过去了。解缙在乡间还没等到十年,朱元璋就死了。解缙以为十年之约自动解除,自己就返回京师。为此,他还托人给建文帝写过一份悔过书。他说,因为自己"狂愚""无所避忌",才会陷入人生的困境。幸赖太祖皇帝宽仁,"令以十年著述,冠带来廷"。他说,自己乡居八年,服侍父母,闭门谢客,将整个心思都放在著述求学上,勘误《元史》,承命写成《宋书》,删订《礼经》。太祖宾天的讣闻传来,让他痛彻心扉。他连刚刚去世的母亲都来不及安葬,九十岁的老父也顾不上服侍,就来到京师,只为在先帝陵前哭悼几声,以寄哀思。

解缙马不停蹄地赶到京城,他还没见到临朝的建文帝,就接到了朝廷的通报,说有人弹劾他。劾其母未葬,父九十,擅自离乡，此乃不孝；十年期限，八年来京，擅自毁约，此乃不忠；外官入京，违反擅离信地诏令，此乃对皇令不遵。一个不忠不孝之人，不足以立世，更不足以立于朝堂之上。不久，解缙被贬任河州卫吏，做一个边远之地不入流的小官。十年官场，他不仅没给家族带来荣耀，还让自己再度陷入困境。

解缙在河州苦苦等了四年，在这期间，他给昔日同僚，建文帝极为宠信的一个叫董伦的礼部侍郎写了一封书信。他诚恳地检讨自己性格上的缺陷，他承认自己是"狂愚"之辈，行事"无所避忌"，以及这一性格缺陷给自己带来的负面影响。他向老友痛诉自己的种种不幸，"母丧在殡，未遑安厝。家有九十之亲，倚门望思，皆不暇恋。冀一拜山陵，陨泪九土"，他不无可怜道，自己久居南方，来到河州这个极北之地，实在是不服水土，三天两头生病。更让他无法忍受的是，每日和一帮吏卒俯仰奔趋，只能暗中落泪，怕遭遇不测。他期盼有朝一日能"冀还京师，得望天颜，或遂南还，父子相见"。这封信写得言辞凄楚，感动了董伦，也感动了建文帝。解缙得以重回京师复职，任翰林待诏。就在他回京师不久，朱棣指挥的燕军眼看就要打过长江了。

南京陷落前的一个夜晚，解缙和他的两个老乡胡广、王艮在邻居吴溥家聚会。胡广、王艮两人都是建文二年（1400年）的状元和榜眼。解缙向有辩才，讲到激动处声泪俱下。胡广也激愤难抑，誓不偷生于世。只有王艮不说话，只是陪着默默流泪。毕竟"不事二主"是儒家的一个入仕准则，他们三人皆三甲之身，骨子里也都渴望能遇上明君，实现建业之志。待三人走后，吴溥父子有一番对话，真是道尽人性百般。吴溥的儿子吴与弼，时年十四。他为此感慨，胡叔能慷慨赴死，也算是好事。吴溥却不以为然道:"此三人中,唯有你王叔会以身殉国。"父子正说话间,忽听得隔壁传来胡广与家人的说话声:"外面乱得很,你们要看好咱家的猪,不要让它跑了。"吴溥摇着头对他的儿子说:"一豚尚不能失,肯舍生乎?"

果不其然,王艮回到家中与妻子诀别,将早已备好的毒酒一饮而尽。燕王朱棣率军进入南京,宣布悬赏捉拿太常寺卿黄子澄、兵部尚书齐泰等左班文臣二十九人。至于解缙,史书中用了极其形象的三个字"缙驰谒"①。跑得不可谓不快,态度不可谓不恭敬,为的不过是向新主子报到。生怕慢一步,该他得到的好处就被别人占了。他不是一个人去的,与其同行的还有吏部侍郎蹇义,户部侍郎夏原吉,翰林院修撰胡广、李贯等文臣,"叩马首迎附",建文旧臣摇身一变而为永乐朝的新贵。

能在人群中看见解缙,朱棣的心情想必是愉悦的。当年,太祖皇帝活着时在他面前没少提起此人。这时候,方孝孺宁死不屈,被处死于南京聚宝门外。朱棣急于寻找一个能够代替方孝孺的人,替自己草拟登极诏书。解缙在方孝孺弃笔之前,就想毛遂自荐,后来见方孝孺被杀,不免内心凄然。解缙眼看着建文旧臣殉难,内心自是难过惋惜,也觉敬佩。而自己与他们毕竟不同路,居乡数年,贬谪河州,召回冷落。如果当初建文帝能够重用自己,说不定他也是殉难者之一。又是姚广孝推荐,解缙成了《登极诏》的执笔者。解缙提笔在手,洋洋洒洒,一封文辞华丽、生动感人的《登极诏》灿然而生。如果没有方孝孺的血溅法场,未必能显出解缙来。命运就是做了这样的安排,世事无常,一朝天子

---

① 《明史》卷一四三。

一朝臣。

朱棣登基后，将建文朝大臣们的一千余道奏章收集起来，命解缙等人编阅。凡涉及农业、经济、军事等的一律登记造册，以备查阅。凡涉及讨伐燕军的文字，全部当场销毁。朱棣用半开玩笑的话对朝臣说：这些奏章，你们都有份吧？

大臣们吓得没人敢接话，只有李贯站出来说："臣实未尝有也。"朱棣闻言大怒："尔以无为美耶？食其禄，任其事，当国家危急，官近侍独无一言可乎？朕特恶夫诱建文坏祖法乱政者耳。"李贯后来因解缙案的株连被关进监狱，临死前叹道："吾愧王敬止矣。"①

解缙很快被擢升为翰林院侍读学士，与胡广，编修黄淮、杨士奇，检讨金幼孜、胡俨，修撰杨荣等直文渊阁，组成皇帝亲自任命的七人内阁。所谓内阁，这时候只是入直文渊阁的俗称，后来逐渐成为文渊阁的代名词。这是中国历史上最初设置的内阁。至于阁臣的设置，自此以后从未中断，虽无定员，但大体上已成定制，而非正式的官署。这几个阁臣的秩级，最高正六品，最低从七品。他们中虽没有超出当年朱元璋所定大学士正五品的官秩，但此内阁已非彼内阁，不仅充任皇帝顾问，还"机密重务悉与闻"，参与了朝廷的和战、立储、用人、征调、复议等重大军国与闻，甚至中央六部的要政，内阁也有了御前审议的权力。朱棣对此的解释是："代言之司，机密所系，且旦夕侍朕，裨益不在尚书下也。"七内阁虽然品级不高，但在朱棣的眼里还是很有地位的。洪武朝时，朱元璋为消除对皇权的威胁，罢丞相，分事权

---

① 《明史》卷三十。

于六部；现在朱棣命文臣在文渊阁预机务、重建中枢，实则是体制的又一重大改革，日后经过他的儿孙两朝（仁、宣二朝），日趋完备。

朱棣即位后，在政权尚未稳固的情况下创设内阁，其目的无非是帮助他处理朝政。朱棣在右顺门召见解缙等七人时说："朕即位以来，尔等七人朝夕相与共事，不离左右，朕多次告诫尔等恭慎不懈，然而人之常情，保初易，保终难，尔等应该慎终如始，庶几君臣保全之美。"①

无论哪一个朝代，哪一位皇帝，都有一种意识形态上的洁癖和警惧心结，这根弦会让自己和身边人保持最起码的清醒。如果说年轻时的解缙是一个另类知识分子，在这十几年时间的打磨之下，他逐渐走向成熟。这种成熟，不仅体现在生活层面，更多是政治层面。

解缙听出朱棣的弦外之音，叩首回应："陛下不以臣等浅陋，过垂信任，敢不勉励图报。"朱棣赏赐各人五品官服，不久，又赏赐解缙等人"金绮衣"，待遇与尚书相当，让他们随侍左右。

朱棣选拔的七人都是建文旧臣，与他没有任何交往。而且，在这七个人中间，年龄最大的胡俨当时也只有四十三岁，其余六人都是三十多岁的青年。朱棣从建文旧臣中选拔青年才俊，意在亲自培养他们成为自己执政的基础。同时，他想利用他们的才干与冲劲打开局面。在当时混乱的政治局面下，这有助于快速解决内乱遗留的诸多问题，让永乐初年的政治局面尽快呈现崭新之象。

---

① 参见樊树志：《明朝大人物》，复旦大学出版社2011年版，第91页。

从某种意义上说，内阁制度也是强化皇权专制体制的重要一环。朱元璋废除丞相，削弱了官僚个人的权限，取而代之的是官僚机构，即实行六部负责制。内阁是与官僚机构完全不同的另一套系统，确切地说，它是皇帝专属的辅佐机构。内阁是皇帝想要完全凌驾于官僚机构之上的，彻底排除官员掣肘，能够行使绝对皇权而专门创设的机构。也可以说，内阁的创设标志着明初专制体制的强化过程抵达最后的阶段。

明朝中期以后，内阁大学士兼任六部尚书等要职，曾经的低等官员由此一飞冲天，身居高位。首辅大学士的权力已堪比丞相，至张居正任首辅时，权力几乎达到顶峰。即便如此，内阁大学士必须获得皇帝的信任，才能拥有那样的权力。这与以官僚机构为后盾对抗皇权的丞相具有完全不同的性质。

朱棣从翰林院中选拔解缙等七人组成内阁，在永乐一朝发挥了极为重要的作用。明朝胡世宁言："至我太宗文皇帝，简任内阁儒臣，日与咨访政治。然彼时内阁，多是朝廷亲选翰林编修等才猷历练能识人才、治体公忠体同者为之，不曾骤加高品。至于选入翰林者，又皆唯才是取，不拘内外新旧职事。"[①] 对朱棣来说，解缙等七人能在"方孝孺们"宁死不从的僵局中挺然而出，并愿意被纳入自己的智囊团，无疑是上天送给他的礼物。对于解缙这些朝中闲置的小官，能在永乐时代找到自己的位置，一展宏图，也是难得的机遇。解缙很珍惜，也很谨慎。一个在太祖面前"知无不言"的诤言者，脱下建文朝的官服，因"识时务"而骤得大贵。朝臣们看他的眼神是复杂的，而他的内心也百味杂陈。朱棣

---

① 张萱：《西园闻见录》卷二六。

似乎格外看好他,鼓励他要无所畏惧地进言:

> 敢为之臣易求,敢言之臣难得,敢为者强于己,敢言者强于君,所以王、魏(王猛、魏征)之风世不多见。若使进言者无所畏,听者无所忤,天下何患不治?①

太祖朱元璋当年让他"知无不言",如今成祖朱棣也鼓励他大胆进言。父子二人对解缙的期待如出一辙。朱棣曾对别人说:"天下不可一日无我,我则不可一日无解缙。"这样的话,解缙居然信以为真。他凭借着自己的才子习气,仍旧要做那个口无遮拦的异类文人。朱棣让解缙学习魏征,自己则要做那个从谏如流的唐太宗。

中国古代文人生来爱做梦,且将这样的梦叫作贤臣遇明君的美梦。他们精神上的洁癖,要求他们不与世同流,恰好在那一刻遇见赏识他们的皇帝,他们的梦就开始发酵,且一发而不可收。一天,解缙入宫奏事,见左顺门外,一个叫张兴的太监拿鞭子打人。他上前呵斥,张兴只得收手,不敢得罪圣眷正隆的解缙。活在史料中的解缙,"好臧否,无顾忌,廷臣多害其宠"②。又一日,朱棣从袖子里掏出一张纸条,解缙见上面写着几个大臣的名字。朱棣让解缙逐一点评。这是一桩得罪人的事,换作他人,说些模棱两可的话也就过去了。解缙则知无不言:"蹇义天资厚重,中无定见。夏原吉有德量,不远小人。刘俊有才干,不知顾义。郑

---

① 《殿阁词林记》卷十六《责难》。
② 《明史》卷一四七《解缙传》。

赐可谓君子，颇短于才。李至刚诞而附势，虽才不端。黄福秉心易直，确有执守。陈瑛刻于用法，尚能持廉。宋礼戆直而苛，人怨不恤。陈洽疏通警敏，亦不失正。方宾簿书之才，驵侩之心。"①

　　皇帝把解缙的话传给太子。太子又问，尹昌隆、王汝玉二人如何。解缙答："昌隆君子而量不弘。汝玉文翰不易得，惜有市心耳。"②才子喜好臧否，当然不是解缙开的这个头。臧否人物固然出于文人秉性，但着实不符合官场规则。如果臧否的是古人，话语高低，听者不会往心里去；如果臧否的是官场同僚，事情就变得复杂了，引来他人的妒忌倒是其次，酿成人生悲剧的也不乏其例。数年后，仁宗朱高炽即位，他将解缙论人长短的这些上疏给阁臣杨士奇看，说：人家都说解缙狂狷，朕看他评价这些人，都有他的真知灼见在，一点也不狂啊。朱高炽宅心仁厚，难以体会解缙的狂，到底狂在何处！不过，解缙口无遮拦的习气，终究还是惹祸上身。

　　永乐元年（1403年），解缙编纂了让朱棣颇为满意的《太祖实录》，这套书体现了朱棣提出的所有要义。一是找到证明朱棣作为皇帝的合法性，对建文帝时期方孝孺编写的《实录》中，有关朱棣身世的部分重新修改，称朱棣的生母为马皇后。二是证明朱棣登极的合法性，抹去靖难兵变的一些事实描述和来往书信，重点强调朱棣作为世子，朱元璋在位期间，就有心把皇位传给他，但因不法朝臣的挑拨和蛊惑，建文帝才接管了朝政。虽朱棣无意更改，无奈建文帝大肆诛剿骨肉，天下百姓生灵涂炭，才不

---

① 《明史》卷一四七《解缙传》。
② 《明史》卷一四七《解缙传》。

得已矫正朝纲。

朱棣是一个心思细腻的皇帝,《太祖实录》编纂之后,官方史料中对自己不利的地方虽然已删除干净,但是散落在民间各处的书籍中难免还有遗漏,朱棣决定搜集古今典籍,编一部类书,借以清理散落于各处的文史书籍。同时,驰骋疆场的朱棣也明白,随着形势的稳定,像太祖那样"重典治国"和像建文帝那样"仁德治国"都不可取。在朱棣看来,江山的夺取靠的是军事实力,而社稷的稳定则在于文化实力。文化实力的提升离不开文人,自己登基之前杀戮过重,虽然必要,但齐泰、黄子澄、方孝孺毕竟是当世大儒,血腥的政策让许多读书人夜夜惊梦。登基以来,朱棣不敢有丝毫懈怠,生怕辜负太祖遗愿,每日勤政,兢兢业业,社会各个领域都出现了令人满意的变化。

朱棣已经是"天子"。为政日久,他越来越感到,急需一部类似典录的百科全书来记录这个属于他的"圣王"时代。他渴望一部属于自己的"天书",让他可以伸手抚摸"天命",或者说让他找到上天入地的合法路径。合法比什么都重要。

于是,朱棣下令以姚广孝为监修,解缙为总纂官,把散载于各种书籍中的古今中外之事,分门别类,统一辑成一本类书,即编纂一部"括宇宙之广大,统会古今之异同"的百科全书。按照朱棣的想法,这部宏大制作是"凡书契以来经史子集百家直言,至于天文地志阴阳医卜僧道技艺之言,备辑成一书,毋厌浩繁"。解缙带领着一支由二千一百六十九名学者组成的庞大队伍,投入这场浩大的文化工程中。永乐六年(1408年),这部叫《永乐大典》的大书终于编成。此书收录上自先秦,下迄明朝初期各种书籍七八千种,共计一万一千零九十五册,二万二千八百七十七卷，三亿七千万字，仅凡例、目录就达六十卷之多。这部仅仅缮写了一套的《永乐大典》，深藏于明成祖朱棣的私人图书馆内，实现了他对于信息的彻底垄断。①

如此宏大的规模，宛如皇权之树上开出的绚烂花朵。然而，花开蒂落的时节，人们却发现那个平常最忙碌的身影突然消失不见了。永乐五年（1407年）春天，就在《永乐大典》编成前，解缙因事被贬为广西布政司参议，已置身于数千里外的南方。解缙的离开，预示着明朝最高权力之争，开始进入一个新的循环期。

少年高才的解缙，自负匡济大略，可他身上带有"好臧否，无顾忌"的习性，得罪了一大批廷臣。尤其在他位列首辅之后，开始放松警惕，平日跟皇帝议事，开始直言不讳，率性褒贬。这个不谙世故的书生，不知危险正在向他悄然逼近。因为他自觉不自觉地介入到了册立皇太子事宜之中，卷入权力之争。一直以来，解缙都以另类的姿态存在于官僚体制内。这样的存在方式需要一个条件，那就是皇帝的宠信。这一必要条件一旦失灵，他将陷入孤立无援的境地。

朱高炽当上太子后，朱棣对皇太子朱高炽仍有诸多不满。相反，他对汉王朱高煦却愈发宠爱，礼仪待遇甚至超过太子。解缙劝他，这样做会开启争端。这样的话在朱棣听来尤其刺耳，由于起兵篡位，名分不正，朱棣一直以来在政治合法性方面深感焦虑。朱棣认为解缙在离间骨肉关系，对他的恩礼逐渐衰退。恰好此时，朝廷讨论发兵征讨安南，解缙反对出兵，又惹得朱棣大为

---

① 嘉靖、隆庆年间，又依据永乐时所缮正本另募副本一份。正本约毁于明亡之际，副本至清咸丰时也渐散失。

不满。

靖难之后,安南国王年底照例前来朝贡,朱棣发现来人竟另有其人,不仅相貌不同,姓氏也不同,就大声质问。来人声称原来的皇帝已死,由于没有合适人选,一直代之。朱棣半信半疑,派人私下侦查,得知背后另有隐情。朱棣勃然大怒,这分明是蓄意谋反,藐视大明,他立即宣旨责令安南王即日退出王位,前来领罪。

朱棣已表明态度,想不到解缙此时却挺身而出,他认为,安南远离大明,人员状况复杂,主张疏导,先安抚后教化,如武力强压,恐有反叛无常;即使打下来,也不宜全面收入明朝版图,设置行政机构,因为此地人难以驯服,若坚持己见,必定劳民伤财。朱棣本是一个以武力征服天下的君王,他又岂能听得进解缙的想法?他当即斥责解缙,并于七月下令出兵,安南很快被平定。也就是在这一年,朱棣索性将安南纳入大明版图,更名交趾,在当地设置布政使司、按察使司、都指挥使司,任命汉人官员为三司长官。至此,安南完全内地化,持续约四百年的独立王国消失了。

就在这时,宫中突然传出朱高煦不满父皇立储,暗中在藩地招兵买马,欲效仿父皇兵变的传言。解缙闻知,立刻前来进谏。这是一场情报战,等到解缙的奏疏抵达御案之上时,作为当事人的朱高煦早已先行进京,向朱棣状告解缙泄露朝廷机密之罪。朱棣此时已对解缙心生不满,身为辅臣,本该合力维护朝廷,却如此行为不检,搅乱朝廷秩序。他这时候才明白朱元璋为什么将此人一放十年,而建文帝又为什么让他谪边,远离朝廷。十年前这样,十年后仍然是这样。

在对待解缙这件事上，朱棣相对谨慎，既要让他离得远远的，又不能太过明显。无论如何，都要将解缙从斗争的旋涡中拔出来。这家伙有一张不安分的嘴巴，一个不甘沉默的舌头，嘴巴张开，舌头卷起，就可能引发更多的风暴。他决定取个折中，将解缙派往广西做布政司参议。

永乐八年（1410年），解缙回京师述职。他抵达时，恰逢明成祖朱棣北征，他向临时"监国"的太子朱高炽奏报工作。作为东宫旧人，这本是最寻常不过的事。汉王朱高煦却在朱棣回京师时，告发解缙"伺上出，私觐太子，径归"。也就是说，解缙趁着皇帝离京之际，私自觐见太子，意图在朱棣远征蒙古不在京都之时，私见太子谋反。这个罪名有点牵强，然而，怨恨和猜疑会让人失去理性，正常的汇报程序就这样成了阴谋。不是朱高煦值得信任，而是每一个关于谋位篡位的话题，都能触碰到朱棣的敏感神经。更何况，解缙是文人中的拔尖者，也是朱棣需要防范的人。解缙离京不久，朱棣带着满腹心事北征还朝。太子朱高炽因病接驾来迟，让朱棣大为不快。就在这时，解缙的一封事关赣江旱情的奏疏又递到御案之上。朱棣大怒，下诏令将解缙逮捕入狱。

汉王朱高煦顺势勾结锦衣卫纪纲，指使狱吏在牢里对解缙严刑逼供，以坐实其"大逆之罪"。解缙身体本来就瘦弱，重刑之下几乎丧命。根据解缙的供词展开调查，这个案子还牵连进了大理丞汤宗，宗人府经历高得抃，中允李贯，赞善王汝玉，编修朱纮，检讨蒋骥、潘畿、萧引高等中高级官员。其中李贯、王汝玉、朱纮、萧引高等人，都在严刑拷打之下瘐死。不久传来噩耗，解缙的哥哥解纶病逝。兄弟情深，一朝永别，满腹心事无人诉说。解缙在狱中写下《忧患中哭沧江兄》，其中有言："少小同舡上玉京，五人今有一人存。江山花柳年年发，折柳看花欲断魂。"时至今日，他才明白过来，无论是朱元璋、朱允炆，还是朱棣，他们都不是惜才之主。在他们眼里，自己不过是一条随意驱使的狗，用你是为了稳固皇权，杀你是因为失去利用价值。

永乐十三年（1415年）正月，锦衣卫纪纲向朱棣呈报在押囚犯名单，朱棣从中发现解缙的名字，漫不经心说了一句："缙犹在耶？"不同的人对这句话有着不同的解读，比如有人从中读出关切，读出对一个文人生命力的钦佩和赞许，有人读出的却是刀刃般的寒意。很显然，纪纲是后一种人，他听到了主子发出的指令。

在一个风雪之夜，纪纲请解缙喝了一场酒。天地苍茫，红泥火炉，酒入愁肠。这个以直谏著称的才子，自知生命已走到尽头，他一杯接一杯，喝得酩酊大醉，舌头都捋不直了，嘴里还在咕咕哝哝地说着什么。太祖朱元璋听不见了，建文帝朱允炆听不见了，成祖朱棣也听不见了。正因为解缙口无遮拦，有史家将解缙的悲剧归咎于自身，比如《明通鉴》的编者夏燮评价："语曰：'君不密则失臣，臣不密则失身。'（解）缙以不谨持恭而卒以不密取祸。"

嘉靖年间的文坛领袖王世贞，在他的私家笔记里还原了那个夜晚的细节："纲退而与缙对泣，沃以烧酒，埋雪中立死。"对于纪纲这样惨刻寡恩之人，居然在杀解缙之前与其相对流泪。那一刻，不知二人会说些什么。解缙从见到纪纲的那一刻起，心底已生出不祥的预感。风雪之夜大醉一场，他别无选择。直到死亡降临，他都没有醒过来，身上压着厚厚的积雪。冤，还是不冤，解缙的舌头已经彻底静默。他的妻子、儿女、宗族流放辽东，等到朱高炽即位，他的家人才被放归老家吉水。一直到成化元年

（1465年），距离那个杀人的雪夜已过去半个世纪，解缙才获得平反，赠朝议大夫，谥"文毅"。

这一切的是是非非，不过是口中的那根舌头在兴风作浪。

## 削藩，坐食岁禄即可

明朝宗室在朱棣登位后受到的待遇，仅次于洪武年间。不过，朱棣还是无法像他的父亲那样，将充分的信任赋予他的兄弟子侄。毕竟自己树立了不好的榜样，万一朝廷有变，那些手握兵权的藩王可能会有样学样。

自从朱棣举兵以来，他就陷入对"天命"的极度痴迷与虔信。对朱棣来说，"天命"是上天入地的通行证，是大明国运、个人气数的预兆。他必须正其位，体现自己即位的合法性和正统性。既要奉行"祖制"，又要弥补"祖制"的漏洞。朱棣甫登大位即颁布诏文，凡是被建文帝削去王号的藩王，一律恢复旧爵。如此，周王、齐王、代王、岷王都恢复了旧封。湘王因早在建文时就自焚而死，朱棣将建文帝赐他的侮辱性谥号"戾"，改为"献"。朱棣不仅恢复了藩王的旧爵位，甚至也将那些受到牵连的藩王部下复职："文武官员军民人等连累致罪者，官复原职。已故者，文官优免其家差役，武官子孙承袭。民充军者，复还原籍为民；军发边远者，仍还原卫。"[1] 不仅如此，朱棣还为各王府配备了宾辅、伴读、伴书等，不可谓不周到。朱棣进入南京城时，

---

[1] 《明太宗实录》"明成祖即位诏"。

正赶上盛夏时节，天气炎热而凝闷。焚毁的皇宫，更是让人透不过气来。朱棣让那些留在京城的藩王不必每日上朝，而改为三日一朝，以示优遇。诸王府除嫡长子承袭外，其余诸子随着宗支的疏远，按规定封为将军、中尉等，尽可能地提高他们的品级。

朱棣是个天生的政治家，懂得君王的赏罚对藩王、宗族意味着什么，并且清楚地知道要赏给他们什么，惩罚他们什么；何时该赏赐他们，何时又该惩罚他们。他即位不久，就赏赐给他名义上的同母兄弟周王钞两万多锭。第二天，恰逢周王的生日，他又赐给生日礼物："冠一，通天犀带一，彩币三十匹，金香炉合各一，玉观音、金铜佛各一，钞八千锭，马四匹，羊十腔，酒百瓶。"这种赏赐对于帝王来说，仅止于表达恩宠，还不足以增强被赏者的实力。为了区别于建文帝，朱棣允许诸王时而入京朝觐。他们兴高采烈来到京城，体会到新皇恩礼的同时，也有着难以言表的内心感受。比如，他们在京城之地处处受到关照，也就处处受到监视和限制。他们发现，京城并不是他们的主场，他们必须安分守法，不能骄恣放纵，更不能危害皇权。

朱棣对于削藩有着极为清醒的认知，他知道"削藩"削的就是兵权，藩王手中无兵则不足畏。建文帝此前已经削了几位藩王，为他打下了基础。对于那些居于封地的藩王，朱棣考虑的是如何找理由削减他们的护卫。吸取建文帝的教训，他无论如何不能采取激烈的削藩手段。而他本人对此有着切身体会，一旦藩王认识到自己置于死地，他们将会爆发出骇人的力量。朱棣起兵之初曾经上书建文帝，对于如何处理藩王犯错有自己的独到见解。"橚、榑、柏、桂、楩五弟，不数年间，并见削夺。……虽其皆有愆过，未闻不轨之图。重可裁减护卫，轻可赐敕诫励。则朝廷于厚亲之仁，惩过之义，两尽其美矣。"这基本上就是他对付宗室的原则。既要体现厚亲之仁，又要在他们犯错时表达惩过之义。

基于以上认知，朱棣的削藩不外乎以下几种手段。

其一，易地而封，动摇藩王的根基。

辽王朱植原来的封国在辽东广宁，朱棣起兵后朱植听从建文帝诏令，从广宁回到南京。朱棣登基后，朱植自知难逃其罪。为了自保，他向朱棣提出广宁僻在辽东，生存环境恶劣，请改国荆州。同时又因为广宁是辽东重镇，自己原有的广宁三护卫就请留在辽东以助力边防。实质上朱植就是通过上缴三护卫作为投名状，以换取自己这一脉的安稳。荆州原来是湘王的封国，不过王府被湘王自己一把火烧了，因此朱棣下旨修荆州前护卫为辽王府。既然辽王主动提出换个地方，朱棣便顺势将其从辽东拔除，重新移栽。于是，复荆州中护卫隶辽王府，同时改广宁三护卫为广宁左、右、中三卫隶辽东都司。如此，辽王护卫就从三护卫减为一护卫。而在永乐十年（1412年）二月，朱棣又以辽王朱植有罪，削其护卫及仪卫司，只给军校尉三百人备使令。至此，当年在辽东战场上叱咤风云的猛虎消失不见，取而代之的是一只没有牙齿的观赏虎。

与辽王有着同样命运的还有谷王朱橞，此人因有献金川门之功，得到的赏赐颇为丰厚。赏赐遮蔽了他的眼睛，同时也催生了他的欲望。朱橞在南京习惯了悠闲的日子，不愿再回九边重镇宣府去吃苦。朱棣也乐得顺水推舟，趁机削去他的两护卫官军，同时将他改封到长沙，增岁禄二千石。不过，谷王朱橞并不安于其位，经常无端地生出是非。兵部尚书忠诚伯茹瑺自京师返回衡山老家，路过长沙府，因为闻听谷王暴虐，所以没进城拜谒，朱橞诬陷茹瑺轻视宗藩，心怀怨望，导致茹瑺被捕下狱，自杀于狱中。朱橞在长沙肆意妄为，"夺良田、侵公税，杀无罪人"。朱橞的长史虞廷纲劝他收敛威势，反被他磔杀，从此无人再敢劝谏。朱橞在长沙的所作所为，朱棣虽然清楚，但他却任其胡来，这也助长了朱橞的嚣张气焰。朱橞的行事越来越乖张，他修造佛寺，找来一千多僧人为自己念咒语祈福。最为疯狂的是，他伪引占卜中的谶语，称自己是太祖皇帝的第十八子，当主神器。他在长沙招兵买马，修造战船，训练水军，甚至派刺客进京欲行不轨。他打算借着元宵灯节，选壮士同入内宫，伺机而变。他还致书自己的亲哥哥蜀王朱椿，其中不乏起事的暗语。

谷王朱橞散布谣言："往年我开金川门，出建文君，今在邸中。我将为申大义，事发有日矣。"①这个反复无常的家伙，他以为自己既然可以打开金川门迎降朱棣，也同样可以打着建文帝的旗号谋反。殊不知，他的对手比他更有耐心。朱棣才是规则的制定者，一切都要看他的眼色。谷王之所以忘乎所以，是因为朱棣的恩礼蒙蔽了他。削藩是一场复杂的游戏，很显然谷王不适合玩这种游戏，他缺乏耐心，太容易急躁。既然事情发展到这一步，他连放弃的权利都没有。不待谷王发难，他的部下密报于朝，而蜀王也上书告变。一场政治危机悄然化解，朝中大臣纷纷弹劾朱橞，他们要朱棣效仿周公戮管、蔡以安天下，大义灭亲。朱棣并没有采纳，他说："橞，朕弟，朕且令诸兄弟议。"朱棣这么做的确高明，既让谷王朱橞谋叛的事实昭示天下，又赢得道义的支持和进一步处理的主动权。朱棣没有杀他，而是将他和他的两个儿子废为庶人。不过，此事还是殃及建文帝的弟弟朱允熞。当时，

---

① 《明史》卷一一八《谷王橞传》。

他是朱允炆唯一活在世上的弟弟。建文帝生死不明，朱棣怕有人借他的弟弟行谋逆之事，"是年即以讣闻"。

易地而封的还有宁王朱权，宁王的三护卫都是彪悍的骑兵，这支军队在朱棣争夺天下的过程中发挥了极其重要的作用。朱棣曾于战事紧张时，做出过许诺，事成之后当中分天下。这样的话，说的人不信，听的人也不会当真。为了不让朱棣猜忌，朱权主动要求将封地从北境防线最关键一环的大宁改到江南富庶之地杭州。朱棣自然不会同意，他特地写信给宁王，给他好好上了一课："杭州，昔皇考尝以封第五子为吴王。后考古制，天子畿内不以封诸侯，遂改河南。建文不遵祖训，封其弟允熥为吴王，众论非之。"①朱棣在拒绝的同时，也承认自己曾经许诺宁王自择封国。他说，自己听取朝臣意见，他们认为建宁、荆州、重庆、东昌皆善地，你可以在这四郡中择一郡作为封地。最终宁王朱权被改封于南昌。南昌左卫被改为南昌护卫，隶属于宁王府。和辽王、谷王一样，改了封国之后的宁王也只剩下一护卫官军。宁王虽然快快不快，但也只能无奈就藩。他就藩当年，有人告发他"巫蛊诽谤罪"。不过最后查无实据，不了了之。从此以后，宁王深居简出，以鼓琴诗书自娱，总算是落得一个善终。不过，百年之后，到了正德十四年（1519年），他的后辈宁王朱宸濠举兵叛乱。不幸的是，他的后人遇上了亦文亦武的心学大儒王阳明。最终，宁王朱宸濠被处死，明政府废除了宁王封国。

其二，借亲王犯法，以削除其护卫。

这是朱棣削藩使用的第二招，不过亲王犯法这个事，可以一

---

① 《明太宗实录》卷一一。

分为二地看。他们是主动犯法，领取惩罚；还是他们被拖进了一场复杂的游戏，不得不领受惩罚。对于封国没有变化的藩王，朱棣有着足够的耐心。他需要做的就是静静地等待机会。他有足够的耐心，等待犯错的藩王露出破绽。他是皇帝，主动权在他的手上。比如说代王朱桂，这个在建文朝曾被废为庶人的藩王，朱棣恢复了他的爵位，并让他返回封地大同。代王似乎忘记了建文时被废的痛苦经历，他在自己的封地上胡作非为，民怨沸腾。朱棣曾赐玺书敲打他："闻弟纵戮取财，国人甚苦，告者数矣，且王独不记建文时耶？"①代王不以为然。告发他的人列出了他的三十二条罪状。朱棣召他入京做交代，他不来。再召，他不情愿地上路。不过，走到半路，朱棣又派人将其遣回，但已"削其三护卫，止给校尉三十人随从"②。这时距离他恢复爵位还不到半年时间。对于像代王朱桂这样的藩王，朱棣管制起来根本就用不着动心思，他只需要等着他们主动犯错。

岷王朱楩在建文时也被废削，朱棣同样恢复了他的爵位。当时西平侯沐晟向建文帝奏报了岷王的不法行为，使其被贬为庶人。朱棣恢复他的爵位后，朱楩与沐晟交恶甚深。朱棣其实对他寄予厚望，希望他能坐镇云南，尽可能地弱化沐氏家族在云南的影响力。可惜岷王能力有限，在和西平侯沐晟的斗法中迅速败下阵来，还被抓了小辫子告到朱棣面前。与代王一样，岷王也是一个好了伤疤忘了疼的家伙。他每天沉湎于酒色，擅自收缴地方府衙的印信，杀戮无辜吏民。朱棣听闻大为恼火，他命夺其册书和

---

① 《明史》卷二九。
② 《明太宗实录》卷二一。

宝玺，不久又还给他。岷王不思悔过，朱棣只好削去他的护卫，撤去他的属吏，使其如同一介平民。

周王朱橚是朱棣所谓的亲弟弟，朱棣对他也的确厚爱三分，不仅恢复他的王爵，而且为他增加禄米五千石。朱棣让他回到原来的封地开封，他说开封临近黄河，为河患所苦，求改封别地。于是，朱棣在洛阳建造新宫，准备将他徙分洛阳。但是不久，他又要求修缮开封的旧宫殿。朱棣的恩宠并没有让他满足，仗着兄长撑腰，他行事愈发不知深浅。当时，河南皂君山发生民变，周王派出河南护卫指挥王兴等人领军三千分道入皂君山搜捕逃亡，朱橚还上书要求亲自前往督战。如此明目张胆的僭越行为遭到朱棣一顿臭骂。不久，他又生事端，在封国内作殿奉祀太祖高皇帝，让朱棣更为恼火。此时，又有地方官告发他，说他违犯礼法，擅自在他封地以外的州县张贴榜文，号令地方。最离谱的莫过于永乐十六年（1418年），有人告发周王准备谋反。朱棣虽然不相信，但调查的结果让他万分痛心。周王自知理亏，"唯顿首称死罪"。朱棣革去他的三护卫，准许他回到封地，周王毕竟是个读书人，从此潜心向学。明代人也认为，周王"岂非复袭壬午故事耶？"或许在他看来，既然做哥哥的可以夺位，自己也同样可以发动一场壬午之变（金川门之变），尝一尝做皇帝的滋味。换作他人，朱棣早就将他一撸到底，废为庶民。周王朱橚在建文、永乐朝两度"图谋不轨"，但建文帝、永乐帝的处理方式却截然不同。建文帝将其抓捕，禁锢在京师；朱棣则隐忍怀柔，宽宥他的罪过，既不放之任之，又不使事态扩大，恩威并济，王霸张弛，显示了较高的政治智慧。

朱棣还将周王谢罪的文字交给齐王朱榑看，借以敲山震虎。

因为齐王朱榑这时候也蠢蠢欲动，地方怨声载道。虽然朱棣一再发出警示，但他无动于衷。齐王朱榑的胆子越来越大，甚至豢养刺客筹划刺杀行动，邀约江湖术士诅咒朱棣；同时，他还明目张胆地用王府护卫兵来替代地方守军守卫青州城池，更"城筑苑墙断往来，守吏不得登城夜巡"。朱榑毫不掩饰自己的欲望，他要把青州变成自己的独立王国，反叛之心呼之欲出。李拱、曾名深等王府官员看到情况不妙，立即上疏告变。齐王不但毫无收敛，反而要将二人杀掉灭口。齐王来京，有不少人弹劾他的罪过，齐王当廷叫嚣："奸臣喋喋，又欲效建文时耶！会尽斩此辈。"齐王的狂妄无礼激怒了朱棣，他将齐王禁锢于南京，革去三护卫，将他及其子孙都废为庶人。对于朱棣来说，既然他的永乐时代是建立在同室操戈的基础上，又岂能姑息悲剧再次上演。

其三，对于那些年龄尚幼，还留在京师的亲王，待到他们封藩的时候让其不再享受太祖朝三护卫的标配。

永乐六年（1408年）七月，鲁王朱檀封藩兖州。八月，唐王朱桱封藩南阳，郢王朱栋封藩安陆，伊王朱㰘封藩洛阳。十月，安王朱楹封藩平凉。十一月，沈王朱模封藩潞州。韩王朱松早逝，子嗣年纪尚幼，因此韩王一脉直到朱棣的孙子宣宗朱瞻基时代才正式封藩。封藩之主若无子嗣，在他百年之后，也将被收回封地，废除护卫。郢王朱栋薨，他虽然膝下无子，但有三女，因此郢王安陆中护卫得以暂时保留。而安王朱楹薨，没有留下子嗣，就被革除长史司衙门。

朱棣当过藩王，又岂能不知其中滋味。朱棣在削藩的同时，逐步加强对诸王的控制，所谓"藩禁"是也。他在登位不久就宣布，藩王没有得到朝命，不许擅自调用地方上的一军一民，不得领取地方上的一钱一物。他告诉地方官员，不要听任藩王干预地方事务。地方事务涉及王府的，遵照祖训要及时报于皇帝知晓；王府事务涉及地方的，同样要遣人驰报，不得擅自行动，不然以重罪论处。

朱棣聪明之处在于，他从不提削藩，更没有削去藩王们的王号，但他们的实际权力却大大削弱。洪武、建文时对藩王的权与责已有明确规定，到了朱棣这里，禁例更多，而且更加严厉。他动辄搬出《皇明祖训》，打着太祖皇帝的旗号，要藩王们老实守法，以全亲亲之谊。他训诫诸王："诸弟侄亦惟常念皇考之法俱在，各尽乃道，共保富贵。"① 他说自己不是宋太宗，诸王也不要当"汉七国"。

有人说，朱棣戴着"洪武旧制"的假面具，行的却是"永乐新制"。这也可以理解，毕竟他取位不正。他即位后，虽称恢复诸王旧爵封，但移往内地的几个边塞藩王不许回原地，他们有的三卫尽削，有的只留一卫，有的只留下几十人"备使令"而已。他将军事指挥权从藩王的手中取走，转交到朝廷任命的将领手中。洪武年间，诸王节制武臣，指挥军队的权力彻底消失。同时，朱棣设立京军三大营，强干弱枝，藩王尾大不掉的局面不复存在。

不过，一物降一物，一物成全一物。朱棣解决了削藩大事，皇族人员成了"徒拥虚名，坐糜厚禄"的寄生虫。到了明朝末年，寄生人数达到二三十万。据《明史·食货志》记载，当时天下每年供给到京师的粮食是四百万石，而诸府的禄米是八百五十三万

---

① 《明太宗实录》卷四二。

石，缺一半还多。这还没算上朝廷官员们的俸禄和官兵的军饷。这种状况发生在万历后期，说明彼时的明王朝已经养不起朱元璋的这些子孙了。这真是名副其实的"家天下"，等于是藩王们的子孙吃垮了天下。这是朱棣削藩之时，万万没有想到的。

# 第八章　盛世绽放的孽花

## 酷吏，时诱之为酷

朱棣因杀戮而变得疯狂，疯狂不是为了杀更多的人，而是为了彻底剥夺敌人的复仇能力。敌人是谁，他也不完全知晓。或许在他看来，那些有能力威胁到皇位的人，都有可能转化为他的敌人。为此，他采取了他认为最可靠的防范措施，就是"斩草除根"，这让他的宫殿，在最开始就呈现出一副血色的面目。对于篡位者来说，一切酷刑都像是正义者的陪衬。对于不屈者来说，那些刑罚都像是成全他们英名的犒赏。而这一切，除了朱棣的心狠手辣，还取决于他的战略决策。他面对的不是一个人、一个家族，而是一个曾经存在过的政权。那么，复仇者或许不是受到他迫害的某个人、某个家族或者他们的后代。复仇者，或许来自那些受过他恩泽的人。那个政权必然有无数拥戴者，而他们都是潜在的复仇者。朱棣永远不会知道他们是谁，就算朱允炆真的活着，也不会知道他们是谁，但那个人或者说那些人肯定存在。只要他们中有一个人得手，朱棣就会为此付出惨痛的代价。

朱棣的想象力变得异常发达，他为自己设计了无数种死法。而每一种死法背后，都有一张面目模糊的脸。他越想看清那张脸，就越看不清，这让他陷入焦灼、不耐烦。从进入南京城的那一刻，他就陷入这种情绪难以自拔。他不放过每一张值得怀疑的面孔，对他而言，皇权成了一个巨大的、无法摆脱的负担。在某个时刻，他甚至怀疑，那个可能早已逃亡的皇帝留给他的遗产，不是一座宫殿，而是一个巨大的刑具。置身于这座巨大的宫殿，朱棣的恐惧从未消失过。他必须提高警惕，身边任何一个人都可能向他刺来复仇之剑。除了把屠杀进行到底，他别无退路。他有意识地任用了一大批生性残酷的屠夫，替自己执行杀戮任务。这些人有一个令人胆寒的名字——酷吏。在秩序井然的皇权体制中，酷吏是一群善于投机的人。当皇权遇到麻烦，需要用狠辣的手段清除障碍时，酷吏便应运而生。永乐朝出现的酷吏，尤以纪纲和陈瑛最为有名。

说到朱棣和纪纲的结缘，还要追溯到建文三年（1401年）。彼时，朱棣率领燕军南下，打算取道山东直取南京，却在济南城遇到铁铉的顽强抵抗，围攻三月而不下，最后不得不退返北平。就在这时，在行军途中，突然有一人拦于燕王朱棣马前，自称有独到的智慧和本领，愿为燕王效犬马之劳，此人正是纪纲。纪纲，临邑人，曾和高贤宁共同受教于王省。高贤宁这时候正在济南城中助铁铉守城，而王省不久前曾被燕军俘虏。王省毫无惧色，言辞慷慨高义，抓他的人只好将其放回去。王省回到府中，端坐于明伦堂上，击鼓把他的学生召集到眼前。他厉声问道："你们应该知道这个学堂为什么取此名（明白伦理）。君臣本该有的义气又在哪里？"说完大哭，学生也跟着他放声大哭。哭毕，王省撞柱而亡。

纪纲却在此时投身燕王，可谓悖逆师道。燕王与其交谈，觉得纪纲颇有才略，又善骑射，战事趋紧，正是用人之际，燕王便将他留在身边。谁也不会想到，这个胆敢拦马自荐的家伙，就是后来永乐朝让人谈之色变，闻风丧胆，恨得牙根儿痒痒的酷吏纪纲。《明史·纪纲传》用"善钩人意向"五个字道出纪纲为人最重要的特征。也就是说，纪纲是一个非常善于琢磨和捕捉别人心思的人。皇帝的心理反应是下边人揣摸的重点，看一看那些酷吏又有几个不是皇帝肚子里的蛔虫。皇帝的一个眼神就可以决定一名朝臣的生死，是谁解读了皇帝的"眼神"，并且把这"眼神"所包含的深意转变为具体的戕害或者肉体灭失的呢？当然是讨得皇帝欢心并且被皇帝信任的酷吏。

纪纲确实讨得了燕王的欢心，也获得了他的信任，不久，纪纲被擢升为"忠义卫千户"。官职不大，也不显赫，然而能量却惊人。身为锦衣卫的千户，又被赋予"忠义"二字，可见燕王对他的信任程度。他是燕王的心腹，办理的都是燕王私密之事。

朱棣即位后一方面恢复锦衣卫，同时新设东厂，派遣宦官充当特务、间谍，加强对臣民的监视。或许是因为皇位是篡夺而来的，朱棣对朝野的反应极为敏感。他能够感受到，除了自己栽培出来的亲信，其他朝廷官员及民众对他还是心存不满。无论他采取怎样的措施，都无法洗刷篡权的污名。纪纲此时已升为"锦衣卫指挥使"。锦衣卫是朱元璋设立的，为亲军第一卫，不仅掌侍卫，而且掌侦缉。锦衣卫还掌管诏狱，即锦衣卫狱，主要关押涉案官员。在没有制衡机制的皇权时代，这意味着纪纲这样的酷吏对朝廷官员握有生杀予夺的大权。

洪武、永乐年间，中国古代王朝政治才建立起相对完备的特务机构（最早的"察言司"以及"终明而不绝"的锦衣卫、东厂、西厂之类），把皇权专制主义统治发展到了极致。这一时期出现的酷吏，不仅具有阴暗人性的特点，更带有绝对集权化的国家暴政的特征。韩非子说："人主之大物，非法则术也。法者，编著之图籍，设之于官府，而布之于百姓者也。术者，藏之于胸中，以偶众端而潜御群臣者也。故法莫如显，而术不欲见。是以明主言法，则境内卑贱莫不闻知也，不独满于堂；用术，则亲爱近习莫之得闻也，不得满室。"①也就是说，君主的大事，不是法，就是术。"法"是编写成文设置在官府里进而公布到民众中去的；"术"则是藏于君主胸中用来对付各种各样事情而暗中驾驭群臣的。"法"越公开越好，"术"则更像是暗箱操作。因此，开明的君主谈论"法"，就连底层的小民也应该知道，而不仅仅是朝堂上的人；而谈到"术"时，就连最宠幸的近臣也不能让他感觉到，更不要说朝堂上的人。从某种程度上说，酷吏更像是见不得光的"术"，在皇权机器的架构中，酷吏是皇帝手里的工具。纪纲按照朱棣的意旨，在朝臣身边广布校尉，每天刺探他们无法拿到台面上的事情，然后再穷尽污蔑和诋毁之能事，严加惩治。

纪纲恶犬护主般的忠心，朱棣能够感受到。不久，纪纲被提升为都指挥佥事，仍兼掌锦衣卫。朱棣对他的倚重与日俱增，甚至到了"帝所怒内侍及武臣下纲论死"，即凡是朱棣不喜欢的内侍和官员都交由纪纲处理，任其治罪论死。锦衣卫有别于其他正规的官僚机构，它拥有独立的裁判所，即从逮捕、审问到处刑的一整套程序都可以在锦衣卫完成。纪纲要处死一个人，通常会将他领到自己的住所，让他洗个澡，设酒席让他好好饱餐一顿。酒足饭饱之际，纪纲佯说要到皇帝面前为他求情，借以索取钱财。等到此人耗尽家资，纪纲登时翻脸，将朝臣"忽刑于市"。自己得了好处，又向皇帝表了忠心。

有了朱棣这个皇帝做靠山，纪纲开始变着法地折腾，大肆诬

---

① 《韩非子·难三》。

陷和诋毁，只要看谁不顺眼，谁就将大祸临头。酷吏，虽是皇帝手中的工具，但抛开他的工具性，酷吏也有人的好恶思维。朱元璋晚年取消了锦衣卫。有别于早年肃清"奸臣"的政策，朱棣一方面恢复了锦衣卫，同时又新设了东厂。他采取的对策就是借助锦衣卫和东厂的特务活动，进一步强化政治统治。后来，这两个机构被称为"厂卫"，成为皇帝的忠实走狗，也成为所有人都恐惧、忌惮和讨厌的存在。比如，纪纲看着不顺眼的官员，虽然未必全是朱棣看着不顺眼的，但他们还是难逃罪与罚。这里起主导性作用的，当然是朱棣的意志，皇权的意志，然而同样不可忽视的还有纪纲的个人意志。这种个人意志与填不满的利益欲壑紧密相连。更要命的是，朱棣竟然把纪纲的这些滥权行为视为对他的忠诚，"亲之若肺腑"。

有一次，纪纲派一个锦衣卫千户到浙江缉事。这个千户大作威福，广受贿赂。当时的浙江按察使周新，准备逮治这个千户。因事不秘，这个千户早早逃跑了。不久，周新因公事入京，恰好在涿州遇到这个千户，周新立即将他逮系于涿州狱中，后转送京城。但是，周新还没赶到北京，这个千户就已提前赶到了。纪纲遂诬劾周新诸多罪状，朱棣大怒，立即下令逮治周新。抓捕他的旗校都是锦衣卫人员，在路上就把周新打得遍体鳞伤。周新自知被诬，当廷抗辩，再次惹得朱棣大怒，立命斩首。后来，纪纲因罪被杀以后，周新才得以昭雪。在纪纲掌锦衣卫期间，像周新这样的官员"被残杀者不可计数"。

纪纲的级别虽然不高，但是朝中官员见他都害怕，就连那些靖难功臣见他也是如避瘟神。都督薛禄曾是朱棣的靖难功臣，官阶远在纪纲之上。有一次，纪纲想买一个女道士为妾，结果薛禄捷足先登。纪纲很是恼火，在内廷遇上薛禄，突然用铁挝（zhuā）打过去，薛禄"脑裂几死"。即便如此，他拿纪纲也毫无办法。都指挥哑失帖木儿不识时务，自恃与纪纲是同级官，在路上不避道，纪纲便借故将其捶杀。

《明史·纪纲传》中对纪纲的描述，就像是对他的声声控诉。譬如纪纲曾经"构陷大贾数十百家，罄其资乃已；诈取交址使珍奇；夺吏民田宅；籍故晋王、吴王，乾没金宝无算"。更有甚者，纪纲还"数使家人伪为诏，下诸方盐场，勒盐四百余万。还复称诏，夺官船二十、牛车四百辆，载入私第，弗予直"。

另外一个有名的酷吏是陈瑛。陈瑛和纪纲不同，纪纲是个特务头子，暗中侦伺臣僚，而陈瑛掌都察院，专门负责纠劾百官，公开监督官员。陈瑛是滁县人，洪武年间为御史，后为山东按察使，建文元年（1399年）调为北平佥事。当时，有人告发陈瑛接受燕王贿赂，与其通谋，被建文帝逮谪广西。朱棣称帝后，召他为都察院左副都御史，掌院事。《明史·陈瑛传》说"瑛天性残忍，受帝宠任，益务深刻，专以搏击为能"。他一上任，就向朱棣进言："陛下应天顺人，万姓率服，而廷臣有不顺命、效死建文者……其心与叛逆无异，请追戮之。"陈瑛出手狠辣，远超纪纲。即使在皇权时代，大规模杀戮功臣武将和前朝旧臣也需要正当的理由。所谓的"正当理由"并不难找，古人所说的"欲加之罪，何患无辞"就是最好的注脚。数千年以来，用诸如此类的"正当理由"杀人以保障皇权绝对无虞，已成为皇权机器运行最重要的内驱动力。这一点，朱棣明白，陈瑛更明白。

陈瑛于永乐元年（1403年）即被提升为左都御史，成为掌都察院的头号人物。上任不久，他就劾治建文旧臣十余人。像侍郎黄观、修撰王叔英等人，不仅本人受诛，还"给配其妻女、疏族、外亲莫不连染"。大理寺少卿胡闰及其子都被杀，受株连"数百家，号冤声彻天。两列御史皆掩泣，（陈）瑛亦色惨"。面对此等惨状，陈瑛不以为意道："不以叛逆处此辈，则吾等为无名。"

皇权与酷吏达成了一种默契，皇权的意志可以无限制延伸，而酷吏获得了合法授权，可以随意杀害和处置任何官员。诚如陈瑛所说，不将建文旧臣定为"叛逆"，他们的所作所为就是不合法的。

在陈瑛任职的九年间，他的主要活动就是围绕着建文旧臣，包括那些归降后受到重用的大臣。《明史》记录："都御史陈瑛灭建文朝忠臣数十族，亲属被戮者数万人。"[1] 朱棣要的就是陈瑛这种人为他清除潜在的政治威胁。

盛庸归降后，朱棣命他镇守淮安，后又命他为山东布政使。永乐元年（1403年），盛庸为避嫌而致仕，以求善终。陈瑛却不肯放过他，弹劾他"怨望有异图"，盛庸难以消解内心的恐惧，自杀身亡。与其有同样命运的，还有长兴侯耿炳文。陈瑛说他使用的器皿和服饰上有龙凤花纹，僭妄无道。这是一个很严重且无法说清的罪名，耿炳文只好一死了之。茹瑺是最先迎降并劝朱棣早正大统的人，被封为忠诚伯。尽管如此，他也未能逃脱陈瑛的魔爪。陈瑛说他营建府第"违祖制"，逮系锦衣卫。他自知难脱其罪，便服毒而亡。

除了建文旧臣和永乐重臣，陈瑛还将打击范围扩大到皇家成员，比如朱元璋的驸马梅殷和胡观。

朱棣进入南京城时，远在苏北淮安的梅殷拥兵自守。朱棣让

---

[1] 《明史》卷三〇七《佞幸传》。

妹妹宁国公主写血书招降。梅殷见书痛哭，遂回京归降。入见时，朱棣亲自迎接，说道："驸马劳苦。"梅殷却不以为然道："老而无功耳，徒自愧耳！"这句话分量颇重，让朱棣无言以对。谷应泰在《明史纪事本末》中记载，梅殷回京后，朱棣仍心存不安。他让宫中的小太监偷偷溜到梅殷的府中，察看对方的言行举止。不知是因为太监不够谨慎，还是梅殷太过谨慎，总之，梅殷察觉到了这一切，大为恼火。陈瑛看到主子陷入被动，他便瞅准机会弹劾梅殷"畜养亡命之徒，图谋不轨"，还和人诅咒永乐帝（朱棣）。一日，梅殷上早朝，走到明皇宫附近的"笪桥"上时，突然被人挤到桥下溺死。宁国公主抓住朱棣的衣服大哭，问驸马安在。朱棣命人展开侦讯，最后把罪责全部都推到都督佥事谭深和锦衣卫指挥赵曦的身上。此二人被斩首时高声喊冤："此上（皇帝）命也，奈何杀臣！"

驸马胡观曾追随过李景隆北伐，为燕军所俘，归降了朱棣。胡观虽然贵为驸马，但在陈瑛的眼里算不得人物。他瞅准机会，上书弹劾胡观"强取民间子女，娶娼为妾"，且知他人有异谋不报。胡观自知不保，遂自尽而亡。

梅殷和胡观深受太祖皇帝喜爱，但他们的死都与陈瑛有关。皇太子朱高炽在监国时当面说陈瑛："卿用心刻薄，不明政体，殊非大臣之道。"[①]陈瑛大肆追捕和杀戮建文旧臣，无非把准了新朝初立，需要整顿官僚队伍之脉搏。与那些政治投机者不同，陈瑛天性残忍，劾治官员，并不捏软怕硬。身为酷吏，他只要对皇帝一人负责。李景隆虽为群臣之首，但也免不了遭到陈瑛的弹劾，

---

① 《明史》卷二二〇。

最后郁郁而终。就连朱棣的心腹大臣张信,也难逃被陈瑛弹劾的命运。陈瑛弹劾他"无汗马劳,忝冒侯爵,恣肆贪墨"。由此可见,陈瑛是多么炙手可热。《明史》对陈瑛累累罪行有这样的描述:"瑛为都御史数年,所论劾勋戚、大臣十余人,皆阴希帝指。"酷吏在那里劾治官员,并不完全取决于自己,而是取决于朱棣这样的皇帝。陈瑛所劾治的人中除了有代表性的几个,其他被他弹劾获罪的还有顺昌伯王佐,都督陈俊,指挥王恕,都督曹远,指挥房昭,佥都御史俞士吉,大理少卿袁复,御史车舒,都督王瑞,指挥林泉、牛谅,通政司参议贺银等。不可否认,其中有些人确有罪过,但也有很多人是被诬陷的。

朱棣即位之初,鼓励告密,有不少人趁机挟私诬告。因为告密的人多,执法大臣又以严酷为能,因此永乐初期的政治呈现出肃杀之气。而初登大宝的朱棣所需要的,就是要编织一张覆盖天下的情报网。当"靖难之役"还在进行之时,就有许多宦官偷偷跑到朱棣那里,向他报告朝廷虚实。朱棣之所以敢孤注一掷,长驱京师,就是因为他从宦官那里得到了确切的情报,知道京师空虚。而登基之后,他需要一张更大、更结实的网。他要在全国范围内组建自己的情报网,掌握更多的民间动向,进而主宰社会舆论。只要他认为谋逆者存在,他掀起的清算风暴就会一直刮下去。他要造成一种人人告密、人人自危的恐惧之相。

上有所需,下有所为,告密之门随之打开。淮安的民人丁珏看风头有机可乘,乡人丰收后在土地庙祭神,他诬告乡人不轨,致数十人被处死,他本人因此被立授为刑科给事中。不仅天下臣民的言行处于严密的监视之下,就连皇太子也不能幸免。比如当时奉朱棣之命在国内寻踪建文帝的胡濙,有一段时间出巡江浙,实际上是借机到南京侦察皇太子的行为。他在南京住了很长时间，内阁学士杨士奇感到奇怪，催他上路，他便以"冬衣未完"来掩饰。不过，他后来向朱棣奏报的见闻，说了皇太子很多好话。

有些时候，告密者与被告密者的身份是互相转换的。胡濙当初被朱棣派出去寻找建文帝，在他身后，始终另外有人悄悄地跟踪和监视。胡濙的一举一动，朱棣便可以全程掌握。一次，有一个酋长向胡濙讨要《洪武正韵》，馈送给胡濙三小筐樱桃。胡濙拒绝接受樱桃，却将书送给酋长。等胡濙回京汇报工作时，朱棣突然问道："樱桃是小东西，路上也可以解渴，你为什么不接受呢？"胡濙立即明白，自己原来一直被监控，不由得暗暗吃惊。监察御史郑辰也曾充当侦事的角色，有人告发谷王朱橞图谋不轨，朱棣便命郑辰私下查访。郑辰不辱使命，尽得谷王踪迹。朱棣信任郑辰，他曾对方宾说："郑辰真是国家耳目之臣啊！"

告密之风，封住了天下之口。上至太子亲王、公主驸马，下至地方官吏、普通百姓，都处于特务们的严密监视之下。就连监视别人的特务，也可能处于别的特务的监视之中。一个看城门的士卒有一天没上班，便被宦官告发，说他"纵酒废事"。经过查询，是因为母亲生病，请假回家，这才没被治罪。朋友不可信，父母兄弟不可信，属下不可信。每个人的眼神里都写着同样一句话——凡事小心，只因有人告密。

朱棣可以使用酷吏，也可以随时将酷吏丢弃或者毁灭，如同拆除掉机器上一个报废的零部件。使用酷吏，是因为酷吏可以为其办别人办不了的事，可以为维护皇权绝对化发挥别人发挥不了的作用；除掉酷吏，是因为朱棣这样的皇帝比谁都清楚酷吏到底是个什么东西，知道他们最终会成为必须被清理的负资产，所以朱棣才会对大臣们说出那句清醒的话："瑛刻薄，非助朕为善者。"也就是说，当朱棣需要收揽人心的时候，他就会毫不犹豫地动用皇权除掉酷吏。除掉酷吏，就要刹住诬告之风。于是，朱棣颁布了惩治诬告者的具体办法："凡诬告三四人者，杖一百，徒三年；五六人者，杖一百，流三千里，所诬重者，从重论。诬告十人以上者，凌迟处死，枭首其乡，家属迁化外。"①

有一次，锦衣卫官校诬某大臣诽谤时政，按律当斩。朱棣怀疑不实，命法司细查，果然是诬告。朱棣大怒道："小人敢诬君子，此风不可长。论校尉如律。"诬告之风起于朱棣，酷吏之风也同样起于朱棣。永乐九年（1411年），朱棣看到陈瑛积怨太深，便将他下狱处死；永乐十四年（1416年），朱棣以谋反罪将纪纲磔杀于市，以消天下人之怨。

北宋史学家慕容修在《新唐书酷吏传序》中说："非吏敢酷，时诱之为酷。"这句话说到了要害之处。不是酷吏敢于一再试探正式权力的底线，而是时代赋予了他们这样的威权。欲除酷吏，必先除制度。

## 宦官，真身与影子

众所周知，朱元璋的恐怖政治依靠的就是锦衣卫的间谍活动。锦衣卫是直属于皇帝的禁军之一，职能是将特务和间谍撒豆成兵，让他们监视、刺探全国臣民的言行。但由于锦衣卫审讯、

---

① 《明太宗实录》卷十七。

处刑的方式过于残酷，朱元璋晚年的时候取消了锦衣卫。

朱元璋还打压宦官，这是鉴前代之失。在他看来，唐代的宦官品级与廷臣相同最为荒唐，他降低宦官品级，最高不得过四品，并不许宦官兼任外臣文武官衔，不得使用外臣官服。宦官不得干预政事，否则立斩。诸司不得与宦官文移往来，宦官事务交由吏部。朱元璋最欣赏的是那些见到官员深作一揖，"不启口而退"的宦官。当时内廷有一供事已久的老宦官不守规矩，与人从容谈及政事，被朱元璋立即遣返回乡。洪武时代，供奉内廷的宦官数量被严格控制，他们不能识字，所从事的也只是内廷一些粗重的活计，再加朱元璋立法严苛，于宫门铸一铁牌，上书"内臣不得干预政事，犯者斩"，因此明初的政治格局中宦官的力量尚未形成气候。

朱棣即位后，不仅恢复了锦衣卫，同时又新设东厂，派遣宦官充当特务、间谍，加强了对臣民的监视。内阁和宦官作为明代政治表与里的主角，是朱棣登基后的产物。不管是朱元璋，还是朱棣，甚至处于过渡期的朱允炆，他们都有一个追求盛世，或者圣王治世的强烈念头。天子名义下的皇帝极权和充满着痛苦体验的专制统治，是所谓"德治"背后的真相。虽然朱元璋取前朝之鉴，将宦官晾在一边，但是从他建朝立国的那一刻起，就已经为他的家国篇章定下了"极权"的基调。待到朱棣登位，那些暂时被晾起来的宦官卷土重来，成为皇帝最信任的人。朱棣宠信宦官，源于靖难之变时，建文帝身边的宦官曾暗中向北平的朱棣提供情报。宦官离政治的私密处最近，他们有时候甚至比皇帝更了解宫廷的秘密，无论是堂皇的仪式，还是隐晦的情事。从某种程度上讲，宦官取代了皇帝成为宫廷里全知的上帝，甚至超越宫廷。

重用宦官与创设内阁并无二致，它们都是皇帝专制体制这棵树上结出的果实。至于何时埋下的种子，并不重要，或者说种子一直就埋在皇权体制的土壤里，等到条件成熟，自然就会破土而出。明朝初期专制主义高涨，在以皇帝为中心的极权专制统治体制确立的过程中，皇帝与官员之间的距离前所未有地扩大。为了维护皇权的威望，皇帝切断了与官员的直接接触，在皇帝私生活的内廷与皇帝政治生活的外廷之间树起了一道屏障。内廷与外廷之间需要联系人，而联系人既要是皇帝信任的人，又要是住在内廷的人，那只能是宦官。为了能够与外廷官员顺利地沟通，或者说便于监视官员的行动，宦官成为必不可少的存在。

洪武年间，朱元璋不许宦官读书识字，但到了朱棣这里，他开始派人教宦官读书识字。据《明通鉴》记载，永乐时"听选教官入内教习之"。宦官一旦打通文墨之途，也就打开了一扇通向新世界的大门。他们如同寄生于皇权的一种奇怪生物，身体的残缺带给他们的是不安与仇恨。更多时候，他们浑浊的眼神里，映照出来的是畸形的世界，颠倒的人群。虽然内阁地位提升，首辅大学士也已类同于宰相，但掌控大权的仍然是宦官，他们有做皇帝近侍的特权。作为宦官第一衙门的"司礼监"，不仅拥有行政权、人事权，还握有东厂的检察权，权力大得没边，素有"影子内阁"之称。朝廷官员若想谋得高位，大多时候都要仰宦官的鼻息。永乐年间，藩王们的兵权转移到武臣手里，朱棣对手握重兵的边关将官不放心，开始让宦官监军，他们随时向皇帝报告军队的情况，牵制、监视武臣，等到了朱棣的儿孙即位（仁、宣二朝），遂成定制，九边及十三布政使都设了守备太守和镇守太监。清朝史学家赵翼在《明代宦官》中说："（朱棣）以西北诸将多洪武旧人，不能无疑虑，乃设镇守之官，以中人（宦官）参之。"这些镇守、监军之类的宦官显然都有刺事的任务。在边关将官和宦官之间，朱棣选择信任后者。朱棣无论如何不会想到，由他一手扶植起来的宦官集团，带来了有明一代的两大政治毒瘤，一为党争，一为阉宦。明朝后期，武臣积弱积轻，边疆之事遂成大坏，坏种子此时已埋下。

宦官已是文官武臣的天敌，他们以皇帝近侍的身份迅速渗入了大明的神经中枢。明朝的体制如此庞杂，而它的管理和运行则赖于公文的有效运行。公文的运行由上而下，从内阁中枢到中央六部，再递延至省府州县。它的运行原理就像供血的心脏，血管循环流动，才能让一个人保持不竭的生命力。各地各部门的奏御文书，先由内阁提出票拟，再送进宫中，由皇帝御批后，再行实施，名曰"批红"。然而，无可争议的是，最后一道工序是在宦官的手上完成的，也就是"批红"之权不在他人，而在宦官。那些粗通文墨、略知古今的宦官，由此被赋予一项施展罪恶的权力。若是家国不幸，摊上懒政怠政的皇帝，皇权则完全落入司礼监秉笔太监之手，他们遵照内阁票拟字样朱笔批行。连奏御文书都由宦官们代劳，其他军政大事也就任由其处理了。

为了监察百官，朱元璋设有都察院、六科给事中，它们都属于监察百官的外廷机构。都察院掌十三道监察御史，六科给事中分别监察六部，合称"科道"。对于生性多疑的朱元璋来说，这还远远不够。于是，他又设立了锦衣卫，除侍卫皇帝外，还有侦稽的职能。在锦衣卫之前，朱元璋还设立过一个不为世人关注的"察言司"，当是侦察言论舆情的意思。明朝从它建立的那一刻开始，就有使用特务刺事的传统。后来机构也越来越多，名称换来换去。它们之间互有掣肘，层层监督，最后的解释权归于皇帝。比如早在铲除胡惟庸的过程中，丞相谋反的情报，也是由宦官获得。朱元璋一贯重视情报，也曾利用各种手段搜集情报，使用宦官从事情报工作也属情理之中的事情。

虽说洪武朝存在着与东厂职能相似的宦官机构，但它最多只能说是东厂的前身，并不代表东厂就是朱元璋所创设。在中国制度史上，尤其是特务制度史上，东厂的设立毫无疑问是一个重大事件。

东厂究竟设立于何时，一直存有争议。一说是朱棣于永乐初年创设东厂。持此说者的依据是，谈迁在《国榷》中有记："始立东厂刺事，内官主之。"也就是说，在永乐初期，厂、卫已经开始并立而行。只是这个时期，宦官的地位虽有提高，但东厂势力并没有得以展现，人们只知有卫，而不知有厂。还有一说则为永乐十八年（1420年）。当时酷吏纪纲被杀，朱棣为限制锦衣卫的权力而设立东厂。持此说者的依据是《明史·成祖本纪》和《明通鉴》等史书的记载。在《明史》中，除《成祖本纪》之外，《刑法志》也记载了东厂成立之事，却没有给出确切的时间："故即位后专倚宦官，立东厂于东安门北，令嬖暱者提督之，缉访谋逆妖言大奸恶等，与锦衣卫均权势，盖迁都后事也。然卫指挥纪纲、门达等大幸，更迭用事，厂权不能如。""即位后"这个词，给出了一个模糊不清的时间概念。另外，东厂设于"东安门北"，即后来北京的东仓胡同，说明东厂初设的时间在迁都之后。东厂的职能为"缉访谋逆妖言大奸恶等"，这与锦衣卫大致相当。既然性质接近，同样具有侦察情报职能，当纪纲坐实谋反之罪，锦衣卫变得不可信时，朱棣自然会毫不犹豫地推出东厂。在纪纲被杀前后，东厂的权力范围尚且"与锦衣卫均权势"。由此可见，东厂在纪纲的时代就已经存在，并不是在迁都之后才开始设立。建立不久，东厂的实际权势逐渐超越锦衣卫，不仅分掉锦衣卫的威权和职能，也在一定程度上对其实施监控。纪纲被杀之后，他手下的一些重要党羽，如袁江、王谦、庄敬、李春等人，并没有随之而全部受到株连。朱棣对他们的惩处明显有所保留，而且锦衣卫中的不少力量都被充实到东厂。尤其是那些骨干分子，他们很快就找到了重新上岗的机会。甚至有史家发现《明实录》中有这样的记载："（永乐十八年，中官）气势不可近，六曹官往往被捶击。"永乐七年（1409年）虽然也有宦官刺事，但此类记载几乎不见，也看不到他们表现出如此狂妄的姿态。这应是宦官提督东厂之后，那副盛气凌人的模样。

永乐年间，外有锦衣卫，内有东厂，天下臣民都处于严密的监视之下。除了特务机构人员，朱棣经常利用自己的心腹四处侦事。不管东厂成立于何时，其获得重用应该是在纪纲案发之后。纪纲利用锦衣卫扩展权力，并图谋不轨，朱棣迫切需要对他进行限制和监控。从宦官告发纪纲图谋不轨的这一细节出发，有足够的理由相信，在朱棣的授权之下，东厂很可能早就对纪纲采取了侦察措施。在永乐朝，情报机构的基本局面是厂卫并立。不过东厂可能早就担负起搜集情报的职能，甚至比那些白纸黑字的记载更早。在纪纲死后，东厂实力更加雄厚，宦官完全把持着大局，锦衣卫所搜集的情报往往需要经过东厂才能报给皇帝。东厂设有监狱，他们不经过法司就可以刑讯犯人。

东厂和锦衣卫都是威权部门，东厂没有军权，而锦衣卫拥有一定的军权。东厂内部吸收了大量的锦衣卫，东厂控制锦衣卫，成为新的强势部门，朱棣也因此将明朝历史打上深刻的宦官印记。在司礼监内部，掌管司礼监印信的宦官被僚属称为宗主，总领东厂的则称厂公或督主。掌印太监以下的是秉笔太监，掌东厂的就是秉笔太监的二号和三号人物。据《明史》载："东厂之属无专官，掌刑千户一，理刑百户一，亦谓之贴刑，皆卫官。"也就是说，东厂的属官没有专职人员，其中有不少都是从锦衣卫招来的。比如掌刑一般由一个锦衣卫千户担任，理刑则由一个百户担任。除了部分官员，还有大量差役都来自锦衣卫。所以东厂和锦衣卫相互监督，又相互牵制。当然，并非所有的锦衣卫都可以进入东厂，而是要经过严格的挑选。东厂选人有一套标准，只选狡黠和乖巧的士卒，不要老实巴交的人。东厂特务侦事的小头目称"档头"，平常戴着一顶帽子，帽子的顶端尖锐，穿着青白色带有打褶的衣服，上面系着小布条，脚下则穿着一双白皮靴。档头的手下，有几个听差的，叫番子。这些番子也称干事。

　　京城的地痞流氓，骗财的，挟仇的，他们都将番子视为"窟穴"。何谓"窟穴"？即由他们四处打探情况，每打探到人家一件隐私，就秘密地通过番子报告给档头，档头根据事情大小和情报的价值，付给他们相应的报酬。久而久之，形成了一条产业链，三教九流之徒寄生于此，其中既有黑吃黑的情况，也卷进去不少无辜的臣民。无论是谁，一旦被卷进去，便如同坠入万丈深渊。

　　番子执行任务时，都有自己所谓的"行话"，外人听不懂。比如，他们将每一个事件都叫"起数"，花钱则叫"买起数"。当探知有犯禁行为发生时，档头便领番子赶到，在其门外左右派人把守，这叫作"打桩"。当外围安插完毕之后，其他番子就会迅速地闯入室内，开始抓人，并当场进行审讯。这期间并不需要掌握充分的证据，也不需要出示符牒。如果当事人按照要求给足贿赂，番子自然就会径直离开。如果拿不出钱，或者不能让番子和档头满意，就会遭到严刑拷打。至于所用刑名，可称"乾醡酒"，又叫"搬罾儿"，其痛楚比官家规定的刑罚要厉害十倍。为了满足私欲，番子有时候还会授意那些挨整者牵连出一些有钱的财主，再对这些财主进行敲诈，逼迫其行贿。如果能够得到足够多的金钱，那就可以彼此相安无事。这些财主如果爱惜钱财舍不得行贿，或所给不多，满足不了特务们的要求，就会被栽赃并立即报告皇帝，随即就会被抓捕并关进镇抚司监狱。接下来，财主的命运就会完全不由自己掌握，在各种酷刑之下，他们随时都会命丧狱中。

每月的第一天，几百个厂役便会围在一个庭院中抽签，然后各自受领任务，分别出发监视各级官员。其中，监视内府诸处、会审大案和北镇抚司所审讯重犯的，叫"听记"；到其他官府和各个城门搜访的，叫"坐记"。某官做了某事，某城门发现某奸事，胥吏一条条地记下来，再告诉坐记，再由坐记报告厂公，这叫"打事件"。这其实是一个较为完整的情报工作流程。

即使是半夜三更，若有情报传递到了东华门，也可以从门缝中塞进去，有人再递送给皇帝。事无大小，朱棣不出宫门便可知晓。宦官更接近皇帝，不用像锦衣卫那样具疏报告，省却不少步骤。有时候，就连朝臣的夫妻床笫之事，也会被皇帝侦知，一时传为笑料。皇帝有时会故意将这些琐事抖搂出去，不是为了戏耍朝臣，而是希望起到某种震慑作用。朱棣是个强势之主，威权自操，杀伐果决，宦官们不敢任意妄为。例如有一宦官"以私财寓外人"，朱棣随即予以严惩，并敕各衙门卫士，宦官出入宫门，都要严格搜身。一个宦官私下请工匠干活，朱棣训斥应天府尹，怪他不予制止："为京尹，朝夕在朕左右，尚畏如此，若在远外任小官职，当如何畏之？"朱棣命锦衣卫将这个宦官逮治。从朱棣的这番话也可以看出，官员对宦官是何等畏惧。朝臣的一举一动都在朱棣的严密监控之下，随时都被朱棣所掌握，他们不能不因此而惴惴不安，都对特务充满畏惧。

锦衣卫的情报工作流程也和东西厂差不多，需要完成从搜集到传递这个过程，但是所得情报必须写出疏条上奏，这才能让天子知道。这样一来，他们的情报传递就必须通过厂公完成，所以也会处于厂公的监控之下，锦衣卫的势力因此而远不及东西厂。厂公还掌控着特务机构，可以通过操纵厂卫特务组织，全面介入政务，所以内阁首辅自然都会对其畏惧三分。事实上，明代的不少皇帝，尤其是朱棣，都更加信任宦官，而不是阁臣，所以宦官的权势往往要超过内阁，更超过都察院等其他部门。

自从朱棣重用宦官之后，宦官专权的局面在明朝时有发生，司礼监地位日隆，成为不折不扣的权力部门。而且，这一现象几乎贯穿明朝始终，尤其中晚期，在大太监刘瑾专权之后，司礼监更加显出其强势，因为东厂、西厂和锦衣卫等缉事厂卫全部都由其掌控。赵翼在《廿二史札记》中曾对明代皇权之外的权力机构情况进行过总结："明代首辅权虽重，而司礼监之权又在首辅上。"首辅是类似于丞相的职位，但其权力仍然不如司礼监。司礼监在明代的权势之大，已经大大超出了人们的意料。这些把持大权不放的宦官，他们在皇帝身边待了久，往往会产生一种错觉——自己才是皇权的真身。这种信念一旦化为行动的指引，他们就会陷入深渊。因为失去皇帝的信任，他们就是砧板上的鱼肉，毫无抵抗能力。不管他们曾经多么显赫，都无法保住他们的性命。

这一点与汉唐不同,汉唐时期的宦官可以操控皇帝,甚至废立皇帝。明代宦官还是依附于皇权,他们就像皇帝的影子,每日游荡于内廷与外朝。

## 立储之争的旋涡

永乐元年(1403年)的上半年,朱棣的兄弟亲王和文武百官连续上表请立太子。一月,群臣上表,请立太子。朱棣不同意,理由是:"今长子属当进学之时,俟其智识益充,道德益进,克膺付畀,议之未晚。"①此时皇长子朱高炽已经二十五岁,朱棣以"进学"为借口,显然难以服众。于是,两个月后,文武百官再次上表请立太子,朱棣还是用"进学"搪塞过去。这一年四月,周王亲自上书,请立皇太子。朱棣又一次拒绝,他在给周王的赐书中说:"长子虽有仁厚之嫌,而智识未完,行业未广。"一样的话,说了三遍。朱高炽早已是世子,将他立为太子本是顺理成章之事。但朱棣还向大臣征求意见,问谁最适合做太子。显然,他并不想立长子朱高炽为太子,不然他就不会明知故问了。朱棣迟迟不肯落下这只靴子,他的犹豫助长了朱高煦夺嫡的邪念。

朱高煦为父亲夺取皇位作出过巨大贡献,每一个功劳背后都有朱棣的褒奖,甚至在几次战役取胜之后,朱棣开出了一张天大的口头支票:"世子多疾,如得天下,以若为嗣。"正是因为有了这样的许诺,朱高煦才会生出妄念。在明人陈沂的《畜德录》中

---

① 《明太宗实录》卷十六。

有这样一个故事。隆平侯张信是朱棣最感恩的人，朱棣将其称作"恩张"。有一次，朱棣把准备立朱高煦的想法告诉了张信。张信并不认同他的做法，义形于色道："事干天常，岂易为耶？"朱棣听闻大怒，举刀砍掉了张信的几颗牙齿。其实朝臣们也都清楚，朱棣最为器重的是老二朱高煦。朱高煦并不是没有支持者，比如那个被朱棣封为第一武臣的丘福，他对朱高煦言必称"二殿下"。也就是说，拥护朱高煦的是一部分武将，他们和朱高煦在靖难之役中结下兄弟般的情谊。相比之下，朱高炽的支持者，主要来自文官集团。文官们主张立朱高炽，除了遵循"立嫡以长"的传统礼法，也是在明确一种与新皇帝合作的规则。因为朱棣登位后，与建文朝留下来的文臣班底并没有合作基础，双方要合作，必须遵循一定的规则。他们立朱高煦，也就意味着废除嫡长子继承制，破坏了"长嫡承统，万世正法"的游戏规则，他们今后的合作将会无法可依，无据可守。

朱棣登位，朝中文臣势力虽然较大，但有一大批武将曾追随朱棣和朱高煦起兵夺位。朱高煦即位，这些人势必得到重用，尤其那些以战功起家的北方将领，这是文臣集团最不愿意看到的。如果说朱高煦代表着部分武将利益，朱高炽则代表着绝大多数文官的利益。朱高炽的个人形象偏向于文人，而朱高煦则更偏向于武人。这也是文官们选择朱高炽，一部分武将倾向于朱高煦的根本原因。

两相比较，朱高炽占绝对优势。兵部尚书金忠就是朱高炽的绝对支持者，他在朱棣面前历数"古嫡孽事"。从古至今，因为不立长而造成政权不稳，后果严重的例子不胜枚举。面对血淋淋的现实，"上不能夺"。作为朱棣的心腹之人，他的话具有相当的分量。前面交代过，金忠是个卖卜之人，受袁珙推荐，投身朱棣麾下。每次遇到难以决断之事，朱棣就会让金忠帮着拿主意，屡有效验，因而深受重用。朱棣即位南京，他特地安排金忠帮着朱高炽一起守卫北平。如今，朱棣在立太子的问题上犹豫不决，便征求金忠的意见。依朱棣的聪明狡诈，他应该能够想到金忠推荐的人选是朱高炽。

不仅如此，金忠还私下"密以告解缙、黄淮、尹昌隆"。这几个人都是较早投附朱棣，受到信任的重臣。果不其然，他们中很快就有人站了出来。其中一人便是闻名天下的才子解缙，此时的解缙已成为永乐初期文官的代表人物。《明史》记载："帝密问缙。缙称：'皇长子仁孝，天下归心。'帝不应。缙又顿首曰：'好圣孙。'谓宣宗也。帝颔之。太子遂定。"朱棣听了解缙的前半句话，沉默不应。直到解缙说到"好圣孙"，才算真正解开朱棣心头的疑惑。

解缙说到了"好圣孙"朱瞻基，即后来的明宣宗。这孩子聪慧机灵，深得朱棣喜爱。据说朱瞻基出生前一天晚上，朱棣梦见死去多年的父亲朱元璋。在梦里，太祖朱元璋将一枚大圭交到他的手上，告诉他，传之子孙则永世其昌。孙子生下来，满月时，朱棣说，孙儿长得英气满面，跟他梦中见到的一模一样。朱瞻基慢慢长大后，朱棣发现这个皇孙不仅长相越来越像自己，脾气秉性竟然也跟自己相像，与他的父亲朱高炽完全不同。朱棣暗自欢喜，时常想到父亲的托梦，就更加用心地加以培养，让最好的老师教他学问，找最好的教练教他习武，十二岁开始就让他接触朝政，处理简单的政务。不想这孩子竟出手不凡，尤其在朱棣远征漠北的时候，上下衔接，远近呼应，天生的一块好料。在攻打蒙古的时候，朱棣把他带在身边，让他体验沙场征伐。朱棣手把手地教他，可见用心之良苦。在朱棣的潜意识里，朱高炽虽然不是最优选择，但他的儿子朱瞻基却是不二选择。

在金忠、解缙等大臣的劝说下，册立太子一事开始向有利于朱高炽的一方倾斜。有一天，朱棣让官员们陪自己欣赏一幅画——《虎彪图》。图中有一猛虎带着几只小虎，"作父子相亲状"。朱棣让围观的大臣们根据画的内容题诗。解缙才思敏捷，提笔在纸上写道："虎为百兽尊，谁敢触其怒？惟有父子情，一步一回顾。"朱棣观后大为感动，对他后来立朱高炽为太子产生不小的影响。

不过，让朱棣彻底转变的那个人，或许是袁珙。朱棣认为，此人能言巧辩，颇中心意。当年朱棣起兵靖难，他就发挥了重要的作用。朱棣曾让金忠偷偷给朱高炽相面，金忠说有帝王之相，又让他给朱高炽的儿子朱瞻基相面，金忠又说"万岁天子"。朱棣素来相信天命，每临大事，都会让人观天象、卜吉凶。在立储之事上之所以犹豫不决，主要还是源于个人好恶。

在朱高炽兄弟三人中，朱棣最为赏识的是次子朱高煦，最为宠爱的是第三个儿子朱高燧，而最不喜欢的就是长子朱高炽。即使作为一个普通的家长，朱高炽和朱高煦也存在着肉眼可见的差距：朱高炽体态臃肿、肥胖迟缓，朱高煦则身材高大、轻捷矫健；朱高炽不能骑乘、拙于武事，朱高煦却长于骑射、雄武彪悍；朱高炽为人内向、木讷凝重，朱高煦却为人狡诈、巧舌如簧。尤其是"靖难之役"中，在白沟河、东昌、浦子口等战役中，几乎都是朱高煦率骑兵前来解围，使陷于困境的朱棣反败为胜。朱棣因此许以重诺："如得天下，以若为嗣。"

不过，相比于朱高煦，朱高炽也有巨大的优势：一是朱高炽行事稳健，宽厚仁慈，更何况他还是朱元璋当年册封的燕世子，即燕王藩位的继承人；二是朱高炽在"靖难之役"中，曾率领北平城的万余燕军抵御了李景隆五十万南军的进攻,保住了燕军的老巢。

朱棣经过两年的犹豫,最后还是立朱高炽为太子。无论是君王心思,还是宫中秘事,都难以为世人所了然。朱棣最终还是选择了"立嫡以长"的合法结论,这也可以视为处于"夺位"阴影下的朱棣,不得不去完成的自我救赎。无论是"废长立爱",还是"废长立幼",这两种情况都是历史的取乱之道。朱棣不希望由他一手导演的"夺位"大戏,再一次在他的皇权体系里上演。

不管怎样,永乐二年(1404年)四月四日,明成祖朱棣正式册立朱高炽为皇太子。册立的诏敕中,朱棣对朱高炽命曰:"学勿至迂,明勿至察,严勿至猛,宽勿至纵。"这些富有哲理的话,就像是共卧于存在之榻的两个兄弟之间的对话。与此同时,朱高煦被封为汉王,朱高燧被封为赵王。一切看似结束,一切又将重新上演。

朱高炽虽然被立为太子,但他的日子并不好过。且不说两个弟弟虎视眈眈,他的父亲朱棣也是处处防范。皇位犹如挂于枝头的硕大果实,实在太过诱人,以致父子相残、兄弟相煎。

按照明朝制度规定,亲王受封以后到了一定年龄,朝廷要给他封地或封国,亲王必须要到封地做藩王,称为"封藩"或"之国",而不能留在京城。不过,朱高煦却是一个例外,他不仅留在京师,还在京师里建府立邸。最初,朱棣打算将他的封地放在云南,朱高煦大为不满。他为此大发雷霆:"我何罪,斥我万里!"不过,朱棣此举,的确有替朱高炽考虑的因素。他知道这个精于骑射的二儿子,留在身边对太子之位的确是一个威胁。或许觉得对朱高煦有所亏欠,朱棣居然改变了主意,他破例允许朱高煦暂时留在京师,并且给了他相当优厚的待遇。

这再次燃起朱高煦争夺储位的欲望之火。朱高煦从不掩饰内心的渴望，他经常自比李世民。李世民曾被封为"天策上将"，为此，朱高煦请求得到天策卫为护卫。他不无得意道："唐太宗当年就是天策上将，如今我得到天策卫，难道这是天意？"朱棣曾说过，诸子中，朱高煦与他最为相似。其实并不尽然，如果说父子二人有相似，也仅止于好武层面。无论权谋、格局，还是手段，朱高煦并不具备一个政治家的潜质。

朱高煦是个完全不知深浅的人，表现得近乎狂妄。他不但留在了京师，而且还请求增加护卫，也就是增加自己统辖的军事力量。明代的一卫有五千六百人，而他居然豢养三卫兵马。他眼睛里毫不掩饰地闪烁着对皇位的欲望。那种目光，傲慢而凶狠。朱棣即位后，经常举行狩猎活动，朱高煦射中的猎物最多，他经常一箭射中同枝二鸟。这样的场面，好像专门为朱高煦量身定制，让他展示高超的武艺。他将猎物高高地举过头顶，脸上洋溢着胜利者的骄狂。有一次朱棣当众夸奖他，说他箭法了得。太子朱高炽和陪伴在侧的大臣们也为老二叫好。不过，那些亲近太子的文官却为此感到不安。骑射本是朱高煦最为擅长之事，但对于太子来说却是短板。太子患有肥胖症，腿脚不利索，几乎不能骑马。别说一箭二鸟，就是搭起弓偶尔射一次都不容易。两下对比，太子朱高炽自然落于下风。在朱高煦看来，太子只是一个虚构的符号，一团存在却接近于无形的空气。他甚至怀疑，父皇根本就没将太子之位交给那个人。虽然他是自己的大哥，但他就像是穿行于宫殿中的一个天大的玩笑。一个连路都走不稳的太子，将来还能指望他坐稳皇位吗？朱高煦从朱棣赞许的眼神里，又看到了希望。他知道自己没有别的选择，只能一往无前。

朱棣册立太子后不久，就做出一个严格的规定，百官朝见天子,要一同进退,不许一个人单独见太子。无疑,这是危险的信号,那就是朱棣不相信太子,他害怕太子与群臣私下往来,做出不利于他的事。怕什么来什么,这项规定公布没几天,一个正二品的中军都督佥事,早朝后单独去见天子,结果受到朱棣的严厉警告。此时的朱高炽虽是太子,但只是一个挂名太子。何为"挂名"?也就是有名无实。朱棣虽然也交给他一些简单政务,但无非是一些救济旱涝灾害的活动,或者接待来京的皇族人员。朱棣在册立太子的同时,又命丘福为太子太师,位在少师朱能之上。丘福向来主张立朱高煦为太子,让他来当太子太师,不免令人生疑。或许,正是这种有意无意的安排,助长了朱高煦的气焰。

从一开始,朱棣就把太子之位当作一种手段,一种巩固皇权的趣味游戏。朱棣在这里玩的是政治平衡,谁翘得高,就压谁;谁落得低,就抬谁。如此,太子朱高炽也不觉得自己了不起,而当了亲王的朱高煦也不觉得自己低人一等。朱棣只需要他们明白一点:一切都以皇帝为中心,一切都必须听从皇帝的旨意。有皇帝在,不管是太子,还是亲王,都不能独立存在,皇权以无可争议的态度取消了他们独立存在的理由。

但这种局势到了永乐六年(1408年)年底有了变化。永乐六年八月,为了营建北京和出征漠北,朱棣准备动身前往北京。离京前,他将监国之责交于太子朱高炽,也就是让他暂行皇权。朱棣离开南京时,还带走了各个部门的高级官员,他让礼部特别铸造了十四枚大印,分别授予新设立的"行在"五府、六部等十四个部门。朱棣带走的这些机构和官员,相当于整个决策中心。

从北方到南方,如今又要从南方回到北方。他的燕军来自北方,马刀已经生锈,无法指引他的野心。

本来他已经派了淇国公丘福出征蒙古，此人有勇无谋，十万大军葬送殆尽。朱棣决定亲征，他也的确想念北方，想念战场的夜与昼。朱棣让太子监国，并为此规定权限："凡有重事及四夷来朝与进表者，俱达行在所，小事达京师，启皇太子奏闻。"朱棣在这里划分了"重事"与"小事"，他这个皇帝处理"重事"，"小事"交给太子处理。何谓"重事"？无非是人事、军事和外交等重大政务；"小事"则为日常政务。也就是说，太子处理小事，即使如此，也要记录在案，等朱棣回京后复查。朱棣还选任了兵部尚书金忠、吏部尚书蹇义等官员辅佐太子监国。对于老实人朱高炽来说，在京监国，就和走钢丝差不多，不敢有丝毫大意，脚下一崴就会栽下去，那是汉王朱高煦最希望看到的。因此，朱高炽虽然得到了监国之权，但同时也将自己陷于皇帝朱棣和汉王朱高煦的双重监视之下。这是一种超难度的生存处境，只有适应它的人，才能坐稳监国太子之位。

朱棣离开京城北上，可他又没有完全离开，至少朱高炽是这么认为的。永乐七年（1409年），刑部尚书刘观贪赃枉法，朱高炽将他训斥一通。这本是一桩鸡毛小事，可传到朱棣的耳朵里，他还是传话给太子："朕命尔监国，凡事务宽大，戒噪急。文武群臣皆朕所命，虽有小过，勿遽折辱。亦不可偏听以为好恶。育德养望，正在此时。天下机务之重，悉宜审察而行。稍有所忽，累德不细，其敬之慎之！"这样的话，在太子朱高炽听来，显然有着远程遥控和限制的意味。面对犯错的官员，太子朱高炽无权训斥。而对于朱棣信任的官员，朱高炽更是无可奈何。当时最猖狂之人莫过于左都御史陈瑛。有一天，陈瑛派手下到兵部讨要皂隶（办事员）。兵部主事李贞没搭理他们，他们就诬陷几个办事员行贿，于是陈瑛就上奏书将李贞下了大狱。几天以后，李贞的妻子敲登闻鼓诉冤，太子命令六部大臣当廷会审。到了会审这一天，却被告知，李贞和那几个人员在狱中被打死了。太子不敢得罪陈瑛，只好敷衍道："陈瑛是朝廷大臣，可能被手下人蒙蔽了，不必追究。"一个堂堂监国太子，连一桩命案都处理不了。太子虽然庇护陈瑛这样的皇帝近臣，但陈瑛并不买他的账。当时国子监有个学官，因为犯了小错而被罚做太学膳夫，也就是最高学府里的炊事员。太子朱高炽听说后，就为他说情，让司法部门给他安排一个体面差事。过了很长时间，那个学官还在当炊事员。太子不解，经过调查才知道是陈瑛不给他这个面子。于是，太子就对陈瑛说了一句狠话："用心刻薄，不明政体，殊非大臣之道。"①由此可见，朱高炽这个太子当得有多么憋屈。

朱高炽不是不作为，而是真的不敢有所作为。他的父皇并不信任他，六科（秘书机构）将他处理的每一件事，都梳理得完备无缺，包括"赏一人由何而赏，罚一人由何而罚"，然后不知何时就呈报给了朱棣。这样的记录就像一个人的账本，朱高炽不敢轻举妄动，生怕朱棣回头找他算账。这个老实本分的太子，像一个财主的儿子，守着万贯家财不敢动用一个子儿。就在他谨慎而又小心地处理朝政的时候，还有一个人的眼睛从未离开过他，那个人就是汉王朱高煦。朱高煦已经买通皇帝身边的亲信，并且组织编造了一堆不利于太子的材料，准备告太子的黑状。

朱棣这次北征于永乐八年（1410年）年底回到京师南京，朱高煦等人瞅准机会，不断地向朱棣告太子的状。朱棣不完全相信，

---

① 《明史》卷二二〇

但也不会完全不相信。在朱棣返京前夕，被贬谪在外的解缙突然返回南京。事后得知，解缙当时入京奏事，恰逢朱棣北征，没见着皇帝，解缙便转而谒见皇太子。朱高煦便揪住此事大做文章，造谣解缙趁皇帝北征之际，进京私见太子，"无人臣礼"。解缙因此被逮系诏狱，而等待着他的将会是悲惨的结局。朱棣回到南京后，下令推翻太子监国期间的一些处理结果，还在午门上张榜公布。大理寺右丞耿通不忍太子受屈，他上疏进谏："太子事无大过误，可无更也。"朱棣对此大为不满。不久，有人揭发耿通接受别人说情，帮助犯人减轻罪责。朱棣认为耿通罪大恶极，"为东宫（太子）关说，坏祖法，离间我父子，不可恕，其置之极刑"。为太子开脱，居然落得个分裂肢体的酷刑——磔刑。耿通之死，让整个永乐朝堂为之震动。一直以来，人们以为朱棣只有在面对建文朝的人和事时，才会显示出毫无理性的暴怒，使用人间地狱般的酷刑。谁也没想到，耿通为太子说情也会受到这种酷刑。之所以如此，只有一种解释，那就是耿通的做法，已经触及朱棣内心深处的隐痛。这位无所不能的强人，什么都不怕，就怕夺位的因果报应落在子孙身上。他可以使用一切手段，控制和打击太子，却不容别人离间他们父子。在外人看来，让耿通背上破坏祖宗之法、离间他们父子关系的罪名，简直莫名其妙。殊不知，何处力堪殚，人心险万端。

朱棣如此大动肝火，吓坏了太子朱高炽，他身体本就不好，结果"忧惧成疾"。朱棣听说太子病得不轻，赶紧派金忠、蹇义等人前去探望。他们回来后如实禀报："太子脸色发青，纯粹是受到惊吓所致，只要把午门上张榜公布的告示收回来，太子的病就能痊愈。"朱棣只好照做，一场闹剧终于在臣子的血光、太子的忧惧中暂时落下帷幕。解缙、耿通等人的不幸遭遇，让太子的势力受到了抑制。尽管如此，那些辅佐监国的大臣还是会设法保护太子。朱棣回到南京后，多次询问太子监国的情况。辅佐太子监国的杨士奇称太子孝敬，并说："太子天资高，有过错必知，然后必改。其存有爱人之心，绝对不会辜负陛下重托。"朱棣听后大悦。

太子朱高炽虽然受到朱棣和朱高煦的两面夹击，但却有一股势力已成为他的强大后盾，那就是朱高炽的长子，朱棣的长孙朱瞻基。朱高炽能够被册立为太子，除了长子的身份，还有一个重要原因，那就是朱棣太喜欢长孙朱瞻基并要传位于他。

朱瞻基生于建文元年（1399年），十岁出阁就学，接受皇家教育。朱棣任命了一大批文武重臣，兼任朱瞻基的辅导官，并且告诉这些人，他们不仅要辅佐太子，还要辅导太子的儿子。朱棣这么做，等于确立长孙朱瞻基的皇位继承地位。

永乐八年（1410年），身在北方的朱棣离开北京远征蒙古，也就是太子监国南京期间，朱棣让朱瞻基留守北京，并且派了重臣夏原吉辅佐他。此时的朱瞻基才十一岁，就已经接触到政务。每天早上朱瞻基到奉天门办公，夏原吉则立于身旁，帮助他处理事务。每有疑问，朱瞻基便回头询问一下夏原吉。朱棣对此深感满意，并重赏夏原吉。太子朱高炽也曾派兵部尚书金忠前往夏原吉在南京的家中，代表他本人向夏原吉的母亲表达谢意。

永乐九年（1411年）十一月，朱棣北征回京。随着解缙等大批东宫部下入狱，太子势力受到暂时压制。让人没想到的是，朱棣却在这时册立长孙朱瞻基为皇太孙。在这场隆重的典礼中，朱棣不顾典礼的规定，起身将冠冕亲手戴到朱瞻基的头上。文武大臣行礼如仪，他们齐声高呼万岁，声震殿宇。那一刻，朱高煦的眼神里一定充满着愤怒和绝望。

某种意义上，古代王朝的命运就是个人的命运，而宫廷的纷争，本质上也是血缘亲属间的较量。对朱高煦来说，太子之位竞争失利已经让他备受打击，如今皇太孙再次加冕，无异于让他跌入谷底。看来在朱棣有生之年，朱高煦与皇位将彻底无缘了。他天性好胜，不会轻易认输。那一刻，或许他想到了父亲在战场上给他的那份许诺。但在皇位面前，所谓承诺不过是一种欺骗，眼前的一切，不过是一场趋利避害的游戏。

不管如何，朱瞻基被册立为皇太孙，预示着在皇帝、太子和亲王朱高煦、朱高燧三股势力之外，皇太孙朱瞻基已然成为第四股势力跃出历史的地表。《罪惟录》中有一段记载："帝为太孙时，太宗营天寿山，或去步辇徒步。仁庙体肥，有足疾，随行屡蹶，内侍扶之，汉王高煦曰：'前人失脚，后人把滑。'太孙曰：'只怕还有后人把滑。'语近机锋。"虽然这段记载散见于前人的各种史书，但有专家考证认为，这里的事发地点有误。据《明史纪事本末》记载，太子朱高炽和汉王朱高煦、太孙朱瞻基同时出现的地点，应该是拜谒明孝陵的路上，他们是去给朱元璋扫墓。太子朱高炽走在最前面，汉王朱高煦居中，而太孙朱瞻基在后面压阵。太子身体过于肥胖，有足疾，走路姿势有失太子威仪。如果不是太监搀扶着他，不知他要摔倒多少次。朱高煦跟在后面看笑话，不禁说了句："前人跌跤，后人知警。"谁知话音刚落，跟在他身后的朱瞻基马上接过话道："更有后人知警也！"太子好脾气，太孙不好惹。从朱瞻基顶撞二叔这件事可以看出，此时的太子已有长子皇太孙的势力在支持他。随着年龄的增长，朱瞻基的军事才干和地位也逐渐提升。

永乐十一年（1413年）开春，朱棣再次离开南京，前往北京。临行前，他仍然下令太子朱高炽监国。朱棣亲征漠北前，曾当着文武官员的面说：朕的长孙聪明英锐，智勇过人，如今朕去扫清漠北，要带他同行，就是要教给他用兵之法，让他在战场上得到历练，体验将士的艰辛。每天一有闲暇，你们要给皇太孙讲经说史，文事武备不可偏废。

荒山峻岭，大漠孤烟，对于朱瞻基来说，这一切是那么新鲜，又是那么刺激。他喜欢骑射，开弓放箭，野兔应弦而倒。将士们围着他欢呼雀跃，场面甚是动人心魄。朱棣见此情状，不无夸耀地对将士们说："骑射虽是小技，但是一箭而中，也是常人不易做到的。"他为此选了一匹好马送给自己的皇太孙，作为奖赏。

在一场同瓦剌军的交战中，朱瞻基冒险追敌被包围，最终获救脱险。战事结束，朱棣还要继续穷追敌军，被朱瞻基拦了下来。朱瞻基参加实战，操练武幼军，不仅在军队中树立了威信，在他的祖父朱棣面前说话也颇具分量。

永乐十二年（1414年）七月，朱棣率北征大军回师，途中驻扎在沙河。太子陪一行使者带着贺表前来迎接。回到北京之后，朱棣突然认为太子派遣使者迎接他回师晚了一步，贺词写得也有问题。朱高煦当时在旁边进言，这是辅政官员的失职。于是，一道严厉的惩罚，落到太子和他的部下头上。在此次风波中，监国的辅政官员遭到大规模逮捕。他们之中有蹇义、黄淮、杨士奇、杨溥、金问、芮善等。这些人中，只有杨士奇得以脱困，其他人在狱中一关就是十年。不同于上一次打压太子，致死解缙、耿通等人，这一次，朱棣并未将所有的逮捕者折磨致死。

就在朱棣再次打压太子的当口,汉王朱高煦突然提出要返回南京。按说作为随从皇帝北巡的亲王,他不应提出这个要求。朱棣虽然勉强同意,但却提出要将朱高煦的长子留在北京。在这场权力对峙中,没有永远的父子,只有永远的利益。作为皇帝,他用怀疑的目光审视这个世界,不管对面站着的是他曾经最欣赏的儿子,还是其他任何人。让他没想到的是,朱高煦居然拒绝了他的要求。那一刻,朱棣脸色阴沉,朱高煦的做法显然违背了游戏规则。朱高煦向他辞行时,他一言不发,装作什么都没听见。拒绝就意味着不合作,不合作的朱高煦让他的父皇朱棣很不高兴。

不久,从南京传来朱高煦的消息:"于各卫选精壮军士及有艺能者,以随侍为名教习武事,造作器械。"这让朱棣心惊不已,遂有返京之意。他太了解这个儿子,朱高煦早晚会走自己的"夺位"老路。如今,他已经在大张旗鼓地选拔精壮军士,制造军用器械。诚如杨士奇对他说的,汉王的意图,已是路人皆知,还请陛下早作谋划。

不久前,朱棣刚作出一项决定,他将朱高煦的封地从原来的云南改为青州,同时将赵王朱高燧的封地定为彰德。青州位于今天山东的东北部,彰德在河南的北部,两个地方都离北京很近。不料,朱高煦再次拒绝就藩青州。先前封云南说太远,此次封青州又推脱不去。这让朱棣大发雷霆,让他非去不可。

永乐十四年(1416年),朱棣回到京城,随即对朱高煦的反常举动作出回应。他将隶属于汉王朱高煦的一支护卫划入青州地方军事机构。藩王无权调动地方军队,以此削弱朱高煦的武装力量。同时将朱高煦的左右两支护卫取消,并调往居庸关以北。过了几天,朱棣又听说朱高煦"阴养死士、招纳亡命及漆皮为船、教习水战等事"。这样的消息一再传来,朱棣的心头真的犹如烈火烹油。他立即传唤朱高煦,当面质问他,一口气说出朱高煦干下的几十件违法之事。一桩桩、一件件,问得朱高煦哑口无言。在朱棣看来,这等同于默认。他气得浑身发抖,命人扒掉朱高煦的亲王冠服,囚禁于西华门内,准备废为庶人。太子朱高炽跪在朱棣面前,替二弟求情。《明太宗实录》中记载,面对朱高炽的求情,朱棣厉声呵斥:"吾为尔去蟊贼,尔反欲养患自及耶!"皇太子跪曰:"彼诚无状,宜未必有害臣之心。"上曰:"吾为父乃不能知子耶?虽尔千万分友爱,彼方以世民自任,而目尔为建成,此可容耶!"

当然,无论是《明太宗实录》,还是其他纪事文献,大多都出自明宣宗宣德年间,那时的江山之主已经换作朱高炽的儿子朱瞻基。因此,这里确有借朱棣之口贬斥朱高煦,美化朱高炽之嫌。当朱棣同太子商议处理朱高煦的时候,皇太孙朱瞻基也在场。朱棣对他说:"吾为君父在上,彼尚敢然,将来何有于尔父子,尔但毋忘吾言,有危宗社者当为宗社除之,周公诛管蔡,圣人所为也。"这里同样是借朱棣之口,为日后宣宗朱瞻基平汉王之乱制造依据。

朱棣借此机会,除掉了朱高煦身边的几个亲信,削去了他的两护卫,第二年将其遣送到了乐安(今山东滨州惠民)。从此以后,朱高煦的行动受到许多限制,但他夺嫡的想法并未消弭。他无时无刻不在等待时机,放手一搏。太子朱高炽尽管一再受到朱棣的打击和限制,但还是不断受到朝中各种势力的保护和支持。随着朱高煦被斩断羽翼,再也飞不起来,朱棣身边的辅政势力开始逐渐向太子靠拢。

# 第九章　四夷与八方

## 郑和的远航和账单

根据朱棣的御用相士、中书舍人袁忠彻的描述，郑和在历史的册页留下了相对清晰的面目："郑和身长九尺，腰大十围，四岳峻而鼻小，眉目分明，耳白过面，齿如编贝，行如虎步，声音洪亮。"[1]如此样貌，哪里像是我们刻板印象中的宦官形象。他体魄健壮，气宇轩昂，颇有大将风度，史家赞其"丰躯伟貌，博辨机敏"。当朱棣把他派遣出使西洋的使臣人选交给袁忠彻裁定时，他毫不犹豫地回答："三保姿貌、才智，内侍中无与比者，臣察其气色，诚可任。"[2]袁忠彻是袁珙的儿子，自幼随父亲学习相术，得到真传。朱棣发动靖难之役时，曾征求过袁忠彻的意见，对他颇为信任。

郑和，生于洪武四年（1371年），原名马三保，回族人，世居云南昆明晋宁。他是元代咸阳王赛典赤六世孙，他的祖父、父辈都曾世袭为滇阳侯。洪武十三年（1380年）的冬天，明朝军队

---

[1]　袁忠彻：《古今识鉴》，见郑鹤声、郑一钧编《郑和下西洋资料汇编》，海洋出版社2005年版，第21页。

[2]　袁忠彻：《古今识鉴》，见郑鹤声、郑一钧编《郑和下西洋资料汇编》，海洋出版社2005年版，第21页。

进攻云南，其父亡，十岁的马三保被明军掳入营中。在巨大的恐惧中，一张薄若蝉翼的刀片斩去了少年的男根。从此，他就留在燕王朱棣的府中，而他的命运也同这个野心爆棚的男人紧紧地绑定在一起。在燕王府服役期间，马三保刻苦学习，广泛汲取知识，很快在众内侍中脱颖而出，成为一个学识渊博、才干超群的人。同时，他在跟随燕王朱棣出征塞外的战斗中，学到了军事和作战本领。他头脑敏捷，处事机智，文武双全，屡立战功，深受燕王赏识，成为朱棣的亲随。在朱棣夺取皇位的"靖难之役"中，马三保在燕王身边参与军机，出谋划策，紧随燕王冲锋陷阵，屡建奇功，受到燕王器重。在朱棣夺取皇位后，他被赐姓郑，改名为和，并被擢升为内官监太监，官至四品，内官监地位仅次于司礼监。

如果说郑和是一个完美的水手，朱棣则希望自己是一个完美的政治舵手。朱棣即位后，展开了与他的父亲朱元璋完全不同的外交策略。他在东北、西北、南方开边经营，明朝疆域达到了前所未有的广度。当时的朱棣只有"天下"观而不曾有"世界"观。朱棣在南京天妃宫碑上勒石留世的诗中如此写道：

视天下兮福苍生，民安乐兮神悠宁。
海波不兴天下平，于千万世休养声。

这里的"天下"，既指明朝的两京十三布政司，也包括中国四周的其他国家。朱元璋也好，朱棣也罢，他们对外并无平等的国家观念，而是施行一种怀柔政策，以"天朝上国"之君自居，采取"宣德化而柔远人"的方式，让一些国家来"朝贡"，表示对中国的臣服。朱棣登位不久，就派员前往豆满江等地，安抚建州女真。他诏谕女真各部："今朕即大位，天下太平，四海内外，皆同一家。恐尔等不知，不相统属，强凌弱，众暴寡，何有宁息之时？今听朕言，给与印信，自相统属，打围牧放，各安生业，经商买卖，从便往来，共享太平之福。"[1]在洪武年的基础上，明朝疆域东逾鸭绿而控朝鲜，西接山海而拱京畿，南跨溟渤而连青冀，北越辽河而亘沙漠。东北至奴儿干，涉海有吉列迷诸种部落，东邻建州、海西、野人女真，并兀良哈三卫，永乐初相率来归入觐。虽然对蒙古和安南诉诸武力，但在朱棣的积极推动下，周边各国来华朝贡的数量远超洪武时期。在东北地区黑龙江下游流域设置奴儿干都司，管辖黑龙江、乌苏里江流域。洪武时期在西南地区云南等地实行的土司制度，更加趋于完善。

朱棣采取积极的外交政策，与他青年时期长居北平有着很大关系。众所周知，北平是元朝的大都，是众多民族杂居的多元文化交汇的国际性大都市。它与南京相比，具有一种特殊的文化氛围。在这种环境下成长起来的朱棣，向往更广阔的世界，而这也与他勇武彪悍的性格相辅相成。开放的性格，决定了他在外交上积极进取。朱棣即位之时，就以太祖朱元璋的继任者自居。如果他仅满足于太祖的继承者，就无法洗刷篡位者的污名。若想使他发动的这场"王朝内革命（夺位）"合法化，创造出新的皇统，他就必须开创一个让世人认可的"盛世"，那是对洪武政治的继承，更是超越。如何才能实现继承并超越洪武时代呢？当然是实现洪武时代从未有过的"四夷朝贡"的盛世，将自己锻造成为盛世之君。据统计，洪武二年（1369年）二月起始有贡使来华，洪

---

[1] 《李朝实录》卷七"太宗四年四月条"。

武年间，来华使节共有一百八十三次朝贡。在永乐年间，自永乐元年（1403年）二月至朱棣去世的二十一年间，来华使节共有三百一十八次朝贡。洪武年间平均每年六次多一点，永乐年间则平均每年十五次多。如此盛况，正像《明史·成祖本纪》所言，到朱棣晚年"威德遐被，四方宾服，受朝命而入贡者殆三十国。幅陨之广，远迈汉唐。成功骏烈，卓乎盛矣！"

对于一个通过血洗建文旧臣来巩固自己权力的篡位者来说，政治标准压倒一切。说理想也好，说野心也罢，总之，朱棣希望能够成为明君圣主，这也是大多数有抱负的君主的想法。由于夺位的原因，朱棣的想法更为强烈。

成为圣明之主最基本的条件，就是建立一个以大明为中心的大同世界，实现儒家一直以来对理想国家的定义。在朱棣的"天下观"里，"天下"是由处于世界中央的"中国"与边上的几个微不足道的小国组成的。只要朱棣能够把大明的国威传遍世界，使得那些"番夷"望而生畏，纷纷派遣使节对大明王朝顶礼膜拜，四夷宾服，众望所归，他就是最成功的皇帝。在朱棣心目中，汉唐是真正的盛世，"万邦无不归顺者，圣人之统也"。不仅是朱棣，"柔远人，则四方归之"，《中庸》里这个质朴的愿望，几乎成为贯穿各朝代对外关系的基本原则。用朱棣的话说："帝王居中，抚驭万国，当如天地之大，无不覆载。远人来归者，悉抚绥之，俾各遂所欲。"他的终极理想就是用儒家礼仪秩序规范"四夷"，确立以明朝为中心的天下秩序。

抛去这些堂皇的理由，朱棣还要通过郑和下西洋来医治自己的心病。他的权力是通过暴力获得的，他需要通过"万国来朝"证明自己权力的正当性。他天真地以为，在万国来朝的宏大叙事里,他篡夺皇权这件事是可以被忽略的,甚至是可以被谅解的。

对于郑和下西洋,有人说是为了寻找被废黜的或许逃亡在外的建文帝,还有人说是为了清剿元末群雄张士诚部残余,为了开拓海外市场,为了牵制帖木儿……各种说法不一而足。不管怎样,在15世纪初叶的中国,朱棣的目光已越过广袤的陆地,投向神秘且宏阔的海洋。

永乐三年(1405年),梦想伟大的舵手找到了他的水手。自从被朱棣授予出使西洋的神圣使命,郑和就从来没有惧怕过海洋。中国人对海洋的认知,最开始仅限于近海,即所谓的东亚海域。洪武早期,明朝便已开始实行海禁政策,片帆寸板不许下海,但允许国外朝贡使团来华。彼时,东亚各国商业化发展中伴生的倭寇、海寇、海贼等,在朝鲜半岛至中国沿海一带肆虐。加之东亚各国内部的政治混乱,也使得他们的活动更加猖獗。因此,朱棣面临着两大课题,即重建唐亡以后的东亚国际政治秩序以及恢复东亚国家贸易市场的经济秩序。他凭借明王朝强大的实力,建立起了一套完善的政治经济体制,这就是从洪武时期至永乐时期建立并完善的海禁-朝贡体制。对于朱棣来说,他似乎并不满足于近海博弈。他要将以明朝为中心的华夷秩序推广到更辽远的海域。

郑和曾经是一个擅长骑射的宦官,陆地之上的杀伐让他血脉偾张。而从他登上帆船,驶入海洋的那一刻起,他实现了从一个骑手向水手的完美过渡。郑和的第一次远航,在这一年的七月。整个船队有各种型号的大船六十二只,小船二百五十五只,配备了两万七千八百余人。这些坚固美观的远洋航船是在南京龙江船坞制造的。据马欢《瀛涯胜览》卷首记载:"宝舡六十三号,大者长四十四丈四尺,阔一十八丈,中者长三十七丈,阔一十五丈。"通过对明代长度单位的换算，大号宝船长约一百三十米，宽约五十米。这些船有一个共同的名字——宝船。这样的名字，无法不让人联想到权力和财富。专家考证，郑和宝船具有世界一流的平衡系统，船首两侧有沟槽通向里面的隔舱，当方形的船头扎进大浪时，海水呼啸而入。等到船头露出水面，海水又流出来。随着海面上腾空而起的两道水柱，宝船两侧的浮锚被抛进大海，剧烈动荡的船身立时平静下来。

郑和的船队在苏州刘家港集合，向南沿福建海岸航行，然后越中国海到占城、爪哇、满剌加、苏门答剌以及苏门答剌以北之喃渤利，然后再前往印度西南岸的重要商港锡兰、葛兰和古里。船上所载的货物包括上等丝绸、刺绣和其他奢侈品，这些是送给当地统治者的礼物。船队在永乐五年（1407年）回程中，遭到海盗陈祖义的对抗。虽然陈祖义实力强大，但郑和并不害怕他们。曾有军事专家根据文献得出郑和宝船的火器配置，即大中型火炮三十门、小型火炮数十门、单兵火器一百门，以及各类神机箭、爆炸类火器。有一种近似火焰喷射器的"飞天喷筒"，可以喷射燃烧的火药，杀伤敌人。而名曰"火药筒"和"火砖"的武器，则是将火药与纸筒压实，浸过毒药而制成的抛射火球。还有一种致命的火球，以金属弹丸、粉状火药填充，杀伤力极强。宝船上的许多士兵都是使用武器的好手。学者李露晔说："当时世界的一半已经在中国的掌握之中，加上一支无敌的海军，如果中国想要的话，另外的一半并不难成为中国的势力范围。"[①] 当然，这不是一支

---

① ［美］李露晔：《当中国称霸海上》，邱仲麟译，广西师范大学出版社2004年版，第2页。

征战四方的远征军,郑和船队在航行中很少动用武力。那些威力无比的火炮被装饰得精美绝伦,让人根本联想不到血腥与杀戮。

　　第一次远航并不太平,抵达爪哇时,刚好赶上爪哇西王与东王之间展开激战。明朝船队的一百七十名水手在冲突中被西王都马板的军队杀死。郑和虽然愤怒,但并没有诉诸武力。其实只要他一声令下,小小的爪哇将被夷为平地。不过,西王决定遣使,向大明王朝谢罪。朱棣得到消息后,斥责对方道:"既输黄金六万两,偿死者之命,且赎尔罪,庶几可保尔土地人民;不然,问罪之师,终不可已,安南之事可鉴矣。"①郑和临出发前,朱棣曾为他定下八个字的方针"不可欺寡,不可凌弱"。待到郑和第二次航行重返爪哇时,西王乖乖献上万两赎罪金。朱棣在紫禁城对爪哇使节说,你们只要知罪就可以了,我朝不在乎黄金,就免了那些赔偿吧。朱棣的以德报怨,换来的是爪哇的忠诚,"自后比年一贡,或间岁一贡,或一岁数贡"②。

　　对于海盗陈祖义,郑和却大开杀戒。陈祖义的落脚点基本位于今天菲律宾群岛和印尼群岛一带。那里岛屿众多,且是通向马六甲海峡的重要通道。因为位置重要,也更被海盗青睐。陈祖义本是洪武年间的一名逃犯,从海上潜逃至南洋,最后落脚于旧港。旧港是位于印尼苏门答腊岛北岸的巨型港口,古人称它为"三佛齐"。在郑和航队到来之前,陈祖义在这里过着海盗霸主的逍遥生活,他领着数千海盗干着杀人越货的勾当。他不仅将商船民船纳入自己的劫掠范围,还不断骚扰沿海国家。最让明朝政府

---

① 《明太宗实录》卷五二。
② 《明史》卷三百二十四。

不可忍受的是，陈祖义破坏了朝廷的国策。当时东南亚国家纷纷向明朝朝贡，他则经常向贡使船下手。陈祖义让一条沟通东西方的捷径，化为布满荆棘的险地。恰在此时，陈祖义又一次盯上了从印度古里满载而归的郑和船队。他耍了个小聪明，派使者以旧港酋长的名义向郑和表示归降之意。陈祖义想要用诈降的手段麻痹郑和。不过郑和事前得到旧港另一个头目施进卿的密报，提前作好部署。当两支船队接近的时候，陈祖义突然发动袭击。一时间，海面上发出震耳的巨响，烈焰张天，箭雨蔽日。这是一场毫无悬念的战斗。南京静海寺的一块残碑上录文如下："永乐四年，太宗船驻于旧港，即古之三佛齐。……（擒匪）首陈祖义、金志名等，于永乐五年七月内回京。"

《明实录》中也有类似记载：

> 和出兵与战，祖义大败，杀贼党五千余人，烧贼舡十艘，获其七艘，及铜伪印二颗，生擒祖义等三人。

永乐五年（1407年）九月，郑和把陈祖义带回南京，在午门举行盛大的献俘典礼后，陈祖义被斩首示众。陈祖义可以说是在殖民者到来之前的最后一个威慑南洋的古代中国海盗，也可能是最后一个参与东南亚军事政治角逐的中国历史人物。事后，郑和将那个向他报信的施进卿推荐给朱棣，于是皇帝论功行赏，封他为旧港的酋长，正式名称为"旧港宣慰司"，还给了印信和任命书。宣慰司是明朝在边远少数民族地区设置的地方行政机构。旧港在今苏门答腊岛东南端的巨港一带，中国古代只有朱棣在这里设置过地方机构。十五年后，施进卿的儿子遣使来见明成祖朱棣，谓其父施进卿已死，请明朝皇帝让他袭宣慰使之职，朱棣欣然同意，并"命济孙袭宣慰使，赐纱帽、笺花金带、金织文绮袭衣、银印，令中官郑和赍往给之"①。郑和为此还专门去了一趟，不过并不算在所谓的"七次下西洋"之内。

世人对于永乐帝不惜耗费巨大财力，一次次进行海上远航，有着不同的解读。永乐四年（1406年），夏原吉任户部尚书，朱棣派郑和下西洋，费用以亿万计，财政的重担一下子压在他的肩上。他设立盐务衙门，以盐卡收税，谨防贪官，即便如此，仍难以负担郑和下西洋带来的经济负担。夏原吉也因此成为郑和远航的最大反对者，也成为反对派的领袖。

关于郑和远航的费用，我们可以从明人王士性的记载中窥知一二。"国初，府库充溢，三保郑太监下西洋，赍银七百余万，费十载，尚剩百余万归。"②这样算下来，郑和下西洋十年，国库亏空六百万两。当然，这不能全赖郑和的船队。实际上，朱棣时代朝廷每年支出常常是实际岁入的两至三倍。无奈之下，朝廷只有通过增加徭役来缓解国库的压力。说到底，郑和下西洋，最后还是百姓买单。永乐四年（1406年），也就是郑和第一次远航的次年，朱棣修改了洪武时期的规则，他将农民在农闲时节服三十天徭役、工匠服三个月徭役的指标一律延长到六个月。据1410年的官方信息显示，这批服役者一年之后仍未返回家园。《剑桥中国明代史》说："在整个永乐年间，国家每年所收田赋的粮食在3100万至3400万担之间，平均每年定额超过3200万担，因此至

---

① 《明太宗实录》卷一百二十八。
② 王士性：《广志绎》，北京图书馆藏清康熙十五年刻本。

少比其父皇治下的定额高10%。这使人民背上了沉重的负担，特别是在洪武年间每年已经缴纳特高比例的田赋的江南10个府的纳税者更是如此。对苏州和松江两地的搜刮最为厉害，它们几乎缴纳了全部田赋的14%。"

一个皇帝的理想，不是凭空造出来的，它需要财富的强力支撑。空荡荡的国库，成就不了君王的野心。如《剑桥中国明代史》所说"（朱棣的）这些计划的耗费引起了诸如夏原吉和李时勉等朝廷官员的批评"。郑和下西洋犹如大明夜空绽放的绚丽烟火，它通过燃烧财富来实现理想。郑和在海外赏赐当地国王，向来遵循"厚往薄来"的原则，送出去的要远远高于收回来的。郑和每次从内库提取丝绸动辄几十万匹，向景德镇派造瓷器任务一次即达数十万件。为达到"以重利诱诸番"的目的，朱棣从不计较多少。朱棣对郑和船队的赏赐也是不计成本，甚至逐级逐人赏赐。仅永乐九年（1411年）六月的一次即赐钞"二十万锭"，另外还有彩币、绸布之赐，且赏赐恩及家属。而郑和也不客气，他在海外不惜以巨资采购一些宫廷奢侈品。

如果我们把永乐时期视为一个人的一生，那么郑和下西洋就是朱棣的"成人礼"。对于朱棣来说，属于他的时代形迹可疑，他需要向天下递交一份说明书，让世人找到解读的路径。他的大明应该是敞亮的、豪迈的，是世界的中央。至于算经济账，那是大臣们的事，他只算政治账。《明史·郑和传》记："虽所取无名宝物不可胜计，而中国耗废亦不赀。"这也难怪以夏原吉为代表的文官们会一再反对郑和下西洋。

当然，郑和下西洋并非全然没有经济回报，诸如青花瓷器、丝绸、茶叶这些商品，正是通过郑和船队，大量输出到西方，成为阿拉伯甚至欧洲贵族的奢侈品。不过，在那个重农轻商的时代，当局者根本不屑于抓住郑和下西洋的商机。这不是朱棣一个人的问题，而是时代的局限。费正清先生说："中国人在15世纪已具有向海外扩张的能力，但它却没有去进行扩张。"[①] 不是因为实力不够，而是源于这个"中央之国"毫无占有世界的欲望。你来朝贡，我可以赏赐。至于和你们平等交易，或者将你们的土地和物产据为己有，这对于物产丰富、自给自足的中国人来说，真就不屑于冒这个险。更何况，儒家向来视经商为低等工种，商人更是处于社会底层。所以，郑和下西洋根本不可能以远航经商为目的，这是中国朝廷、高官和文人们无法接受的。既然经商不是目的，也就不会去算这笔经济账。

郑和在永乐年间连续六次大规模出使，因为船只都是帆船，需要借助风力，通常都是在冬季或早春出发，以便借助东北季风。郑和回国时通常选择夏季，以便借助于西南季风。我们可以借助那些碑刻以及纸面上的文字，复原郑和下西洋的旅程。

第一次（1405—1407年），郑和的船队到达占城（今越南中南部）、爪哇和苏门答腊，另一支分舰船队抵达印度西海岸的锡兰（今斯里兰卡）和古里（今印度西南部科泽科德一带）。第二次（1407—1409年），抵达印度柯枝和古里。第三次（1409—1411年），抵达古里、忽鲁谟斯（今伊朗东南米纳布附近）、阿丹（今亚丁湾西北）、祖法儿（今阿拉伯半岛东南岸）、木骨都束（今索马里摩加迪沙一带）、天方。第四次（1413—1415年），郑和船队历史性地横渡了印度洋，抵达了离中国绝远的麻林国，也

---

① 《剑桥中华民国史》上卷，中国社会科学出版社1994年版，第15页。

就是东非的索马里。对于彼时的中国人来说，那里已经是"际天极地"。也正是这一次，船队开辟了印度洋的新航线，使航程由十万余里缩短到三万余里。第五次（1416—1419年），到达索马里和肯尼亚。第六次（1421—1422年）的线路最为复杂，而这一年距离朱棣离世只有两年。一支船队抵达了好望角，甚至由好望角进入大西洋。第七次（1430—1431年），已经不属于朱棣的永乐朝，而是他的孙子朱瞻基的宣德时代。

郑和下西洋耗费惊人，但成就也是巨大的。郑和的出航几乎贯穿永乐朝始终，比西方"地理大发现"时期的哥伦布、麦哲伦、达·伽马等人的航海要早上半个多世纪。洪武和建文年间，只有少数几个国家前来"朝贡"。等到永乐五年（1407年），也就是郑第一次下西洋回国时，"琉球中山、山南、婆罗、日本、别失八里、阿鲁、撒马儿罕、苏门答剌、满剌加、小葛兰入贡"。这些国家的使节来到中国，大多与郑和下西洋有关，甚至有一些国家的使节就是搭乘郑和的船只来中国的。郑和第五次下西洋带回十七个国家和地区的贡使。第六次下西洋回国，第二年来中国朝贡的共"十六国，遣使千二百人贡方物至京"。比如，满剌加王亲自率领一支庞大的使团来中国朝贡，朱棣于奉天门设宴款待，赐予大量的金银、绢帛和一应用物。自此，满剌加王不时来中国，一般贡使，或一年一次，或隔年一次，一直不断。还有苏禄（今菲律宾的苏禄群岛）的三个王，一起率领一支三百四十人的庞大使团来访，明朝给予礼遇和优厚赏赐，并赐予诰命、印章、冠服等物。浡泥国王和古麻剌朗国王来朝贡，也获得同样规格的接待，同样丰厚的赏赐。仅永乐一朝就有四个国王先后七次来访，并有三个国王死在中国，在中国安葬。

在朱棣的积极外交政策的推动下,"四夷藩王"相继来朝。《明史》做了如下描述:"自成祖以武定天下,欲威制万方,遣使四出招徕,由是西域大小诸国莫不稽颡称臣,献琛恐后。又北穷沙漠,南极溟海,东西抵日出没之处,凡舟车可至者,无所不届。"①这是洪武、建文时期从未出现的盛况,应该说,郑和乘风破浪七下西洋的努力的确获得了回报。

随着许多国家和地区纷纷遣使来中国,贡献奇珍异宝,珍禽异兽,大明一派盛世景象。永乐十三年(1415年)十一月庚子(初七),朱棣收到礼部尚书吕震的奏折,看到上面写道:"麻林国进麒麟将至,请于至日率群臣上表贺。"麒麟是中国神话中的祥物,与龙、凤、龟并称为四神兽。它象征着仁德,据说只有在清明之地或者圣人出现的时候,才会显露真身。翰林学士沈度作序、宫廷画家所画的《榜葛剌进麒麟图》(又称《瑞应麒麟颂图》)中的麒麟,看上去就像是来自非洲的长颈鹿。那些来自印度尼西亚、印度半岛以及阿拉伯地区、东非的外国使节随船同来,他们穿着不同的服装,操着不同的语言,从紫禁城的一扇门走向另一扇门,一直走到明成祖朱棣的跟前,匍匐在地,虔诚地表达他们的敬仰之情。朱棣在宫殿里接见了他们。即使反对郑和下西洋的大臣,面对此情此景也是感慨万端。

朱棣龙心大悦,文武百官纷纷献上贺语:"陛下圣德广大,被及远夷,故致此嘉瑞。"就连最反对郑和下西洋的户部尚书夏原吉也破天荒地写了一篇《麒麟赋》:"永乐十二年秋,榜葛剌国来朝,献麒麟。今年秋麻林国复以麒麟来献,其形色与古之传记所载及

---

① 《明史》卷三三二《西域传》。

前所献者无异。臣闻麒麟瑞物也，中国有圣人则至。"著名文臣杨士奇也作诗歌颂这件事："天香神引玉炉薰，日照龙墀彩仗分。阊阖九重通御气，蓬莱五色护祥云。班联文武齐鹓鹭，庆合华夷致凤麟。圣主临轩万年寿，敬陈明德赞尧勋。"[1]那些生长于非洲的长颈鹿就这样被那些善于作祥瑞文章的文人，纳入永乐朝的盛世图景中。待他们唱完赞歌，关起门来算一算经济账，不禁又开始长吁短叹。时任翰林院侍读的李时勉和侍讲邹缉便上书说："连年四方蛮夷朝贡之使相望于道，实罢（疲）中国。宜明诏海外诸国，近者三年，远者五年一来朝贡，庶几官民两便。"[2]为了维护朝贡制度，大明朝对朝贡者实行物质刺激，将他们带来的货物以高出数倍的赏赐予以回报。于是，对于那些朝贡者来说，朝贡是天底下最划算的买卖。搭上了这条线，他们恨不得一岁数贡。大明朝要的是万国来朝的虚荣，而朝贡者要的则是真金白银的利益，各取所需，皆大欢喜。

永乐时代的对外贸易往往被朱棣的积极外交所掩盖而产生诸多误解。比如，有人认为，受郑和下西洋的影响，海禁政策得以松动，沿海人民"往往私造海舟，假朝廷干办为名，擅自下番"。其他国家的一些商人也冒充贡使，来中国进行商品交换。这些不带有普遍性的现象，容易让人陷入一种误解，让人认为朱棣重视对外贸易。其实永乐时代的海禁、朝贡体制与洪武时代相比几乎没有变化。贸易是其次的，而"朝贡"的形式本身才是最重要的。

---

[1]《殊域周咨录》卷一一"榜葛剌"，第386页。
[2]《邹李二公疏》，见《中国古代赋税史料辑要·言论篇》下，中国税务出版社2004年版。

即使在"四方来朝"的光环之下,朝廷里反对出洋的声音也从未休止。而在这其中,尤以夏原吉为最。身为户部尚书,夏原吉的表现可谓优秀,但同时也颇为尴尬。政治上的成就和经济上的败笔形成强烈的对比,他夹在其中,左右为难。他经常将户口、府库、田赋等数字写成小条放于袖中,以便随时参阅,迅速回答朱棣的询问。对于大兴土木、遣船出海和挥师北征等决策,他从来就是持反对意见。朱棣不高兴,后果很严重。夏原吉被下狱,然而抄家时,人们发现他家中除皇帝的赐钞外,只有几件布衣瓦器。他虽手握朝中财政大权,却廉洁奉公,清贫如水。朱棣在榆木川病逝前曾经悔悟,对左右说:"夏原吉爱我。"

朱棣死后,朱高炽赦免夏原吉,使其复任户部尚书。接下来,夏原吉采取财政紧缩政策,请求明仁宗朱高炽多收钞、少发钞,以减轻通货膨胀的压力,同时压缩政府开支,取消了郑和的海上远航,下西洋的所有宝船都被封停在江苏太仓的刘家港,正在修造海船的各地船厂一律停工,船队的官员也被勒令回到北京,征调的官兵回到原部队,招募的船工也被遣送回原籍。夏原吉打出的这一套组合拳,使国家财政、社会经济迅速恢复稳定。

就这样,郑和开始了他长达六年的南京守备生涯。在这六年时间里,郑和就像一只抛锚的大船,处于闲置状态。在这期间,户部尚书夏原吉去世。夏原吉先后经历了洪武、建文、永乐、洪熙、宣德五个时期,掌握国家财政长达二十七年,特别是在明仁宗、宣宗时期,他殚精竭虑辅佐朝政,颇有名臣风范。随着夏原吉的死去,郑和在南京的漫长等待终于熬到了头。朱瞻基即位后第五年的六月初九,即1430年六月二十九日,他颁布《遣太监郑和等赍诏往谕诸番国诏》,命令郑和第七次奉诏出海。在一片欢呼声中，郑和又一次，也是最后一次站在历史的聚光灯下。船队距离上一次出航已经过去了十年，郑和已经老了，无法再像以前那般"行如虎步，声音洪亮"。没有朱棣的大明王朝，从一开始就对郑和的远航采取了断然否定的态度。在一片斥骂声中，他几乎成了大明王朝的罪人。1431年二月二十六日，第七次出发的郑和船队抵达福建永乐太平港，船队在这里驻留了八个月，等待东北季风的到来。这一年，郑和六十一岁。

明宣德八年（1433年），远航的船队又一次归来，带来了古里、柯枝、阿丹、锡兰山、佐法儿、甘巴里、加异勒、忽鲁谟斯的使者，他们朝贡差不多已经中断十年。然而，人们没有看到郑和，没有人知道这个制造了那个时代远航奇迹的人到底去了哪里。郑和在远航途中悄然离世并且被埋藏于海洋深处应当说是一种幸运。此后，明朝的海外事业再无进展。有一组数据可见一斑：郑和航海之初，大明水师拥有三千五百万艘各型船只，仅浙江一省就拥有超过七百只船组成的船队；等到正统五年（1440年），浙江的船只数量已经下降到不及原来的一半；到15世纪中叶，该省船队仅为原来的一小部分。

成化十一年（1475年）十月，宪宗皇帝朱见深不知何故，突然生出重启宝船下西洋的想法，他下诏查阅西洋水程档案。兵部车驾主事刘大夏站出来反对，他指出："三保下西洋，费钱粮数十万，军民死且万计，纵得奇宝而回，于国家何益！此特一时敝政，大臣所当切谏者也。旧案虽存，亦当毁之，以拔其根，尚何追究其有无哉！"[①]于是，郑和下西洋的档案记录，便

---

① 《殊域周咨录》卷八《琐里古里》。

被刘大夏一把火烧毁。在他看来，郑和下西洋非但不是明朝的荣耀，相反，还是明朝沉重的包袱。弘治十三年（1500年），孝宗朱祐樘下令，"军民人等擅造二帆以上违式大船，将带违禁货物下海入番国买卖者"，正犯处以极刑，全家发边卫充军；嘉靖四年（1525年），明廷又下一道圣旨，"将沿海军民私造双桅大船尽行拆卸，如有仍前撑驾者即便擒拿"。在经历了轰轰烈烈的15世纪大航海之后，王朝的皇帝和他的臣民开始对浩瀚的海洋沉默不语，而曾经创造过奇迹的巨轮也在南方的海岸腐朽和沉没。

## 朱棣与天下秩序

永乐元年（1403年），明朝恢复了宁波、泉州、广州三地市舶司，作为接待朝贡国使节的窗口。海外诸国在其中一个港口的市舶司办理登陆手续，然后按照规定的贡道进京。比如，日本使者要在宁波市舶司办理登陆，琉球使节由泉州市舶司（后改为福州市舶司）负责，东南亚及南海诸国朝贡使则归广州市舶司管理。曾经作为民间贸易管理机关的市舶司，在明朝海禁-朝贡体制的运营中改变了职能。受郑和下西洋的影响，永乐时期来华朝贡国激增。朝贡国多以赚取利益为目的，并不接受册封。即便如此，明朝规定，只要他们带来"国书"，就按照"绝域朝贡国"的标准给予相应待遇。朱棣对此的看法是，远邦之国来我大明谋求贸易之利，乃是因为仰慕中华天子之德，要把他们纳入大明的统治秩序中。

如果将东亚政治格局视为一张"五服图",中央是天子及其内臣统治的区域,外侧周边是诸侯的领地,最外侧则是夷狄居住之地。理论上,永乐时期的周边诸国、诸民族都被纳入以朱棣为核心的同心圆形状的天下秩序中。

在这张图中,最接近中央的部分是国土之内被编入羁縻卫所及土司制度的诸民族。当他们居住的"哈密""西南地区"成为明朝领域之后,他们也就会被当成居住于此的明朝子民。既为明朝子民,明朝就应该以"内臣"的标准对待他们。他们的首领更迭或王位继承必须获得明朝的认可,一旦明朝发生战事,他们就有义务出兵助战。总之,他们相当于内臣,却又不是内臣,刚好处于内臣与外臣(册封国)之间的位置。

他们的外侧是接受明朝册封的"外臣",是与中国皇帝结为君臣关系的"册封国"。册封国有义务向中国皇帝朝贡,并专门设定了朝贡的"贡期""贡道"。比如,日本"十年一贡",琉球"二年一贡",东南亚诸国"三年一贡"等。册封国未必能够严格遵守贡期,但必须定期按照规定的贡道进京朝贡。

当时的日本自公元5世纪"倭五王"时期后,就从中国册封体制中脱离出来,而遣唐使废止后,日本就完全脱离了明朝的天下秩序体系,独自开展外交。推古天皇时期,日本通过朝鲜半岛大量移植中国文化,中国的儒学和科学技术传入日本。他们开始模仿中国帝王的天下观,以"华夏"自居,甚至把新罗、百济、渤海及中国的其他少数民族视为夷狄,认为自己是中国之外的"小天下""小帝国"。

1271年,蒙古改国号为元,入主中原。这时欧亚两大洲的国家基本与北元王朝交好,高丽实际上也被其完全控制,成为元朝的一个藩属国。只有日本未与元通好，独立于元王朝的势力范围之外。忽必烈先后六次派使臣持诏书到日本，但始终未得到日本方面的回应，于是决定东征日本。忽必烈先后两次东征日本（1271年的"文永之役"、1281年的"弘安之役"），这两次东征被日本合称为"蒙古来袭"，但均以失败告终。

明朝建立以后，在东亚地区重新构建了新的朝贡册封体系，也就是所谓的"宗藩体系"，朝鲜与明朝的宗藩关系是东亚朝贡册封体系中最具有代表性的。日本由此结束了与中国若即若离的状态，重新加入朝贡册封体系之中。此时的日本尚处于南北朝时期，有后醍醐天皇代表的南朝、持明天皇代表的北朝和支持北朝的幕府将军足利义满。此时，倭寇把掠夺中心从朝鲜半岛转移到中国沿海，形成了多个较大的倭寇集团，多次侵扰中国沿海，形成海患。洪武二年（1369年），明朝派使臣杨载一行赴日交涉，传递朱元璋的国书，向日本国君通告了中国已经改朝换代，并针对"倭兵"抢劫中国沿海提出严重警告，要求日本臣服。日本此时国内分裂，南北朝廷均自顾不暇，而国书中的"如必为盗寇，朕当命舟师扬帆诸岛，捕绝其徒，直抵其国，缚其王"，更是触怒了南朝怀良亲王。他怒杀明朝使者五人，囚禁正史杨载等人三个多月才将他们放回。

不久，朱元璋再次派遣赵秩出使日本。日本怀良亲王基于国内战争的需要，向明王朝派出使臣"修好"。此为日本朝廷为重新加入朝贡册封体系发出的试探。朱元璋因其没有递交国书而拒绝，并指责质问怀良亲王"肆侮邻邦，纵民为盗"。怀良亲王不以为然，回了一封态度极其强硬的国书："臣闻三王立极，五帝禅宗；唯中华而有主，岂夷狄而无君？乾坤浩荡，非一主之独权；

宇宙宽洪，作诸邦以分守。"①从怀良亲王的这份国书可以探知，他对明朝的态度并非恭顺臣服。他认为天下并非朱明一家的天下，有着欲与明朝分庭抗礼的意味。此时的日本南朝已日薄西山，一个人坚守着九州的怀良亲王却并不示弱。随后朱元璋通过各种渠道打探日本的情况，得知日本北朝的存在，遂决定与北朝建交。后经波折，明朝使节终于见到北朝的实际掌权人——室町幕府的第三代将军足利义满。

　　朱元璋对于和日本建交这件事，是充满诚意的。日本使节来朝，他给予最高的国礼款待。朱元璋曾经对他的谋士刘基说过这样一句话：东夷本来就和北胡不一样，不是我们的心腹之患，但是他们就像蚊虻一样让人心烦。这是朱元璋最为真切的感受。蚊虻要不了人的命，却让人不胜其烦。此时的朱元璋正忙于对付北元，为大明王朝做着最后的整肃。让朱元璋想不到的是，后来他所轻视的"南倭"和他所重视的"北虏"一道成为大明王朝的心腹之患。日本南北朝对抗，朱元璋的外交周旋于足利义满和怀良亲王之间。朱元璋曾给足利义满写信，不料信件落到怀良亲王的手中。怀良亲王给朱元璋回信，信中对明朝极尽讽刺与羞辱。至此，明廷不再与日本进行外交活动。朱元璋以和平外交的手段解决倭寇问题的计划彻底破产，随即颁布禁海令，"禁濒海民私通海外诸国"。洪武后期，朱元璋扩大禁海范围，"寸板不许下海"。为了加强海禁，彻底断绝沿海地区与海外各国的贸易和文化交流，他在《大明律》中立下规则："擅造三桅以上违式大船，将带违禁货物下海，前往番国买卖……正犯比照谋叛已行律处斩，

---

① 《殊域周咨录》卷二《东夷·日本》。

仍枭首示众，全家发边卫充军。其打造前项海船，卖与夷人图利者，比照将应禁军器下海者。"①同时，对持有和使用、买卖海外产品的百姓和商人实行严厉的制裁。禁海令的颁布，使日本遭受了前所未有的打击，除劫掠走私以外，所有获得明朝商品的路径都被堵死。朱元璋临死之前，向他的后世子孙宣布一条祖训，指定十五个不征之国，而日本正是其中之一。

当时的日本刚刚结束战乱，加上明朝的海禁政策，生活生产资料匮乏严重。丝绸、棉布、铁器、茶叶、药材等大量生活用品及物资的缺乏，给老百姓的生活带来不便。而高中档消费品和奢侈品的缺乏，又让幕府和各大名以及上层社会深感不适。随着日本南北朝合二为一，室町幕府成为支配日本全国的统一政权，时任幕府将军（日本实际国家掌权人）的足利义满多次遣使来到中国，意图建立联系，恢复贸易。

1401年，足利义满派使者僧人祖阿及商人肥富赴明朝贡，并送国书给建文帝："日本准三后某，上书大明皇帝陛下：日本国开辟以来，无不通聘问于上邦，某幸秉国钧，海内无虞，特遵往古之规法，而使肥富相副祖阿通好献方物。"②在这封国书中，足利义满自称"准三后"，他使用的名号是"日本国准三后源道义"。或许他也在犹豫是否自称"日本国王"，最后还是使用了"准三后"这种没有任何实际官职的名誉称号，他却称建文帝为大明皇帝陛下，称明为上邦。建文帝册封足利义满为"日本国

---

① 《大明律·附例》卷十五《兵律》。
② 瑞溪周凤：《善邻国宝记》卷中，田中健夫编《善邻国宝记·新订续善邻国宝记》，集英社1995年版，第108页。

王"，班示《大统历》，命其奉正朔，遵守君臣之道等大义名分。足利义满以盛大的仪式接待明朝赴日回访使，对明诏书焚香三叩，表示臣礼，跪坐拜读。不久，足利义满再次遣使到中国，他希望能够借着刚刚建立起来的关系签订贸易条规。与上次不同，足利义满这次以"日本国王臣源表"开头，毫无顾忌地自称"日本国王"。

明成祖朱棣允许日本以朝贡形式和明朝进行贸易，为防止倭寇浑水摸鱼，他定下所谓的"勘合之制"，即《永乐勘合贸易条约》。以朝贡形式进行的勘合贸易对日方有利。足利义满对自己一手创立起来的两国贸易颇为满意，凡明使到日，他都会亲自前往兵库迎接。朱棣册封足利义满为"日本国王"，以表彰他对大明的忠心。至此，朱棣与足利义满之间结成君臣关系，日本再次成为册封体制的一员。此后，足利义满每年都派使者朝贡，并应明朝的请求抓捕倭寇押送到明朝。而朱棣每次都派使者慰劳，对足利义满大加赞赏。永乐六年（1408年），足利义满去世。次年，朱棣派遣使节赴日本通好，在足利义满灵前宣读"祭文"，以祈冥福，赐谥号"恭献王"。两个人虽然从未谋面，但从谥号中可以体会到朱棣对足利义满的信赖和哀悼之情。

足利义满死后，他的长子足利义持接任将军，掌握国家政权。或许出于对父亲足利义满的报复，足利义持当权后一改之前的开放政策，恢复了"武家政权"在政治上的特色，变得较为保守。足利义持的强硬态度使中日贸易中断了很长时间。

这一时期，不仅中国方面推动华夷秩序，周边各国同样需要借助中国的权威。明朝专制国家的出现，以及东亚诸国甘愿臣服于明朝统治和对中国经济的依存状态，是华夷秩序得以建立的背景。朱棣这个极具野心的皇帝想要将所有的周边诸国都纳入大明的朝贡体制当中。他要在东亚世界建立起一个以明朝为中心的政治、经济一体化的高效有机的体系。在这个体系中，明朝与夷狄的关系被秩序化，并以朝贡贸易的利润为媒介维持着。日本作家檀上宽说："正是凭借着中华的绝对政治经济实力，构想了一个中华独尊的开放性的统治世界，因此永乐时期的东亚国际秩序可以称为中华'世界体系'。"当时明朝颁发"勘合"的国家达到十五个，其中包括日本。

朱棣在广泛发展对外友好关系的同时，对敌对国家则采取武力征伐。在明代，越南分为北、南两部分，北部称安南，也称交趾，南部称占城。朱元璋即位的第一年，遣使通好的国家只有安南和朝鲜。最先来华朝贡受封的是安南陈氏政权。到了洪武末年，安南国相黎季犛（máo）擅权，擅自废立国王，但国王仍为陈氏。建文元年（1399年），黎季犛篡权夺位，废黜陈氏。他改名为胡一元，其子黎苍改名为胡𰗹（dī），自诩虞舜之后，立胡𰗹为安南国王。朱棣即位后，胡𰗹自称安南国王的外甥，而安南王陈日焜（kuǐ）早就去世，其宗族无人，所以遣使请封。永乐二年（1404年）八月，原安南国王陈日焜旧臣裴伯耆逃来中国，向朱棣陈说黎氏父子篡位夺权虐杀陈氏一族的真相。朱棣听后颇受触动，已有武力征伐之意。

就在这时，发生了原安南国王陈日焜的弟弟陈天平流亡事件。陈天平经由老挝到达南京，他向朱棣哭诉黎氏父子的罪行，请求大明出兵干涉。朱棣立即遣使问责胡𰗹，胡𰗹立即谢罪。他承认陈天平是陈氏宗族，不知道还活着。不过他对屠戮陈氏宗族一事百般抵赖，表示愿迎接陈天平回去继承王位。于是，朱棣派五千明军护送陈天平返回安南。怎料胡㮗途中设伏，将陈天平杀死于半道上。朱棣勃然大怒。一直以来，朱棣就对安南入侵犯占城、广西和云南不满，小小的安南属国也敢逆鳞。他立即下旨发兵安南，以报受辱之仇。

不过也有史家认为，所谓陈氏后裔陈天平，实际上纯属虚构，不过是朱棣出兵安南而伪造的口实。虽然陈天平的身份无法确定真伪，但他的突然出现，的确令人生疑。朱棣出兵安南，不过是为了行使宗主国的权力。不过朱棣忘了，他的父亲朱元璋曾把安南以及占城国和柬埔寨一起列入了不征之国的行列。

朱棣任命靖难功臣成国侯朱能为征夷将军，西平侯沐晟、新城侯张辅为左右副将军，统率八十万大军，出广西、云南，进攻安南。朱棣在敕谕中一再强调自己是正义之师，"安南之人皆朕赤子，今其势如在倒悬"①。朱能由广西进兵，沐晟则由云南进兵。朱棣万万没想到，捷报未到，丧报已到。他最信任的靖难功臣朱能率兵至龙州（今属广西）时，染疾而死。朱能早年便在朱棣麾下效力，曾随朱棣北征，收降北元太尉乃儿不花。朱能猝死的消息传回南京，朱棣悲痛不已，下旨追封朱能为"东平王"，为此辍朝五日。军队交由右副将军张辅代为指挥，进入安南境内。明军进入安南后，向当地官吏、军民传布檄文。檄文列举黎氏父子二十条罪状，并向安南人民表达了立陈氏之后为安南王的宗旨。

根据檄文，黎氏父子的罪行不外乎三项：一是弑王篡权，诱杀陈天平，非法继承安南王位；二是屡次侵犯明朝西南边境；三是侵犯邻国占城，意图称霸东南亚地区。

---

① 《明太宗实录》卷四四。

安南黎氏政权无视明朝宗主国，妄自尊大，所作所为超出外臣的本分。对宗主国皇帝朱棣而言，这种挑衅是绝对不能容忍的，必须诉以兵戈。其实，早在洪武年间，朱元璋在位时就知道黎氏父子的专横，却没有发兵讨伐。但朱棣不同，他要成为中华世界的真天子，安南事件既是问题，也是机会，他必须通过讨伐安南向天下展示顺逆之理。蒙古曾三次攻打安南，但都没能将其纳入版图。征服安南，使其成为中华版图的一部分成为朱棣想要超越忽必烈的又一证明。

明军连战连捷，朱棣宣诏访求陈氏子孙。这时，有上千名安南耆老到张辅军门哭求："陈氏为黎贼杀尽，无可继者。安南本中国地，乞仍入职方，同内郡。"①因陈氏已无子孙可立，群臣请开设郡县。朱棣欣然接受，遂降诏施行。张辅从率兵进入安南，只用半年多的时间就将安南平定。朱棣被暂时的胜利冲昏了头脑，做出一个自以为得意的决定。根据张辅的建议，他改安南为交趾，在当地设置布政使司、按察使司、都指挥使司，任命汉人官员为三司官员，按照明朝的行政制度划分府州县制，同时配置卫所。安南被纳入明朝版图，持续了约四百年的独立王国消失了。

平定安南似乎并不明智，朱棣在安南强行建立行政机构引起了当地人的反感。他们四处反抗明军。张辅在那里驻守了一年后回京。不久，陈氏旧臣简定发动叛乱。沐晟率明军与简定大战于生厥江，惨败。永乐七年（1409年）正月，朱棣再派张辅进入安南。张辅不负期望，长驱直入，节节胜利，将简定俘获。就在这时，一个名叫陈季扩的人致书张辅，自称自己是前王的孙子，请

---

① 《明史》卷三二一，列传第二〇九，外国二，安南。

给予封爵。张辅拒绝了陈季扩的无理要求，继续追剿余党。这时，因大将军丘福征蒙古全军覆没，朱棣决定亲自率兵征讨，要张辅马上回京，随他北征。陈季扩趁张辅回京，迅速壮大实力。许多安南人不愿受明朝约束，追随陈季扩对抗明廷官吏。一时间，安南境内战乱不休，叛乱的规模也越来越大。

永乐九年（1411年）正月，张辅随朱棣北征回京师才一个月，朱棣第三次派他去安南挽救局势。张辅果然有经验，接连取得大胜，甚至俘获了陈季扩和他的儿子。永乐十四年（1416年），朱棣又将张辅召回，用李彬代为镇守。张辅刚撤军，安南便又爆发了以黎利为首的叛乱。黎利原是陈季扩的金吾将军，曾投降明军，最后又举兵反叛。李彬忙得像个灭火队员，叛乱之火旋灭旋起，火势越燃越大。对此，掌安南布政、按察二司事的黄福看得门清，他在致张辅的书信中有一段话："恶本未尽除，守兵不足用。驭之有道，可以渐安；守之无法，不免再变。"正如黄福所言，安南境内的乱势已经成为常态，和平只是暂时的。李彬虽然打了几个大胜仗，但始终未能俘获黎利。

这场旷日持久的平乱之战，更像是朱棣导演的一场政治秀。他的孙子朱瞻基即位后，舍名而求实，果断地放弃了安南。后来黎利的儿子当了安南国王，也得到了明朝的册封。

## 迁都与天子守边

永乐四年（1406年）闰七月，一纸诏书自京师的宫殿最深处传出：

以明年五月建北京宫殿，分遣大臣采木于四川、湖广、江西、浙江、山西。①

诏书颁布后，时任工部尚书宋礼就领命奔赴湖南两广等地的深山密林，还要造船和疏浚水道，回来已是十三年后。朱棣迁都的想法早就酝酿于心，他刚刚登基，就开始在民间寻找通风水、懂阴阳的风水先生，为他确定陵墓和都城的位置。朱棣一心要回到北方，他要把都城从南京迁到北平。当时的礼部尚书李至刚揣度圣意，说北平"实皇上承运兴王之地，宜遵太祖高皇帝中都之制，立为京都"②。朱棣心花怒放，遂改北平为北京，称行在，他长期居住在那里，而很少住在作为京师的南京。这就出现了所谓的"天子守边"。永乐五年（1407年），徐皇后死去，他没有将其安葬于南京，而是在北京附近的昌平为她建造陵墓。此时有个江西术士出来说事，说昌平北边有"吉壤"，名叫黄土山，山前有龙虎二山，是一块风水宝地。于是，他决定在此修建他与徐皇后合葬的陵寝。如此，也避免百年之后在紫金山下与自己的父兄葬在一起。

朱棣的"龙兴之地"在北京，他熟悉那里的一砖一瓦，他对这块土地有着深厚的感情。至于南京，那里是他父亲的光荣地，也是建文君臣的流血地，不少人在那里死得极为惨烈，容易让他心生戒惧。从朱棣来南京的第一天起，关于他要迁都的传言就从未断过，说他是一个篡位的皇帝，早晚要将皇位带到北京去。

---

① 《明史·成祖本纪》。
② 朱彝尊：《日下旧闻》卷一。

据《罪惟录》记载,朱棣即位后曾"微语尚书茹瑺:'朕毋得罪于天地祖宗乎?'瑺叩头大言曰:'陛下应天顺人,何罪!'上悦。"这样的"微语"就算不在白天说出口,夜深人静的时候也会蛇一般钻出心房,搅得自己不安。

朱棣一直有条不紊,不动声色地实施他的迁都计划。即位不久,他将"直隶苏州等十郡,浙江等九省富民",以及山西"太原、平阳、泽、潞、辽、沁、汾民一万户",强行迁徙,都弄到北京去。这期间,南京的良善之都地位虽未动摇,但北京的地位迅速崛起。

朱棣决定迁都,还有一个重要原因,那就是"天命在我"的皇权心理在作祟。在南京,朱棣的宫殿要在规模形制上超越朱元璋已无可能,而北京就不同了,辽阔空旷的北方为他提供了赢下一程的空间。殊不知,他在动念的那一刻,就已经输给了他的父亲。当年建造南京宫殿时,朱元璋就曾下令:"宫室但取其完固而已,何必过于雕斫?"太子和公主的宫殿要重新装饰,需要一种叫作"青绿"的涂料,工部奏请采办,朱元璋坚决不同意,他说在库藏里找找,凑合用就行了,"岂可以粉饰之故而重扰民乎?"[①]

朱棣则不同,他不惜代价获得权力,也要不惜代价地享用和展示权力。为了这项浩大的工程,明廷征调数十万能工巧匠,上百万民工,还有大批驻守北京的军士都参与其事。如果再加上在全国各地采集物料的官员和民工,其牵动面就更大了。仅采集木料一项就给各地带来很大的负担。古代交通不便,又要到山林

---

① 《太祖实录》卷一四四。

深处去采伐，然后运往北京，累死病亡者不计其数，甚至激起民变。侍讲邹缉在一份奏疏中说："民以百万之众，终岁在官供役。不能亲躬田亩，以时力作，耕种不时，农桑废业，犹且征求益深，所取之极。"①用事之人"假托威势"，严加逼迫，"横害下民"，给百姓造成极大的痛苦和负担。

关于营建北京宫殿的起讫时间，《明实录》中有明确记载。永乐十八年（1420年）十二月"癸亥"条载："自永乐十五年六月兴工，自是成。"历时三年半时间。北京宫殿基本上是按照南京的规制来建的，"凡庙坛、郊祀、坛场、宫殿、门阙，规制悉如南京，而高敞壮丽过之"。南京的宫殿是洪武年建造的，朱棣还是不敢越制。关于朱棣不计成本地修建北京紫禁城的原因，文献未着一字。尽管如此，若是抛开他夺位的历史，就无法理解他营建北京宫殿的冲动。祝勇说："北京紫禁城，大朝正殿以'奉天'命名，而不是像西汉那样叫未央宫，像唐朝大明宫那样叫含元殿，像北宋汴京皇宫那样叫大庆殿，无疑是在强调着这个政权'奉天承运'的正统性。"②朱棣一生都在与"天命"较劲，他修长城，造永乐大钟，编《永乐大典》，遣郑和下西洋，无一不是"天命在我"的杰作。

对于迁都，世人各有解读，最为堂皇的理由莫过于"北平建都，可能控制胡虏"、安定北部边陲，"龟缩于南方，先天就有不足，一旦边境起事就鞭长莫及"。为此，需要修建宫殿，以备巡幸。而最为隐秘的动机，却是追索秦始皇当年用和氏璧制作的

---

① 邹缉：《奉天殿灾疏》，见陈子龙《明经世文编》卷二一，中华书局1997年版。
② 祝勇：《故宫的建筑风尘》，载《江南》2020年第4期。

传国玉玺。北宋末年，咸阳有一农夫掘得玉玺，上刻"受命于天，既寿永昌"；蔡京指赝为真，是为了迎合皇上的心理，以致蒙骗了天下人。不知何处缘起，据说传国玉玺历经数代之后，元世祖时，有人渔玺而献之。也就是说，玉玺可能落到了元人的手里。朱元璋在世时，即接连对蒙古诸部用兵，除了防边的用意外，也不排除想要得到传国玉玺的可能。解缙所上的万言书中，即有"何必兴师以取宝为名"，而太学生周敬心说得更为清楚："臣又闻，陛下连年远征，北出沙漠，臣民万口一词，为耻不得传国玺，欲取之耳。"[①]朱元璋因耻于未得到传国玉玺而数度对蒙古用兵，朱棣相较于他的父亲，得到传国玉玺的愿望更为迫切。他的皇位是从侄儿建文帝手中夺来的，被方孝孺那帮奉"正统"为圭臬的儒生视为"篡逆"。朱棣不惜代价得到传国玉玺，也是为了替自己洗脱污名，而得到"天命"的眷顾。

永乐十九年（1421年）元旦御新殿时，举行了各种祭祀，仪式十分隆重。但是，迁都不久就发生了一件很不吉利的事。这一年的四月八日，皇宫三大殿起火，被烧成一片灰烬。对于刚刚起用新殿的朱棣来说，这无疑是重大灾异。朱棣为此忧心不已："朕心惶惧，莫知所错。"他还自我检讨："朕所行果有不当，宜条陈无隐，庶图悛改，以回天意。"[②]明清时期宫中起火的事时有发生，朱棣将其归结为天意示警。

朱棣迁都北京除却感情因素，还因为北方有战事。即使战事未起，也潜伏着危机。这个想法和他的父亲朱元璋一样，当年朱

---

① 《国榷》卷九"洪武二十五年十月己巳"。
② 《明太宗实录》卷一二〇"永乐十九年四月壬寅"。

元璋封藩，除了太子朱标留在南京，老二老三老四都封在北方，从西到东，一字排开。这三个位置都很重要，仿佛矗立于北方边境的三座城堡，随时都在防范元朝残余势力的攻击。临到朱棣，他比他父亲胆子更大，走得更远，做得更彻底。他不仅迁都北京，还要亲赴漠北。又于沿边设镇，派兵驻守。初设辽东、宣府、大同、榆林四镇，继设宁夏、甘肃、蓟州三镇，又设太原、固原两镇，是为九边，或者说是九个军区。北方太平了，才是真正的太平。

北方边境的局势在朱棣即位初年相对平静。朱棣在对外方针上比他的父亲更为积极，朱元璋当时列出了不以武力征伐的"不征之国"，日本在其中，这也是要尽可能规避对外交涉和战争。对于建国时曾经交战、此后也持续对峙的蒙古，不但没有列入"不征之国"，而且还设计了藩王守边等措施。从生态角度而言，长城沿线是农耕和游牧的分界线，但这一边界并没有起到阻隔的作用。尽管有山，但通行无阻，尤其是北京周边的平原，只要有马就能够轻易出入。朱棣本是燕王，对此有着更为深刻的认识。在中国北方和西方的大草原上，成吉思汗后人的地位，正在被那些非成吉思汗的子孙所取代。有部分蒙古部落已倒向明朝，早就并入明朝的军事体系，成为它的兀良哈卫，即"三卫"。有些部落在靖难之役中追随朱棣从北方打到南方，并赢得信任。尽管如此，蒙古人仍然是朱棣心头最深的隐忧。时任贵州总兵官顾成看透了皇帝的心思，他在奏疏中道出了朱棣没有说出口的话：

窃以为云南、两广，远在边陲，蛮贼间尝窃发，譬犹蜂虿之毒，不足系心，东南海道，虽倭寇时复出没，然止一时剽掠，但令缘海滨卫严加提防，亦无足虑。惟北虏遗孽，其众强悍，其心狡黠，睢盱侦伺，侵扰边疆。经国远谋，当为深虑。①

顾成为此建议，明朝要在北边关隘"高其城垣，深其壕堑，屯田储积，操兵养马，以备不虞"。朱棣对顾成的上书深为嘉许。当时靖难之役结束不久，天下初定，朱棣最不放心的就是边疆之事。因此，他并不主张轻易对漠北蒙古诸部用兵。

将时间拨回到1368年，即洪武元年、元至正二十八年，徐达、常遇春率大明北伐军兵锋直指大都，元朝末代皇帝元顺帝孛儿只斤·妥懽帖睦尔决定弃城出逃。他的大臣痛哭劝阻表示愿意出城死战，他知道大势已去，叹了口气说："今日岂可复作徽、钦！"于是在半夜打开健德门，带着嫔妃、家眷、大臣、宫廷扈从一百余人远遁三百公里之外的上都（今锡林郭勒盟正蓝旗）。他了解并能够熟练使用徽、钦二帝被女真人掳走的典故并不稀奇，他是有自知之明的。退回蒙古高原几十年后，蒙古人形成了三股势力——鞑靼部、瓦剌部和兀良哈部。兀良哈部在西辽河、老哈河一带活动，与中原最为接近，实力相对较弱，在洪武时期已内附明朝。朱元璋在兀良哈部设立朵颜三卫，归宁王朱权统辖。朱棣发动靖难之役，朵颜三卫立下大功。因此，朱棣便授予朵颜三卫的大小头目以军职，每年还给兀良哈部耕牛、农具和种子等，以帮助他们从事农业生产。兀良哈部一直和明廷保持着良好的关系。

---

① 《明太宗实录》卷二十三。

北元朝廷是孛儿只斤"黄金家族",占据了以哈拉和林为中心的今蒙古国地区,成为鞑靼部。而阿尔泰山西北至额尔齐斯河、叶尼塞河广大地域是瓦剌部。鞑靼部的孛儿只斤"黄金家族"是整个蒙古高原各个部落的正朔首领,但由于被大明击败后伤了根本,也只能保持名义上的领袖地位。明成祖朱棣对待蒙古诸部总的政策是:分化瓦解,维护均势。也就是拉一个打一个,防止再出现一个强大统一的部落联盟。一直以来,中原王朝在北边的防务压力都不小,从历代王朝修建长城到北魏设置"六镇"再到大明的"九边",面对北方的防务压力不得不勉力为之。无论是兵役制度,还是财政制度,都足以拖垮一个中原政权。从大明立国的那一天起,朱元璋和他的儿孙就不得不面对这一历史现实。面对鞑靼、瓦剌,朱棣曾经遣使修好观察动向,以便利用"跷跷板原理",左边重了就支持一下右边,维持平衡。可是这种平衡法也有失控的时候,这种时候就需要出兵。其实在鞑靼和瓦剌之间,朱棣最不放心的是作为"黄金家族"的鞑靼部。

鞑靼和瓦剌之间并不和谐,仇杀不断。当看到瓦剌势力较弱,朱棣就着意支持瓦剌,借以牵制鞑靼。朱棣在发动靖难之役前,就已经和瓦剌互通友好。瓦剌部首领猛可帖木儿死后,其部众分裂为三支,分别为马哈木、太平、把秃孛罗统领,其中以马哈木的势力最强。瓦剌与鞑靼的冲突不绝,且愈演愈烈,陷入困境的瓦剌为了寻求支持,年年向大明朝贡。这不是他们的真实面目,而是他们的生存法则。朱棣登位不久,"以即位,遣使赍诏谕和林、瓦剌等处诸部酋长"。和林,在今蒙古国首都乌兰巴托附近,当时是鞑靼部的统治中心。朱棣告知他们,大明虽然换了皇帝,但依然希望和他们保持和平友好的关系。

永乐元年（1403年）正月，朱棣又遣使往谕鞑靼可汗鬼力赤，并赐予"金绮"等物。同时，对鬼力赤手下的几个大臣，包括大将阿鲁台，也都给予赏赐。即位不久，朱棣并不想在漠北大动干戈。为此，他甚至放低姿态，"能遣使往来通好，同为一家，使边城万里烽堠无警，彼此熙然，共享太平之福"[①]。永乐四年（1406年），鞑靼部处于分裂状态。大将阿鲁台杀掉当时鞑靼的可汗鬼力赤（鬼力赤也不是元顺帝的后裔，而是通过篡权夺位），迎立元宗室本雅失里为可汗，自任太师。本雅失里被推举为可汗后，在他的带领下，鞑靼部迅速统一起来。本雅失里对待明朝的态度，也随着鞑靼的日益强大而发生变化。与鞑靼不同，这时候的瓦剌却寻求明朝的庇护。他们不愿臣服本雅失里，请求朱棣封他们爵位。

蒙古人以畜牧业为主，一些日常用品离不开中原地区的供给。贸易成了永乐帝怀柔蒙古的重要手段。比如，朱棣曾下诏在开原和广宁设立马市，专门用来接待与明廷保持密切关系的兀良哈部。除了官办市场，朱棣还允许民间贸易。只要不是揣着马刀，想着侵略大明，他欢迎蒙古人入境贸易。在朱棣刻意释放的善意之下，这时候不断有蒙古中上层人物率领部众由漠北来中原定居。几乎每年都有蒙古人归附，多的时候一个月数起。凡来归附者，朱棣都给他们土地、畜产和粮种，其头目还封以各级官职，仍领其部众。他们可以在军中服役，可以在土地上耕种，不适应可以随时走人。对于战争中的俘虏，朱棣也同样给予优待。愿意留下来的，可以就地安置从事耕牧，并发给口粮、羊马和其他生

---

[①] 《明太宗实录》卷十七。

活用品，也可以留在军队服役。来者不拒，去者不追。朱棣为此定下基调"待远人当厚"，用满满的诚意感动他们。

战争是双方的事，它不会因被动一方的厌战而终止，也不会因主动一方的好战而决胜负。永乐七年（1409年）四月，朱棣遣使前往鞑靼向刚刚即可汗位的本雅失里表示祝贺，并送还俘虏。让朱棣没想到的是，本雅失里不仅杀了使者，还准备驱兵南下。七月，朱棣任命靖难功臣丘福为大将军，统帅十万大军出征鞑靼。临行前，朱棣再三嘱咐"慎则胜，不慎则败"。朱棣太了解丘福这个人，要他"缚虎用全力，而缚兔必用缚虎之力"。这样的话若是出自他人之口，倒像是套话。朱棣毕竟是马背上的国君，他的话既是经验之谈，也是出于对手下爱将的认知之谈。遗憾的是，上了战场的丘福很快就把朱棣的告诫抛在脑后。

丘福领军刚至塞外，就落入本雅失里诱敌深入的圈套。丘福率领千余骑兵，一路追杀，每战皆胜，鞑靼军一再败退。一些将士明知是计，却劝不回丘福，他们只能默默流泪。丘福一行走出不远，就被鞑靼军团团围住。一场厮杀下来，明军几乎全军覆没。丘福和身边将领悉数被杀，场面极其悲壮。败讯传至朝廷，朱棣大为恼怒，他将丘福全家徙往海南。对于急于树立天子形象的朱棣而言，败于鞑靼，让他在天下人面前失去了皇帝的尊严。为了击败鞑靼，更为了彻底消除边患，朱棣决定来年春天统帅大军亲征。

永乐八年（1410年）二月十日，冰雪将融，芳菲未开，朱棣率领大军踏上北征之路。中国历史上，身为汉民族最高权力者的皇帝，越过长城，亲自率军出击的唯有朱棣一人。金幼孜在《前北征录》中描述当时的情景："兵甲之雄，车马之盛，旌旗之众，耀于山川。风清日和,埃尘不兴,铙鼓之声,訇震山谷。"此时的朱棣在两种身份之间切换,一个是皇帝,另一个则是将军。这两种身份,在他的身体内部浑然成为一体。不管是做皇帝,还是做将军,他都不会追求平庸。他性格中偏向凶狠的一面,在某种程度上是被战场逼出来的。他知道,进攻是最好的防守,做皇帝也一样。大军出了居庸关,天空突然纷纷扬扬下起大雪。朱棣看着眼前的绮丽美景,不由感慨:"雪后看山,此景最佳,虽有善画者,莫能图其仿佛也。"那一刻,温暖的血肉与坚硬冰冷的身份合二为一。金幼孜在他的《前北征录》中记下这温情的一幕,第二天醒来,朱棣兴致不减,他骑着马追赶一只兔子。这种乐趣是宫廷中所没有的。朱棣玩得不亦乐乎,他笑着对身边人说:"到此看山又是一种奇特也。"他早年出征漠北,曾经来过这里。他用手一一指点,向身边人讲述沿途山川河流的由来。那些叫不上名字的,他为它们一一赐名,比如"白云山""饮马河"等,各不相同。朱棣还亲自制铭文,刻于石上:"于铄六师,用歼丑虏。高山水清,水彰我武。"这样浪漫的情怀,居然出现在一个以武功闻名的皇帝身上,并且还出现在他赶往杀伐的路上,这真是匪夷所思。

朱棣亲率五十万大军北征,声震漠北。虽然朱棣还是燕王的时候,也曾数次与北元势力交锋,但他从未深入到这么远的地方。本雅失里不敢应战,率部往西而逃,阿鲁台则向东而去。从踏上漠北之地的那一刻起,朱棣身体里沉睡已久的战斗细胞再次被唤醒。一直以来,那些四海为家、来去无踪的草原部落,一刻也没有停止过对繁华的明王朝的扫视,像扫视一只不安分的猎物。来自草原民族的圆月弯刀依然是中原王朝最大的威胁。在朱棣构想的天下秩序中，若蒙古没有纳入其中，就不能算作真正开创了"永乐盛世"。相比其他朝贡国，朱棣更加盼望能让蒙古称臣纳贡，在自己面前行臣下之礼。对于朱棣来说，只有像忽必烈那样真正地统一了蒙古，才能被称为"一代雄主"。因此，亲征漠北意义重大。他不仅仅在跟蒙古人掰手腕，也是在跟历史掰手腕，可见他是一个多么强势的皇帝。

朱棣不顾兵家大忌，率轻骑马不停蹄，连夜追击，在斡难河与本雅失里相遇。斡难河对于蒙古人来说，有着特殊的含义，这里曾是成吉思汗的发迹之地。尽管如此，长生天并没有将幸运加诸他们。朱棣身先士卒，明军锐不可当，本雅失里抵挡不住，只带了几个人仓惶逃去。六月九日，明军到达一个叫飞云壑的地方。前方哨骑来报，阿鲁台就在前边的山谷中。阿鲁台在战和降之间犹豫不定，当朱棣派出数百骑去试探对方动向时，阿鲁台的部下马上出来迎战。阿鲁台见明军声势浩大，竟吓得堕下马来。他大骂反对投降的人："不听吾言至此，今无及矣！"明军乘胜追击，阿鲁台的部下溃不成军。

在这次战斗中，朱棣命柳升用神机铳当先，众铳齐放，声震数十里，每矢可毙二人。鞑靼军何曾见过此等阵势，四散奔逃。神机营是一支使用火器的特殊部队，而火器在明朝建国之初就有使用，朱元璋在鄱阳湖之战中战胜陈友谅，依靠的秘密武器就是用火器的部队。只不过当时没有神机营这个专属代称。

《明史》记载："神机营的编制和五军营一样，也分为中军、左掖、右掖、左哨、右哨五营，每营各设坐营内臣一员，武臣一员，下分三司（中军营分四司），各设监枪内臣一员、把司官一员、把总官二员，掌操演神铳神炮等项火器。"火器应用对双方作战心理产生重大影响,野外作战往往先声夺人。神机营既丰富了明军的战术组合,又大大提升了其攻击力。当时随军出征的金幼孜在他的《北征录》中如此描述:"六月九日发飞云壑,虏列阵以待。上敕诸将严行阵。虏伪乞降,上命敢招降敕授之。俄而左哨接战,至为龙口,虏拥众犯御营。都督谭广以神机营兵直冲其阵,败之。"明军趁势追击,斩名王以下百余人。本雅失里和阿鲁台虽然没被俘获,但鞑靼的实力受到重创。此后,在相当长的一段时间里,鞑靼未敢侵扰大明边境。明成祖率大军于七月十五日入居庸关,两天后回到北京。这次北征历时五个多月。

明成祖朱棣对北方军事的构想是利用鞑靼和瓦剌的矛盾,让他们彼此牵制以减轻自己的压力,任何一方坐大,都是对明朝的威胁。然而,他们都比朱棣想象的更狡猾,也更难缠。朱棣的战略设想,也是他们所想。他们也想利用朱棣这个策略,要求大明支持自己消灭对方。阿鲁台被击败后,当年就派遣使者来朝,向明朝廷贡献马匹。朱棣接受了阿鲁台的示好,只要归顺,他可以既往不咎。同时,朱棣也希望能够通过阿鲁台牵制瓦剌。阿鲁台却借机挑拨明朝与瓦剌的关系。永乐九年(1411年)二月,瓦剌顺宁王马哈木遣使来朝,献上地方特产。马哈木也同样在朱棣面前挑拨道:"本雅失里、阿鲁台败走,此天亡之也。然此寇桀骜,使复得志,则为害边境,而西北诸国之使不敢南向,愿早图之。"[1]这一年六月,阿鲁台遣使来贡马,朱棣赐宴犒劳,并赐予白银、文绮等物。十二月间,阿鲁台又遣使贡马千匹。朱棣将洪武年间明军远征俘虏来的阿鲁台的哥哥和妹妹送回。

---

[1] 《明太宗实录》卷七十四。

从此以后，阿鲁台遣使来贡更加频繁，仅永乐十一年（1413年），阿鲁台就五次遣使贡马。朱棣册封阿鲁台为和宁王，让他统率本处军民，同时授予朝贡制度下的贸易特权。马哈木看到阿鲁台受宠，不由心生怨恨。在这期间，马哈木先是杀死了前来投奔瓦剌的本雅失里，立同族人答里巴为傀儡君主，大权掌握在自己手里。不久，阿鲁台告知明朝，马哈木的军队已跨过胪朐河，准备袭击阿鲁台。这件事促使朱棣发动了第二次蒙古之役。

瓦剌文明进阶的难度要大于鞑靼，首先是其首领不是"黄金家族"，因此在成为大蒙古可汗这件事上无法被蒙古主流人群所接受。其次，瓦剌距离中原王朝更加遥远，中间隔着鞑靼部。所以，瓦剌要实现文明进阶，就必须统一蒙古高原各部落，至少要控制鞑靼部，同时要无限接近大明边境。这是为数不多的选择，或者说是唯一的选择。

永乐十二年（1414年）三月十三日，朱棣命留守南京的皇太子朱高炽以北征事祭告天地、宗庙和社稷。此次北征，他还将皇太孙朱瞻基带在身边。有大臣不理解他的做法，他为此解释道："朕长孙聪明英睿，勇智过人。今肃清沙漠，使躬历行阵，见将士劳苦，征伐不易。"[①]皇太孙自小长在宫廷，不知征战劳苦，朱棣让他跟着增长见识。一路上，他还嘱咐胡广、杨荣、金幼孜等饱学之士，为皇太孙讲经说史。

在乌兰巴托东南的忽兰忽失温，明军与马哈木率领的瓦剌主力三万骑兵发生激战。这一次，朱棣亲自披挂上阵，明军的神机铳再次大发神威。马哈木发起三路进攻，神机营负责应对中路。

---

[①]《明史纪事本末·亲征漠北》。

神机营以火器顷刻之间打死数百人，加之火器巨大的声音，使得马哈木中路动摇。尽管如此，马哈木的瓦剌军并不退却，关键时刻，神机营凭借火器之利，"连发神机铳炮，寇死者无算"。马哈木溃不成军，只得带着亲信残余逃到了土剌河。这场忽兰忽失温的战争堪称明军步兵、骑兵、火炮兵协同作战的典范。可是种种迹象表明，这一仗打得并不轻松。不少将领或受伤，或战死，甚至连皇太孙朱瞻基都差点做了俘虏。无论过程如何艰难，结果总是好的。

第二年，马哈木遣使谢罪求和，恢复朝贡，朱棣大度地原谅了他。他此前本是明朝册封的顺宁王，这个名号对他还是有用的。被中原王朝承认，不仅能够使其获得各种资源，更是草原游牧民族内斗的重要工具，毕竟小弟以后挨了欺负，做大哥的在道义上有帮忙的义务。对这层关系的实质，双方心照不宣，只求彼此不要再生事端，各自保境安民过太平日子就好。经此一役，瓦剌暂时打消了染指明朝的想法，避免再次惹怒朱棣。从此以后，以马哈木为首的瓦剌部和以阿鲁台为首的鞑靼部争相来贡，两部为了争夺漠北的统治权，时有战争。

永乐二十年（1422年）三月，因为阿鲁台不来朝贡，不时又传来他要寇边的消息。朱棣对此难以接受，决心要对阿鲁台大举征讨。朱棣命英国公张辅会同六部官商议运饷事宜。据《明实录》记载："前后共用驴三十四万头，车十一万七千五百七十三辆，挽车民丁二十三万五千一百四十六人，运粮凡三十七万石。"从这些数字可以看出，运饷所耗费的人力、物力是何等之巨。北征劳民伤财，得不偿失，朱棣却一而再，再而三地坚持亲征，无论如何都让人觉得，朱棣所表现出来的对亲征的执着非比寻常。

谁都知道，屡次亲征已是兵民疲敝、财政空虚。朱棣却不顾大臣的强烈反对，如同被什么迷住了一样，陷入某种不切实际的执念。户部尚书夏原吉、兵部尚书方宾、礼部尚书吕震、工部尚书吴中等人都一致认为，因连年对漠北和安南用兵，国内又屡兴大工，应该休养兵民，严敕边将备御，不必对鞑靼劳师远征。

朱棣召兵部尚书方宾入见，方宾如实道："今粮储不足，未可兴师。"朱棣接着召见夏原吉，问他北边的粮储有多少。夏原吉说"频年师出无功，戎马资储，十丧八九，灾眚间作，内外俱疲"，应顺时休养，保境息民为要。这样的忠言难免逆耳，朱棣怀疑夏原吉欺骗自己，于是命御史陪着夏原吉赴开平察看粮储情况。

夏原吉前脚离去，工部尚书吴中就被朱棣喊去召对，他所说的和方宾基本一致。据《名山藏》记载，御史调查粮储情况，回来呈报可供十年之用。朱棣大为恼火，下令锦衣卫立即逮捕夏原吉和吴中。当然，御史这个说法值得商榷。且不说粮食储备无法满足十年之期，就在朱棣逮捕夏原吉不久，他还派户部侍郎等人前往北方几个省，督造大批运粮的车辆，调发数十万牲口和民夫，说明粮食需要南征北调，一个地方的储粮根本无法满足军队需要。不管怎样，朱棣痛恨夏原吉反对他的北征大业确凿无疑。

锦衣卫前去逮捕夏原吉并告诉他，皇帝下令要他限期赶到北京。夏原吉却说，请你们宽限我两天：我还有公务没办完，粮食调运和仓库的账目一摊事，其他人难以接手。等我办完这些事，死了也安心。按照儒家正统观点评价官员，夏原吉无疑是一个廉洁奉公、勤政爱民的模范，几乎无可挑剔。朱棣为了成就自己的王霸之业，是不会站在夏原吉的立场上去盘算库存的粮食和银子的。郑和下西洋如此，北征亦如此。夏原吉的一再阻挠，只能激起他内心的厌恶。他甚至怀疑夏原吉侵盗官粮，命籍没其家产。结果发现，夏原吉家中"自赐钞外，惟布衣瓦器"，可见他是一个清廉之臣。夏原吉这样的人在明王朝体制内，甚至在中国古代历史上并不少见。在他们眼里，朱棣就是一个不安分的皇帝，无论是郑和下西洋，还是亲征漠北，甚至连动念迁都，都是任意胡为。朱棣既要策动对反对他的那些人实施杀戮，又要通过那些看上去伟大的文治武功建立自己执政合法性的基础。

朱棣的性格可以用一些极端的词汇形容，比如暴戾、狂妄，但是对一个帝王的盖棺论定却不同于普通人。个人的脾性，在宏大叙事面前，在历史的复杂性面前，似乎不值一提。于是，在历史的册页里，贞观之治要比玄武门的血案更值得称道。虽然中国人习惯对个体进行单一评价，但并不适合君主。对于朱棣而言，追求道德完美远不如"天下一家"的乌托邦梦想来得重要。夏原吉和吴中被关进大牢，等到朱棣去世都没有被释放。而兵部尚书方宾害怕受到牵连竟然自杀了，死后仍未逃脱惩罚，朱棣对他的尸体处以凌迟之刑。不得不说，此时朱棣的行为已经脱离常规。如今分管政务的六个尚书，除了吏部和刑部两个尚书未到场，其余四个尚书被逼死一个，关了两个，只剩礼部尚书吕震一人。如果吕震再出个意外，朱棣身边就没有为他办事的人了。为此，他派了四个校官天天跟着吕震，并且下令：如果吕震自杀，他们都活不了。

第三次北征更像是皇帝北巡，大军出师三个月，一直无仗可打。这时候的朱棣似乎并不在意打或者不打。一路上，他在随军官员面前大谈兵法之道。诸如"一队当敌，则各队策应，左右前后莫不皆然；譬如舟行遇风，同舟之人齐力以奋，波涛虽险，靡不获济"。他领着数十万军队大范围搜索，只俘获了几个阿鲁台的部属。一直以来，漠北对于朱棣来说，就像狼烟、战鼓对于将士，是一种刻不容缓的召唤，让他热血沸腾。而这一次却不同于前两次，阿鲁台早就闻风而遁，根本不给他表演的机会。

为了挽回面子，在回朝的路上，朱棣突然下令向兀良哈三卫发起进攻。兀良哈部早就归附于他，后来为本雅失里和阿鲁台所迫，也曾助鞑靼侵扰边境。朱棣遣使往谕，兀良哈部赶紧献马谢罪。如今，明军突然发动袭击，兀良哈部没有迎战的准备，只能往西而逃。朱棣率领骑兵冲击，斩首数百级。事后，朱棣试图化解尴尬道："用兵岂吾所得已哉！"不是朕要打这个仗，而是不得不打。他已经老了，已经没有多少机会征战沙场。如果他死了，这个朝廷还有谁能继续他的事业？是看上去敦厚的太子，还是觊觎皇位的朱高煦，又或是说出"更有后人知警"的皇太孙朱瞻基？

一年后，朱棣第四次北征。这一次，他指向的目标依然是阿鲁台。此次出征显得比上次更加闲适。或许是为了改变无仗可打而百无聊赖的惨淡情形，朱棣率领将士在天城东南山麓打猎，一连打了三四天。九月深秋，天高地阔，纵马张弓，好一幅帝王秋猎图。数十万大军铺陈出来的大场面，只是为了逐兔猎鹰，难免让人觉得尴尬。然而此时，朱棣却对侍臣们说："朕岂以畋猎为乐？顾见将士驰骤便捷，皆适于用，有可乐者耳。"又曰："古人春蒐、夏苗、秋狝、冬狩，皆顺时为民去害，且讲武事，然亦存爱物之仁。圣人著于经，正欲垂法后世耳。"如果这个说法能成为朱棣率军北征的理由，那真是天大的荒唐事。

## 榆木川的暮光

永乐二十二年（1424年）二月，北京城的天气格外异常。不久前刚刚降了一场暴雪，暖湿气流便接踵而至，天气突然间变得温煦起来。气候，像时局一样，动荡不定。不久前，朱棣刚刚收到大同、开平守将的奏报，说阿鲁台侵扰边境，又是阿鲁台。朱棣本就对前两次亲征蒙古无果而终一直耿耿于怀，于是他召廷臣商议此事。说是商议，其实没得商量，也没得议论，他只需要向他们亮明自己的观点。廷臣们明白皇帝的心意，遂奏道："逆贼不可纵，边患不可坐视，用兵之名不得避也，惟上决之。"① 这么多年，廷臣早就学乖了，如夏原吉那般不知好歹的反对者还在监狱里关着。

朱棣已经很久没有在朝堂上听见反对声，某个时刻，他甚至有些怀念夏原吉在的那些日子。没有反对声的朝堂，让他辨不清孰敌孰友；没有反对声的朝堂，让他只能感觉到眼前暗影重重。那天，他怏怏地说："朕非好劳恶逸，盖志在保民，有非得已。"② 朱棣再次下旨，命皇太子朱高炽在北京监国，然后，他再次统帅数十万大军开始了第五次亲征漠北。

四月十七日，朱棣率军到达赤城。这一天是朱棣的生日，礼

---

① 杨荣：《北征记》，见薄音湖、王雄编校《明代蒙古汉籍史料汇编》第1辑，内蒙古大学出版社2006年版。
② 杨荣：《北征记》，见薄音湖、王雄编校《明代蒙古汉籍史料汇编》第1辑，内蒙古大学出版社2006年版。

部尚书吕震要百官行礼,贺万寿圣节。朱棣拒绝了,认为自己亲率将士征伐漠北,"夙夜劳心军务,不遑自宁,尚以生日为庆耶?其止勿贺"①。由此可见,他是一个多么尽职尽责的皇帝。而这正如张宏杰所说:"篡位者往往是大有作为的君主。他们通常比那些名正言顺的帝王更勤劳、更努力、更自我节制,竭尽全力建功立业,以证明自己配得上这个皇位。"②

与前几次一样,朱棣率大军过居庸关,继续北行,从独石口翻越长城,进入沙漠搜索敌军。朱棣最后三次北征是一年一次,间隔很短,军队根本无法得到休整。五月五日端午节这一天,大军到达开平。天降大雨,士兵的衣服都淋湿了。塞外天寒,淋湿了衣服的士兵冻得瑟瑟发抖。朱棣看在眼里,指着这些士兵对诸将说:"士卒者,将帅所资以成功名,抚之至则报之厚。古人有言,视卒如婴儿,可与赴深溪,视卒如爱子,可与之俱死。"③朱棣戎马生涯,打仗是他的主业,做皇帝反倒像是他的副业。对于战场上的攻守之道,他有着深刻的体会。

敌人好像在和朱棣唱双簧,大军开拔以来,他连敌人的影子也没看到。五月十日,朱棣召杨荣和金幼孜来到军帐中,说自己昨夜做了一个梦,梦见一神人告诉他:"上帝好生。"并一连说了好几遍。金幼孜的回答颇具技巧:"陛下此举,固在除暴安民,然火炎昆冈,玉石俱毁,惟陛下留意。"④梦发于心,起于念,无

---

① 《明太宗实录》卷二七〇。
② 张宏杰:《大明王朝的七张面孔》,广西师范大学出版社2006年版。
③ 杨荣:《北征记》,见薄音湖、王雄编校《明代蒙古汉籍史料汇编》第1辑,内蒙古大学出版社2006年版。
④ 《明史》卷一四七。

从考证，但有一点是有记录的，那就是朱棣曾数次做类似的梦，这些梦或多或少会影响到个人对形势的判断。朱棣不得不考虑，他若是碰不上敌人，如此劳师动众而来，他该如何向天下臣民交代。那就推给梦境，推给梦境中的神人，以及神人口中的上帝。

五月二十二日，朱棣的军队抵达青平镇。稍事休整，朱棣在清平镇宴劳随征的文武大臣，他举杯谕告诸臣：

> 此先帝垂谕创业守成之难，而示戒荒淫酗酣之失也。朕嗣先帝鸿业，兢兢焉惟恐失坠，虽今军旅之中，君臣杯酒之欢，不敢忘也，尚相与共勉之。①

朱棣从南方来到北方，如今又从北方来到更远的北方。五次亲征，大多无果而终，他却乐此不疲。如果说让他在宫殿和战场之间选个永久居住之地，他似乎更倾向于战场。至少战场是自由的，而宫殿更像是枷锁。他在这里再次强调先帝创业之难，自己作为先帝的继任者不敢有丝毫放松，即使杯酒之欢，也要追念先帝遗志。如果说这是一场游戏，先帝才是规则的制定者。他现在远征塞外，戎马倥偬，是为了光大先帝的鸿业。不知那一刻，他会否想到那个生死未卜的皇帝朱允炆。十年、二十年过去了，他仍旧放不下靖难之役带给自己的负担。那张忧郁的面孔始终没有出现，而他也老了。

与前两次亲征一样，明军没有遇到任何敌军。到六月末，两个多月的行军，明军人困马乏，粮草也已不足。此时的朱棣心生

---

① 《明太宗实录》卷二七一。

倦意，他在随军官员面前也毫不掩饰内心的想法。他说："今出塞已久，人马俱劳，虏地早寒，一旦有风雪之变，归途尚远，不可不虑。"虽是六月天，也挡不住他忧虑风雪之变。打，有打的理由；不打，有不打的理由。虽然中原王朝与蒙古间的战争反复不断，但都是以臣下为将军，皇帝亲征从无先例。这个对北征有着执念的皇帝，好像一夜之间觉醒过来："古王者制夷狄之道，驱之而已，不穷追矣。"追了五年，他和他的将士都疲倦了。于是，大军分东、西两路班师回朝。走到清水源这个地方，他命杨荣和金幼孜刻石纪行，"使万世后知朕亲征过此也"①。骂名与功名，青史皆留名。当初他父亲未能实现的从北向南统治的体制构想，由他借助武力得以实现。

　　七月十七日，朱棣率大军到达榆木川（今内蒙古多伦县），突然病故，享年六十五岁。一个战士，死在北征的路上，也算是死得其所。这种死法无意间成全了朱棣的人设。"篡位者"的名声犹如一匹脱缰的野马，载着朱棣奔驰在通往千古明君的道路上。最后马累死，人也累死。世人对朱棣五次征漠北颇多议论。这个急于用功名洗刷篡逆之名的皇帝，想的是在自己手上一劳永逸地解决北边之患，为后世子孙留下一个稳固的江山。不过，朱棣为塑造自己的"天命"人设，让他的国家和百姓背上了沉重的财政包袱。黄仁宇说，朱棣进行的一切事业的费用，可能超过国家正常收入的两倍或三倍。对于通常只保持一年储备量的国库而言，朱棣这种血拼式的玩法，让它承受了难以承受之重。

---

① 杨荣：《北征记》，见薄音湖、王雄编校《明代蒙古汉籍史料汇编》第1辑，内蒙古大学出版社2006年版。

朱棣无论如何也不会想到，由他掀起的巨浪狂涛并没有随着他的离世而平息。靖难之役既然开了先例，当然不能禁绝后来之仿效者。朱棣死后不久，他的儿子汉王朱高煦以他为榜样，以诛奸为借口起兵，夺他侄子明宣宗朱瞻基的皇位。宣宗带兵亲征，朱高煦兵败被擒。这次与朱高煦同谋伏诛者六百四十余人，戍边者一千五百余人，迁口外者七百二十七人，虽然株连一大片，但规模与伤害要远远小于靖难之役。

# 大事年表

### 洪武二十四年（1391年）

十一月，本年八月皇太子奉命巡抚陕西，至是还京师，献上关洛形势图，拟都长安。

### 洪武二十五年（1392年）

三月，豫王桂改封代王、汉王楧改封肃王、卫王植改封辽王。

四月，皇太子卒，年三十九。

九月庚寅，册立皇第三孙允炆为皇太孙。

### 洪武二十六年（1393年）

二月，兴蓝玉案。

### 洪武三十一年（1398年）

闰五月八日，帝病危。十日，卒于西宫，时年七十一岁。遗诏，太孙允炆宜登大位。十六日，朱允炆即皇帝位。以明年为建文元年。

六月，以受顾命之兵部左侍郎齐泰为兵部尚书，太常寺卿，曾伴读东宫之黄子澄兼翰林院学士，同参军国大事。

七月，齐泰与黄子澄建议削藩。周王朱橚以谋反罪名被逮捕。

八月，废周王朱橚为庶人。又命逮齐王朱榑、代王朱桂、岷王朱楩，燕王朱棣则疑惧。

十月，燕王称病，但暗自练兵。

十一月，帝派工部侍郎张昺为北平布政使、都指挥史，谢贵、张信掌北平都指挥使司，并受密旨，监视燕王。

## 建文元年（1399年）

四月，湘王柏自焚死。齐王榑、代王桂皆以罪废为庶人。

六月，岷王楩以罪废为庶人。

七月，燕王举兵反，上书指斥齐泰、黄子澄为奸臣。

## 建文二年（1400年）

六月，帝用齐泰、黄子澄计，兵屡败，欲求和，尚宝司丞李得成慷慨请行，谕燕王罢兵。王不听，李得成附于燕。

## 建文三年（1401年）

六月，燕王用道衍计，大军直取南京。

## 建文四年（1402年）

四月，燕兵战胜于灵璧。帝召还齐泰、黄子澄，拟割地求和不成。

六月，燕兵渡江。逼京师之金川门。谷王橞、曹国公李景隆开门迎燕兵，都城陷，宫中火起，帝不知所终。

七月，命翰林待诏解缙为侍读，编修杨荣、杨溥、杨士奇为修撰等。

九月，大封靖难功臣。

## 永乐元年（1403年）

正月，宴诸王于华盖殿。立北平布政司为京师，诏改北平为北京。

## 永乐二年（1404年）

四月，以僧道衍为太子少师，复姚姓，赐名广孝。立世子朱高炽为皇太子，封朱高煦为汉王、朱高燧为赵王。

## 永乐三年（1405年）

六月，遣中官郑和出使西洋诸国。

### 永乐四年（1406年）

闰七月，下诏，以明年五月建北京宫殿，分遣宋礼等采木烧砖。

### 永乐五年（1407年）

七月，皇后徐氏卒，年四十六，十月谥曰仁孝文皇后。

九月，郑和还。

十一月，修《永乐大典》成。

十二月，郑和二次出使西洋。

### 永乐七年（1409年）

二月，帝北巡，皇太子监国。

四月，选陵地于昌平，封其山曰天寿山。

### 永乐八年（1410年）

二月，命皇长孙留守北京，帝亲征塞外，获胜。七月还北京。十月回南京。

### 永乐九年（1411年）

十一月，立朱瞻基为皇太孙，行冠礼于华盖殿。

### 永乐十年（1412年）

十一月，太监郑和敕往赐满剌加、爪哇等国。

### 永乐十一年（1413年）

二月，帝北巡，发自南京，皇太孙从。仁孝文皇后葬长陵。

### 永乐十二年（1414年）

六月，帝大败瓦剌，追至土剌河，班师。

### 永乐十三年（1415年）

五月，汉王朱高煦屡行不法事，囚之，将废为庶人。太子力救，乃削两护卫，徙封乐安。怀有异谋。

### 永乐十四年（1416年）

十一月，复议建北京宫殿。

十二月，遣郑和复使西洋。

### 永乐十五年（1417年）

二月，谷王橞恃建文四年为燕兵开金川门功，甚骄肆，夺民田，杀无罪之人，欲谋反，废为庶人。

五月，帝至北京。御西宫新殿受朝贺。

### 永乐十六年（1418年）

三月，太子少师姚广孝卒。

### 永乐十八年（1420年）

闰正月，以学士杨荣、金幼孜为文渊阁大学士。

八月，北京始设东厂。

十一月，以迁都北京诏告天下。

### 永乐二十年（1422年）

正月，帝力排众谏，决意亲征塞北阿鲁台，命皇太子监国。

八月，以大胜班师，九月回北京。

闰十二月，乾清宫灾。

### 永乐二十一年（1423年）

五月，常山护卫指挥孟贤等欲毒杀永乐帝，然后废太子，立赵王朱高燧。事发，孟贤等伏诛，由于太子解救，高燧得免死。

七月，阿鲁台又来犯，帝复亲征。

### 永乐二十二年（1424年）

正月，复命郑和使西洋。

四月，帝自北京出发，率先命集中山西、山东、河南、陕西、辽东五都司及另三卫兵会合于宣府之大军北征。

七月十七日，驻于榆木川，成祖病危，召英国公张辅受遗命："传位皇太子"。次日，卒，年六十五。

八月十五日，皇太子即皇帝位，以明年为洪熙元年。

九月，上永乐帝谥号为"太宗体天弘道高明广运圣武神功纯仁至孝文皇帝"，后曰"仁孝慈懿诚明庄献配天齐圣文皇后"。

十月，册皇太孙朱瞻基为皇太子、妃胡氏。封王及王世子一批。

十二月，葬太宗文皇帝于长陵。

# 主要参考书目

《明实录》，上海书店出版社2015年版。
《明实录》，上海书店出版社2018年版。
晁中辰：《明成祖传》，人民出版社2008年版。
丁易：《明代特务政治》，哈尔滨出版社2020年版。
樊树志：《明朝大人物》，复旦大学出版社2011年版。
冈本隆司：《何谓明代》，浙江人民出版社2022年版。
高阳：《明朝的皇帝》，广西师范大学出版社2006年版。
谷应泰：《明史纪事本末》，中华书局2015年版。
胡丹：《明代宦官制度研究》，浙江大学出版社2018年版。
吕诗尧：《方孝孺事件及其对明代士风的影响》，文化艺术出版社2021年版。
孟森：《明史讲义》，上海古籍出版社2008年版。
牟复礼：《剑桥中国明代史》，中国社会科学出版社2007年版。
谈迁：《国榷》，中华书局2006年版。
檀上宽：《永乐帝——华夷秩序的完成》，社会科学文献出版社2015年版。
王春瑜：《明朝的宦官》，紫禁城出版社1989年版。
吴晗：《明代的锦衣卫和东西厂》，华文出版社2020年版。
吴晗：《明史简述》，中华书局2005年版。
吴晗：《朱元璋传》，北方文艺出版社2009年版。

夏燮：《明通鉴》，中华书局2009年版。

张宏杰：《大明王朝的七张面孔》，广西师范大学出版社2006年版。

张明富、张颖超：《天潢贵胄的心智结构》，人民出版社2019年版。

张廷玉等：《明史》，中华书局2015年版。

赵柏田：《明朝的四季》，新星出版社2011年版。

赵现海：《十字路口的明朝》，天地出版社2021年版。

赵中男：《明朝的拐点》，中华书局2015年版。

郑欣淼：《故宫与故宫学》，三联书店2009年版。

朱永嘉：《明代政治制度的源流与得失》，中国长安出版社2015年版。

祝勇：《旧宫殿》，人民文学出版社2022年版。

宗承灝：《从开国斗到亡国》，文汇出版社2023年版。

# 后　记

夜来伏案，倏然警悟，疑是满纸荒唐。

动笔写这本书，与方孝孺有关。我本来想写一部关于方孝孺的传记，因为这两年人事渐老，心气奄然，而方孝孺事件又太过惨烈，想起来都会心中隐隐作痛，实在不忍直述。中国人著史、读史、说史，天下第一。上至学院派的高头讲章，下至茶馆里的下回分解。水穷处，云起时，私塾先生式的喋喋不休，痞子腔式的什锦拼盘。谈笑间，历史本应带给我们的思辨与审美荡然无存。

历史是什么呢？是纸上的山河，是牌面上的隐喻，是时间深处的盲人摸象，还是自说自话的弯弯绕？当尘埃落定，所谓的真相会不会因今日的过量消费，演变成为一场时间的"变形记"？说到底，历史是时间起的高楼，是人事盖的庙堂。如果"靖难之役"的本质只是朱棣与朱允炆的皇位之争，像一些学者所说的朱家皇朝狗咬狗的破事，方孝孺付出"诛十族"的代价去抗争，就殊为不智，更不值了。对于皇帝来说，登基只是夯实其身份的起点，一切才刚刚开始。朱棣一旦即位，"天命"的庇佑和德行的外化将持续下去，而作为皇帝只有用更大的作为来证明它的逻辑合理性。唯其如此，他才能将"靖难之役"这一带有叛逆不伦色彩的举动套上合理化的解释。不然，无法给天下臣民一个交代。诚如刘基的次子刘璟对他说的那句"殿下百世之后，逃不得一个'篡'字"。

此刻，坐在冷冷清清的书房，我就像一头饥寒交迫的困兽，被时间丢弃在这叙述的现场。叙述即语言，语言即道路。道可道，非常道。我一次次地克制情感，作为一个观察者，一个得寸进尺的书写者，文字是救赎，也同样是泥沼。在漫长、艰难、曲折的历史面前，语言如同时间的噩梦。我的唾沫星子就像一支支锋利的箭镞，即使有风的速度，也会脱靶而过。每个时代都有其视为不可玷污的神圣价值，如果拿我们今日的价值观去衡量过去的时代，那么看到的自然是不可理解的愚昧。而在那样一个年代，以武力推翻一位合法君主在世道人心中的罪过，一点也不比今日发动军事政变推翻民选政府的罪过来得轻。明朝钱士升在《皇明表忠记》中就对朱棣对方孝孺的做法予以指责："孝孺十族之诛，有以激之也。愈激愈杀，愈杀愈激，至于断舌碎骨，湛宗燔墓而不顾。"激烈如方孝孺，执拗如方孝孺，宁诛十族，也要选择"死社稷"。他用死亡维护的是"社稷"吗？显然不是。皇位说到底，只是老朱家左手换右手的把戏。从北平到南京，连城头都不需要更换大王旗就完成了过渡。

说到底，方孝孺的抗争，不是要维护一个已经不存在的旧君主，而是拒绝承认一个新君主。既然新君上位，他为什么还要付出惨重的代价去拒绝？答案只有一个，朱棣是在杀戮与反叛中登上皇位的。朱棣虽然登上皇位，表面风光，却难逃公论的指责和内心的折磨。身边近臣反复告诉他，他从北平起兵，以一隅之力，一旅之师而有天下，足以证明他是天命所归、德行完美的英主。"天命"，是的，就是这个词。儒家讲天命，皇帝贵为天子，更需要天命加持。方孝孺也讲"天命"，即所谓的"正统论"。人自有生以来，好恶嗜欲不齐，没有统一的价值标准，因而纷争不断。圣贤而出,制定出是非善恶的标准,以同其好恶,节其嗜欲;制定出君臣、父子、长幼、夫妇的伦理秩序。如果说,方孝孺是"天命"的护道者,朱棣便是最大的破坏者。天命,是不容颠倒的秩序,是不容篡改的道义。与其说方孝孺"死社稷",不如说他"殉道"。人臣以义处身,以道事君,不幸而遭诬陷、被贬,甚至赔上性命也在所不惜。"天命"既是方孝孺奉行的道义,同样也是朱棣说服天下人心的法器。朱棣自即位始,合法性不足或者说政治合法性危机就成了他的致命伤。朱棣不仅革去建文年号,还对建文帝所实行的一些制度,所上的一些尊号,改用的一些名称,能改尽改,或恢复洪武旧制。殊不知,朱棣的一生都将在堂而皇之的自信与欺世盗名的恐惧之间摇晃。这种矛盾心理,主宰了他的帝王生涯。

个案可以典型,不可以普世。急剧的政治变革往往超越时代思想,这也是为什么每逢天崩地坼,天子下席,思想家们还未来得及收拾自己的理论建构,就颓然奔了"小楼昨夜又东风"的残梦。读"靖难之役"这段历史,我经常会想到朱允炆这个人,是的,朱允炆这个人。我试图将他和他身边的那些人和事放入人性与爱欲这一文学与历史的链接点上进行考量,但在世道人心的罗网里,又往往困于语言,惑于文字。我想象着他坐卧不宁,经常披衣而坐等待天明;想象着,清晨的宫殿是最宁静的,少了白天大臣们的争吵,以及宫女和太监们的脚步声,只有风声,在空寂的宫殿里回荡;想象着,他不断接到失败的消息,先是怀来、大宁、白沟河,直到灵璧、扬州、仪真,再到浦子口,一直到镇江;想象着,他连个囫囵觉都不敢睡,生怕闭上眼睛,燕王就站在他的面前。很多时候,大脑与感官构建起来的叙事,对早已习惯一元史论的读者或许是一种考验，却让人乐此不疲。

　　我现在以这样的方式叙述历史，除了向那些以求真为职志的历史学家，向历史现场的记录者表达发自内心的敬意，也在致敬自己。我就像是在和一个庞然大物搏斗，很多次我看到了它的软肋，但这大物腾挪间，又让我落入历史和时间的幽深处，不得要领。幸好，在过往的时间长河里那一张张消逝的面容，一个个鲜活的生命，会在文字的勾连处浮现面影。从事历史写作已有些年头，时间深处的人和事，纸面上的烟与尘，仍能让我感受到探幽溯源的乐趣。可仅仅得到乐趣，并不能让我感到满意。

　　是我们老了，还是历史年轻了，在一个加速度奔跑的时代，来不及矫正，来不及躲闪，就被时间和意识裹挟而去。这两年，我一直泡在明史的故纸堆里，过眼的各类奏折、密档、日记、家信，以及今人论、时人录，可谓不计其数。观点推倒又来，漏洞补了又破，我一直试图用自己的文字搭建一个人性与历史交织的平台，让皇帝与大臣、文人与平民、改革者与保守派悉数亮相，在现代性与传统，道德与人性之间竞逐角力。我想得美好，做得吃力，不求讨好，只问过程。

　　我沉溺于思考，思考是一件吃力不讨好的事，假模假式，曲高和寡，反而拖慢了行动的节奏。人生是痛苦的裂变，谁也不愿直面。花好月圆，皆大欢喜，边走边唱，是多美好的画面，傻子才悲伤。最后还是那句话，感谢你们，我的读者朋友。没有你们的喜欢和厌恶，我一个字也写不下去。古人说，书生的人情纸一张。我愿将此书献给你们！

从古书到文字，分类人类百科

天喜文化